Gregor Piatigorsky:
# Mein Cello und ich und unsere Begegnungen

Deutsch von Else Winter



Deutscher
Taschenbuch
Verlag

dtv

Ungekürzte Ausgabe
1. Auflage Juni 1975
5. Auflage Januar 1980: 41. bis 50. Tausend
Deutscher Taschenbuch Verlag GmbH & Co. KG,
München

Die Originalausgabe erschien 1965 unter dem
Titel ›Cellist‹ bei Doubleday & Co. in New York
Umschlaggestaltung: Celestino Piatti
Gesamtherstellung: C. H. Beck'sche Buchdruckerei,
Nördlingen
Printed in Germany · ISBN 3-423-01080-0

Inhalt


Das erste Cello . . . . . . . . . . . . . . . . . 9
Eine sensationelle Aufführung von ›Eugen Onegin‹ . . 15
Eine Verlobung und ihre Folgen . . . . . . . . . . 20
Das Guarneri-Cello . . . . . . . . . . . . . . . . 24
Ein Gala-Abend mit Schaljapin . . . . . . . . . . 31
Cellist am Bolschoj-Theater . . . . . . . . . . . 35
Eine Unterhaltung mit Lenin . . . . . . . . . . . 42
Warschauer Intermezzo . . . . . . . . . . . . . . 47
Bei Professor Klengel in Leipzig . . . . . . . . . 54
Die verrückte Inflation . . . . . . . . . . . . . 61
Café Ruscho . . . . . . . . . . . . . . . . . . . 65
Sommerferien in einem bayerischen Schloß . . . . . . 70
›Pierrot Lunaire‹ und ein Tee bei Arthur Schnabel . . . 80
»Wo ist der Cello-Kratzer?« . . . . . . . . . . . 93
Pablo Casals – ein großer Künstler und ein Freund . . 103
Donquichotterien . . . . . . . . . . . . . . . . 114
Episoden mit Sergej Rachmaninov . . . . . . . . . 123
»Die drei Musketiere« . . . . . . . . . . . . . . 134
»Auch kleine Dinge können kostbar sein« . . . . . . 141
»Russian Cellist not sure if he likes America« . . . . . 151
»Piatigorsky, der auf seinem Cello den Dnjepr überquerte« 159
Erlebnisse mit königlichen Hoheiten . . . . . . . . 171
Von guten, genialischen und närrischen Begleitern . . 180
»Eine Flugkarte für Miss Cello Piatigorsky« . . . . . 187
Die Zaubermacht des kleinen Stabes . . . . . . . . 202
Von Surabaja über Yokohama nach San Francisco . . . 208
Geschichten aus dem Leben einiger berühmter Celli . . 215

Personenregister . . . . . . . . . . . . . . . . 222

Für Jacqueline

# Das erste Cello

»Heute wirst du sieben Jahre alt, du hast Geburtstag. Komm' schnell! Da wartet schon etwas auf dich«, sagte mein Vater, als er mich aufweckte. Ich folgte ihm ins Wohnzimmer, wo die ganze Familie versammelt war, und erblickte ein Cello. »Es ist ein richtiges Cello, nicht ein viertel oder halbes wie für Kinder.« Da stand ich andächtig und wagte nicht, es zu berühren. Dies war mein erstes Cello, und noch bevor ich die Saiten zupfen konnte, hatte ich es bei allen Mahlzeiten neben mir und nachts neben meinem Bett stehen.

Mein erster Lehrer war Vater, der glaubte, er könne mich unterrichten, obwohl er nicht Cello, sondern Geige spielte. »Sie gehören alle zu einer großen Familie«, sagte er. Als er mir dann aber einmal etwas auf dem Cello vorspielen wollte und nur eine Reihe Quietscher und Kratzer herausbrachte, gab er zu, daß Verwandte manchmal unverträglich seien und er besser daran täte, mir einen guten Cellolehrer zu suchen. Von nun an gab mir Herr Jampolskij Stunden, und ich arbeitete mit wildem Eifer und machte rasche Fortschritte. Ich liebte meinen Lehrer und sein schönes Cello. Es war rotgolden und glänzend, meines hingegen mit stumpfem Lack überzogen und recht plump. Bald bemängelte ich es offen und bat um ein besseres. »Je länger du darauf warten mußt, desto mehr wirst du später das Gefühl haben, es wirklich zu verdienen«, sagte mein Vater. Allerdings mußte ich lange Zeit darauf warten und entwickelte inzwischen eine wahre Verachtung für das schwerfällige Ungetüm, mit dem ich leben mußte. Endlich führte mich Vater eines Tages in ein Instrumentengeschäft, wo wir zwei Celli anschauten. Ohne zu zögern, noch bevor ich darauf spielte, zeigte ich auf das hübschere von beiden, das dunkler in der Farbe war.

»Man urteilt nicht nach dem Äußeren«, sagte Vater.

»Das andere hat einen dicken Bauch wie Onkel Leo«, protestierte ich.

»Was! Soll das ein Witz sein?« schrie mich Vater an.

Überflüssig zu sagen, daß ich das Cello nach Hause brachte, welches mein Vater gewählt hatte. Als hätte er soeben ein Paar Schuhe für mich gekauft, erklärte er: »Glaub mir, dieses Cello wird sich als sehr haltbar erweisen.«

Herr Jampolskij mußte die Stadt verlassen, und ich wurde

Schüler am Konservatorium; stolz, in der Uniform dieser Schule, trat ich in die Klasse von Herrn Gubariov ein. Mein neuer Lehrer, der gleichzeitig der Direktor des Konservatoriums war, trug einen wohlgepflegten Schnurrbart. Er hatte ein breites Gesicht mit dreifachem Kinn und Hängebacken. Sein enormer Bauch trennte ihn von seinem Cello, so daß es schien, als stünde dieses allein da. Mir machte alles großen Eindruck; seine melodische Stimme ebenso wie der Pfefferminzgeruch, der seinem Mund entströmte. Er trug immer einen großen Vorrat von Pfefferminzbonbons bei sich, von denen er mir während des Unterrichts anbot.

Vater überwachte mein Üben. Eines Tages kam er in mein Zimmer und sah mich mit einem großen Kissen auf dem Bauch, während ich das Cello hielt. »Was soll das?«

»Ich versuche zu spielen wie mein Lehrer«, sagte ich, den Mund voller Pfefferminz. »Riecht es nicht gottvoll?« und ich blies meinem Vater den Pfefferminzduft ins Gesicht. Bei Gubariov blieb ich nicht lange.

Im Laufe des Sommers fanden Freilicht-Symphoniekonzerte statt. Viele Orchestermitglieder kamen aus verschiedenen Teilen Rußlands. Herr Kinkulkin, der gastierende erste Cellist, ein Schüler des berühmten Professor Klengel, erklärte sich bereit, mich anzuhören.

Während ich spielte, klopfte Herr Kinkulkin mit seinen winzigen Fingern auf eine Tischplatte und putzte sich die Nägel mit einem Zahnstocher. Er schwieg, bis ich mein Cello wegstellte. »Hör' gut zu, Kleiner. Sag' deinem Vater, daß ich dir dringend rate, einen Beruf zu wählen, der für dich paßt. Laß das Cello sein. Du hast absolut kein Talent.«

Ich wiederholte meinem Vater, was Herr Kinkulkin gesagt hatte. Er blickte mich überrascht an, sagte aber nichts. Zunächst war ich glücklich, daß ich nun an den Fußballspielen meiner Kameraden teilnehmen konnte, aber nach etwa einer Woche begann ich unruhig nach der Ecke zu schielen, in der mein Cello stand. Es fiel mir immer schwerer, nicht hinzuschauen.

»Was plagt dich?« fragte Vater. Ich zeigte auf das Cello.

Der Celloklang erfüllte wieder das Haus. Es machte mir auch nichts aus, um vier Uhr morgens aufzustehen, während die Familie noch schlief, und nach dem stummen System zu üben, das ich erfunden hatte – mit den Fingern auf dem Griffbrett und dem Bogen in der Luft.

Mein Vater war kein Durchschnittsmensch; er erreichte freilich nie etwas Wesentliches, hingegen beging er schwere Fehler. Großvater wollte ihn in seiner Buchhandlung haben und widersetzte sich Vaters ewig wechselndem Suchen nach einer Laufbahn als Theologe, Philosoph, Sportsmann oder Biologe. Doch vor allem stellte er sich Vaters größtem Ehrgeiz entgegen, nämlich, Konzertgeiger zu werden. Er drohte, seine finanzielle Unterstützung einzustellen, falls Vater nicht gehorchte. Als Vater nach Petersburg ging, um bei Professor Auer zu studieren, glaubte er nicht, daß diese Drohung wahr werden könnte, und doch geschah es. Bald nach Vaters Abreise wurde ich ausgesandt, Großvater um Hilfe zu bitten. Meine Mission scheiterte jedoch kläglich.

»Ich werde keine Kopeke hergeben, ich wußte im voraus, daß es so kommen würde«, sagte Großvater mit hartem Gesicht.

Früh am nächsten Morgen verließ ich mit meinem Cello das Haus und ging auf Arbeitssuche. Aber jeder Tag brachte neue Enttäuschung, bis meine Hoffnungen schwanden und ich bereit war, jede Art von Hilfe anzunehmen. Eines Tages bemerkte ich auf meinem Heimweg verschiedene Leute mit Musikinstrumenten in einem Gebäude ein- und ausgehen. Ich ging auch hinein. Da war ein großer Saal, und ich sah Gruppen von Menschen. Manche hatten langes Haar, andere waren verkrüppelt, viele waren alt, und keiner sah wohlhabend aus. Es gab keine Stühle außer einem einzigen, auf dem ein Mann an einem Pult saß. »Was möchtest du?« rief er mir zu und blickte auf mein Cello. »Komm her, mein Sohn. Dies ist eine Stellenvermittlung. Suchst du Arbeit?«

»Ja.«

»Aber du bist ja noch ein Kind? Wie alt bist du?«

»Acht.«

»Und deine Eltern wollen, daß du arbeitest?«

»Sie haben mich hergeschickt.«

»Hast du schon irgendwo gespielt?«

»Zu Hause – Quartett, mit meinem Vater und meinem Bruder.«

»Aber das macht nur drei.«

»Ich singe gewöhnlich den Viola-Part dazu.«

»Auch ein Sänger, wie? Aber wir brauchen hier keine Quartette. Kannst du irgendeine Zigeunermusik spielen?« Er bot mir seinen Stuhl an, und ich spielte ›Marussja hat sich vergiftet‹ und meine eigenen Variationen über ›Schwarze Augen‹.

»Da gäbe es Arbeit in einem Nachtklub«, sagte er überrascht, als spräche er zu sich selbst.

»Die hätte ich sehr gern«, sagte ich.

Ich bekam die Stelle, aber wir hielten es vor meinem Vater geheim. Meinen Lohn brachte ich regelmäßig nach Hause und gab ihn meiner Mutter. Alles ging gut, bloß über die Zusammensetzung des Ensembles zerbrach ich mir den Kopf. Warum waren da zwei junge Frauen unter uns? Keine von beiden konnte die Gitarre oder Mandoline, die sie in der Hand hielten, spielen. Als ich unseren Leiter danach fragte, antwortete er: »Dekoration – nur Zubehör.«

Ich fand Wera sehr schön. Sie saß neben mir, und ich konnte ihr Parfum riechen. Jeder hatte sie gern, viele Gäste wünschten ihre Gesellschaft und veranlaßten sie, manchmal für Stunden von der Bühne herunterzukommen. Gelegentlich kam sie sehr bald zurück, doch immer nur für kurze Zeit. Die Leute verlangten auch nach Natka, aber weniger oft. Ich konnte es ihnen nicht verargen. Ihre Wangen waren zu rot, und sie hatte böse Augen.

In einer regnerischen Nacht bot Wera mir an, mich in einem Einspänner nach Hause zu bringen. »Warum kommst du nicht mit zu mir? Ich mache dir heiße Schokolade. Du wirst sehen, wie ich wohne«, sagte sie und streichelte meine Hand.

Sie entzündete die Petroleumlampe viel rascher, als meine Schwester Nadja es konnte. Ich sah mich in dem kleinen Zimmer um. In der Mitte eines riesigen Bettes saß ein Stoffhund. Ich faßte ihn an; er war weich und duftete nach Parfum. Wera sagte, die Schokolade werde gleich fertig sein. »Warum sagst du gar nichts, mein großer, kleiner Bub? Du hast noch nicht einmal deinen Mantel abgelegt. Ich werde es mir jetzt bequem machen.« Hurtig zog sie ihr Kleid über den Kopf und brachte dabei ihr reiches goldenes Haar in Unordnung. »Willst du nicht bei mir bleiben? Draußen regnet es.« Sie spielte mit meinem Haar.

Am andern Morgen kam ich nach dem Frühstück, tadellos gewaschen, mit frisch gebügelten Hosen, pomadisierten Haaren und einem leichten Parfumduft nach Hause. Die ganze Familie erwartete mich, erschöpft nach einer schlaflosen Nacht, die sie in Sorge und auf der Suche nach mir verbracht hatte. Als ich erzählte, daß ich die Nacht über bei Wera gewesen sei, war ich über die Wirkung, die dies hervorrief, ganz überrascht.

Wieder bei der Arbeit, erfüllte ich nur zerstreut meine Pflichten. »Warum beachtet Wera mich nicht?« fragte ich mich eifersüchtig. Sie wechselte sogar ihren Platz mit Natka. Ich haßte die Männer, die Wera zuwinkten. Die Gäste begannen sich zu beklagen. »Sind wir hier in einem Bordell oder in einem Kindergarten?«

»Der Bub schadet dem Geschäft«, sagte der Direktor zum Leiter. Dies war meine letzte Nacht dort.

Als erstes Kinotheater in Jekaterinoslav entstand das Koliseum. Filme waren eine Neuigkeit, und alle waren stolz auf das neue Gebäude. Aber niemand fand es so aufregend wie ich, denn ich gehörte dazu. Ich saß mit meinem Cello im Orchestergraben und sah den Film sogar vor der großen Premiere. Es war ein glücklicher Zufall, daß der einzige verfügbare Cellist in der Stadt sich, wenn er nüchtern war, vor der Dunkelheit fürchtete und deshalb die Stelle nicht wollte. Als ich mich darum bewarb, war der Besitzer selbst anwesend. Er und alle acht Mitglieder des Orchesters machten mir Komplimente. Ich kletterte aus dem Graben herauf; da setzte der Besitzer seine Brille auf und musterte mich.

»Verdamm' mich! Sag, wie alt bist du?«

»Niemand kann ihn hier unten sehen«, sagte der Unternehmer. Der Besitzer zögerte. Aber kein anderer Cellist war zu bekommen, und ich wurde engagiert. Ich rannte, mein Cello fest im Arm, um meiner Mutter schnell die große Neuigkeit zu berichten.

»Es ist ein wundervoller Posten«, rief ich. »Ich darf die Musik für den Film aussuchen! Das wird ein Riesenspaß – wirklich etwas anderes, nicht bloß Cellospielen.« Ich sprach sehr rasch. »Weißt du, Mutter, wie das gemacht wird? Du mußt mitkommen, ja? Ich kriege eine Uhr, Papier und Bleistift, um den Zeitablauf jeder Handlung festzuhalten. Zum Beispiel, wenn der Zug kommt, spielen wir TARARAM-TARARAM-TARARAM-TAM-TAM, du weißt, Rossini. Da gibt es eine Szene, o Mama, die wird dir gefallen – ein schönes Mädchen wird von einem Mann geküßt, und er ist ganz hingerissen. Ich habe noch nie so was gesehen – da gibt es ein Stückchen Musik von Tschaikowskij dazu, vollkommen passend.«

Mutter lächelte. »Findest du nicht, daß es Zeit für dich ist, zu Bett zu gehen?« Sie gab mir einen Gutenachtkuß. Als ich allein in meinem Zimmer war, dachte ich an Vater. Ich wünschte, er wäre daheim. Ich vermißte ihn sehr, seine Heiterkeit und sogar seinen Zorn. Jetzt war ich nie sicher, ob ich nicht etwas Falsches gemacht hatte.

Meine ersten Tage im Koliseum waren aufregend. Das Orchester, das Repertoire, ja den Film selbst empfand ich als einen Teil meiner eigenen Schöpfung. Aber bevor die Woche vorbei war, ließ meine Begeisterung nach. Ich saß tief unten im Orchestergraben. Auf meinen Kopf fielen andauernd Wassertropfen von der niedrigen, neuen Zementdecke, und das wurde auch nicht besser, als ich meinen Kopf mit einer Kappe bedeckte. Ich spürte jeden Tropfen, noch bevor er mich erreichte. Es gab keinen anderen Sitzplatz für mich, und niemand wollte freiwillig mit mir tauschen. Ich begann eine merkwürdige Tic-artige Grimasse zu machen, was meine Mutter beunruhigte. An Sonn- und Feiertagen hatte ich von drei Uhr nachmittags bis Mitternacht zu spielen. Ich wurde reizbar. Nur mein Freund Stolpikov im Orchester wußte, wie müde ich war. Er bot mir an, meinen Part auf der Trompete zu spielen, aber sein eigener war schon mehr, als er bewältigen konnte. Außerdem hatte er ständig wunde Lippen. Ich glaube, weil er zu viele Erdnüsse aß. Es gab nie einen größeren Erdnußfanatiker als ihn. Er liebte sie geröstet. Seine Taschen waren damit angefüllt, und wo immer er ging, konnte man seine Spuren nach den Schalenabfällen verfolgen. Ein gutherziger Mensch, der nicht viel zu bieten hatte außer Mitgefühl und einer Handvoll Erdnüsse. Für mich bedeutete das damals große Reichtümer.

Es war an einem Sonntag, als ich hörte, daß Stolpikov von den Musikern eine Pause für mich verlangte. »Der Knabe wird sterben.«

»Halt' deinen Mund, Erdnußschädel!«

Ich war in der Mitte meines Solos im ›Wilhelm Tell‹, aber ich konnte nicht mehr weiter. »Spiele«, zischte mich der Konzertmeister an, der gleichzeitig der Dirigent war. »Spiele, du Bastard!« Er schlug mich mit seinem Bogen. In mir wurde alles schwarz, ich muß etwas Furchtbares getan haben; ich kann mich nicht mehr erinnern, was. Aber später auf der Straße erzählte mir Stolpikov, ich hätte einen Stuhl auf dem Kopf des Dirigenten zerschlagen und unter anderen Verlusten befände sich eine Geige und Stolpikovs Trompete. So endete mein zweites Engagement.

# Eine sensationelle Aufführung von ›Eugen Onegin‹

Großvaters Tod führte meinen Vater wieder nach Hause zurück. Er sah niedergeschlagen und abgehärmt aus. St. Petersburg war ein Mißerfolg gewesen.

Tante Julie und Onkel Leo reisten in Eile nach den Vereinigten Staaten ab, vermutlich mit dem größten Teil der Erbschaft. Vater beschloß, seinen kärglichen Anteil darauf zu verwenden, nach Moskau zu übersiedeln, wo es für seine Kinder bessere Ausbildungsmöglichkeiten gab. Ich war ungefähr neun Jahre alt, als wir dorthin zogen.

Vater legte sein Geld in einem Mietshaus an, das in einem der Außenbezirke Moskaus stand, und stellte ein Gesuch um meine Aufnahme an das Moskauer Konservatorium. Ich wurde geprüft, spielte dem Direktor, Ippolitov-Iwanov, sowie dem Cello-Professor, von Glehn, vor und wurde mit einem Stipendium als Schüler aufgenommen.

Der Schulweg war ziemlich weit. Unser Haus war ein solid gebautes Blockhaus, dessen Eingang sich in einem Hof hinter einem riesigen ländlichen Tor befand. Ein Bolzen verschloß es für die Nacht. Es wirkte wie eine Parodie auf etwas Mittelalterliches, eine armselige Festung, die nichts zu schützen hatte. Die Umgebung bestand aus Reihen trostloser, unbemalter Fachwerkhäuser. Nebenan befand sich eine Schenke, in der unter Regierungsmonopol Wodka verkauft wurde. Hier sah man Männer wie im Typhusfieber auf den Boden fallen, der mit leeren Flaschen übersät war. An Zahltagen warteten dort die Frauen auf ihre Väter und Männer und wollten sie daran hindern, sich zu betrinken; aber meistens humpelten sie traurig wieder nach Hause, verprügelt von ihren ungebärdigen und durstigen Männern.

In dieser Nachbarschaft fanden Faustkämpfe statt von Banden einer Straße mit denen der andern, die bei den Kindern begannen und bei den Erwachsenen aufhörten, ein Sport, der manches Mal mit Mord endete. Es war eine rauhe Gegend. Einige Straßen weiter entfernt befand sich eine Schokoladefabrik. Die meisten unserer Hausbewohner arbeiteten dort, und ihre Tage begannen bei morgendlicher Dunkelheit.

Das Haus besaß sechs Wohnungen – drei in jedem Stockwerk. Unsere lag zuoberst und war die größte. Wir hatten ein Klavier,

Bücher und einen großen Tisch im Eßzimmer, der zwischen den Mahlzeiten zum Schreiben, Lesen und für Spiele benutzt wurde.

Der frühere Besitzer hatte das Haus gleichzeitig meinem Vater und jemandem anderen verkauft. Das darauf folgende Gerichtsverfahren leerte Vaters Brieftasche. Doch ohne sich durch eine verlorene Sache entmutigen zu lassen, wirtschaftete er mit Energie weiter, rühmte die Pracht Moskaus und sprach von den neuen, interessanten Bekanntschaften, die er machte.

»Großartig«, kündigte er eines Nachmittags an: »Kommt, Kinder, ich habe Neuigkeiten für euch«, rief er Leonid und mich herbei. »Zu Beginn der Ferien gehen wir gleich auf eine Reise. Einer meiner Freunde hat uns alle drei an Herrn Susov empfohlen, und ich habe mit ihm einen Vertrag für eine Zwei-Monate-Tournee mit seiner großen Operntruppe abgeschlossen. Wir werden viele Städte an der Wolga besuchen. Ich bin der erste Bratschist, Leonid ist der Konzertmeister und Grischa der erste Cellist.«

Am Tag der Abreise drängte sich die ganze Truppe samt Orchester und Chor in einem Drittklasswagen der Eisenbahn zusammen. Unser Abteil, zwei Holzbänke unten und zwei oben, teilten wir mit einer sehr dicken Chordame. Bald nachdem wir abfuhren, machte sie sich's bequem, zog ihre Kleider aus und hüllte sich in eine fettige Robe, die sie ein »Peignoir« nannte. Sie hatte ein bemerkenswertes Sortiment von Käse, Äpfeln und einen großen Laib Brot bei sich. Ihr Appetit war ungeheuerlich. Der Geruch ihrer Käse, vermischt mit ihrem Parfum, war zum Ersticken. Die Lage verschlimmerte sich, als sie uns nicht erlaubte, ein Fenster zu öffnen. Trotz unserer Bitten wollte uns der Direktor keinen anderen Platz zuweisen.

Die erste Zusammenkunft der Gesellschaft war eine Probe für ›Eugen Onegin‹ im Theater von Samara. Als wir den Eisenbahnwaggon, der unsere Wohnung bleiben sollte, verließen, sahen wir überall in der Stadt Plakate angeschlagen: »Historisches Opernereignis – Berühmte Stars – 100-Mann-Chor und Orchester – In einer sensationellen Aufführung von ›Eugen Onegin‹.«

Das Orchester bestand aus siebzehn Mann. Den ungewöhnlichsten Anblick bot der Dirigent, der sein Podium mit seinem Horn besetzte. Da er es mit beiden Händen hielt und seinen Mund mit dem Mundstück verschloß, war er stumm und unfähig, sich zu bewegen. Ich war von vier Notenpulten umgeben, mit den Stimmen für Cello, Klarinette, Posaune und Oboe.

Meine Pflicht war es, die wichtigen Stellen jeder dieser Stimmen zu spielen.

Herr Susov war der Unternehmer der Truppe und gleichzeitig der erste Tenor. Gereizt und nervös beklagte er sich über vieles, doch den größten Ärger bereitete ihm, daß die Dame, welche die Tatjana, das jungfräuliche Mädchen, singen sollte, nichts von ihrer fortgeschrittenen Schwangerschaft erwähnt hatte, als sie den Vertrag unterschrieb.

Bei der Premiere stand Herr Trilo, der Kontrabassist, neben mir, und aus seiner Tasche ragte eine Flasche Wodka heraus. Das gespannte Publikum beachtete die spärlich im Orchestergraben verstreuten Musiker nur wenig, zeigte sich jedoch überrascht, als Herr Djubanskij mit seinem Horn zum Dirigentenpodium schritt.

Die Lichter im Haus verdämmerten, und während der Ouverture war es ruhig im Saal, doch bald nachdem der Vorhang aufging, machte sich Unruhe im Publikum bemerkbar. Während die Darsteller unsicher ihr Spiel fortsetzten, wuchs die Erregung unter den Zuhörern und erreichte ihren Höhepunkt, als Herr Susov aus irgendeinem Grund während seiner Arie plötzlich zu singen aufhörte. Der Dirigent sah sich verzweifelt nach einem Tenor um, zeigte ausgerechnet auf Trilo und schrie: »Singen!«

Trilos krächzende Stimme: »Olga, dich hab' ich geliebt«, tönte laut aus dem Orchesterraum hinauf, dann stürzte der Sänger voll betrunken mit lautem Krach über seinen Kontrabaß hin. Das Haus war in Aufruhr. »Wir wollen unser Geld zurück«, schrien die Leute und näherten sich drohend unserem Graben. Wir rannten hinaus auf die Straße. Wieder in unserem Eisenbahnwagen, hörten wir Herrn Susov an. Er versprach allerlei Verbesserungen und die Bezahlung unseres Honorars in der nächsten Stadt. Kurz darauf waren wir auf dem Wege nach Saratov. Hier war die erste Vorstellung ebenso schäbig, wurde aber ohne ernsthaften Protest von seiten des Publikums zu Ende geführt. Herr Susov sicherte uns einen langen Aufenthalt in dieser Stadt zu. Jedoch bei der zweiten Vorstellung war das Haus beinahe leer, und die dritte fand gar nicht mehr statt.

Susovs Beredsamkeit und unser Mangel an Kapital bestimmten uns, die Reise nach Astrachan fortzusetzen. Jetzt gab es mehr Platz im Waggon, denn eine beträchtliche Anzahl der Truppe war in Saratov ausgeschieden, darunter die dicke Dame aus unserem Abteil. Bei unserer Ankunft in Astrachan verschwand Susov, der nicht in der Lage war, Gagen zu bezahlen, und die Gesellschaft löste sich auf.

Wir beschlossen, ein wenig Ferien zu machen, und zogen in ein Logierhaus in der Nähe des Vergnügungsparks. Unsere ersten Tage in Astrachan verbrachten wir am Fluß, der durch die Stadt in die Wolga fließt. Auf einem Markt kauften wir Melonen, Trauben und Milch in Tonbehältern. Wir ruderten in einem Boot den Fluß hinunter zur Wolga und entdeckten eine verlassene Insel, bei deren Erforschung wir auf einen schlecht riechenden Teich stießen. Als mein Vater seinen Fuß hineintauchte, sagte er, dies sei eine »Entdeckung« – die heilende Quelle der Jugend. Ich hielt mir die Nase zu und folgte seinem Beispiel.

Wir wiederholten unsere Ausflüge zur Insel. Vater stellte fest, daß ihm die Quelle sehr gut getan habe. Schon wollte er seine Entdeckung amtlich registrieren lassen, als er die peinliche Mitteilung erhielt, daß es sich um den Ausfluß der Abwässer handle.

Wir zählten unser Geld. Die verbleibende Summe, nachdem wir die Miete bezahlt hatten, reichte bloß für zwei Heimreisen. Es galt nun zu entscheiden, wer von uns dreien zurückbleiben sollte. Als wir durch den Vergnügungspark spazierten, sprach Vater mit dem Dirigenten des Freilicht-Symphonie-Orchesters, wobei er herausfand, daß ein Platz für einen Cellisten frei war. Ich spielte vor und wurde engagiert.

Kurz nachdem Leonid und Vater abgereist waren, tauchte der frühere Cellist des Orchesters wieder auf, und man teilte mir mit, ich könne nur bleiben, wenn ich in der zweiten Geige spielte. Der Dirigent besaß ein übriges Instrument, und meine Beteuerungen, daß ich nicht Geige spielen könne, machten ihm gar keinen Eindruck. Ich haßte das kleine Ding unter meinem Kinn. Bei schweren Passagen mußte ich die Geige wie das Cello zwischen den Knien halten. Zunächst zog dieser Wechsel in meiner Haltung keine Aufmerksamkeit auf sich, aber sobald das Publikum mich bemerkt hatte, reizte es eine große Zahl von Zuhörern, jedesmal in Applaus auszubrechen, wenn ich mit meiner Geige manipulierte.

»Du machst einen Zirkus aus meinen Konzerten«, sagte der Dirigent und entließ mich.

Im Vergnügungspark gab es ein Café Chantant, das spät abends geöffnet und am frühen Morgen geschlossen wurde. Ich bot dort meine Dienste an und wurde engagiert.

Die Musiker und der Dirigent wollten mich vor dem Anblick der nackten Frauen auf der Bühne bewahren und setzten mich mit dem Gesicht zur Wand des Orchestergrabens. Mit Hilfe eines Rückspiegels konnte ich den Dirigenten sehen.

Nach Lokalschluß traf ich oft ein Mädchen, das als Barfußtänzerin auftrat. Sie beklagte sich, daß die Gäste immer tranken und schwatzten, während sie tanzte. Sie tat mir leid, und ich suchte nach einer Idee zu einem neuen Tanz für sie. Ich dachte, ›Souvenir‹ von Drdla würde ihr ausgezeichnet liegen, und verbrachte viele Stunden damit, die Choreographie auszuarbeiten. Ich tanzte barfuß dazu und sang, bis meine Kreation vollendet war. Als ich ihr den Tanz vorführte, stimmte sie zu, es sei gerade das, was sie brauche. Es fand eine Probe statt, und ich erhielt Erlaubnis, die Premiere vom Saal aus anzusehen. Klopfenden Herzens verfolgte ich ihren Auftritt, sah sie die Arme schwingen, dahingleiten und alle meine Ideen ausführen, was im Saal mehr und mehr Gelächter hervorrief, je länger sie tanzte. Ich eilte in die Garderobe, wo der Direktor sie gerade entließ. Entrüstet kündigte ich auch und erhielt meine Wochengage ausbezahlt.

Mit meinem Koffer und dem Cello machte ich mich auf den Weg zum Bahnhof. Ich kaufte mir eine Fahrkarte, soweit wie mein Geld reichte. Den Rest der Reise legte ich mit nächtlichen Schwarzfahrten auf Güterzügen zurück und schlief tagsüber in Heuschobern. In einem Dorf verkaufte ich meinen Koffer und andere Habseligkeiten und stopfte meine Taschen mit Brot und Wurst voll. Ungefähr zwölf Tage später traf ich zu Hause ein, rechtzeitig zum Schulbeginn. Hier und da ein wenig dazudichtend, erzählte ich meine Abenteuer.

# Eine Verlobung und ihre Folgen

Es war schön, wieder daheim zu sein, mit der Familie am Tisch zu sitzen und aus dem summenden, glänzenden Samowar Tee zu trinken. An den Abenden spielten wir Kammermusik. Mutter hörte strickend zu und nickte beifällig an allen ihren Lieblingsstellen.

Der Unterricht am Konservatorium begann, und beinahe plötzlich wurde aus dem Herbst Winter. Eines Morgens an einem freien Tag blickte ich durch das zugefrorene Fenster. Die Äste waren schwer mit Schnee behangen, und ich beeilte mich mit dem Frühstück, um meine Skier für einen Lauf durch den Sokolnikij-Wald zu wachsen. Vielleicht wünschte Vater, daß ich vorher noch Cello übte, aber das hätte mir nichts ausgemacht, denn das Üben war für mich keine Plage.

Ich fragte Leonid, ob er mit mir Skifahren kommen wolle. Er rief mich beiseite, versicherte sich, daß niemand zuhörte, und versuchte, mir flüsternd rasch etwas über Nadja zu sagen. Mein sonst so ruhiger Bruder sprach in abgerissenen Sätzen und so unklar, daß ich neugierig wurde, was über ihn gekommen sei.

»Du sprichst wie ein Verrückter«, sagte ich laut, gerade als Vater dazukam. Vater sagte, er wisse, was Leonid mir erzählen wolle. Dabei blickte er trübe drein, sprach aber, als ob nichts Besonderes los wäre.

»Du bist der einzige, der es noch nicht weiß. Deine Schwester hat sich verlobt. Überrascht es dich?« Er klopfte mir auf die Schulter. »Liebe ist heilig, und man muß sie ihren Weg gehen lassen. Wir sind eine glückliche Familie. Manche Kinder fliegen wie Vögel davon, wenn sie erwachsen sind, aber unsere Nadja wird bloß wenige Treppen hinunterziehen in die Wohnung von Dmitrij und seinen Eltern.«

Ich kannte Dmitrij und seine streitsüchtigen Eltern, und ich sah sein blödes Grinsen deutlich vor mir, wie er dastand in seiner Uniform mit den Messingknöpfen.

»Das sind nicht *wenige* Treppen hinunter«, sagte ich.

»Was sagst du?«

»Das sind nicht nur *wenige* Treppen hinunter. Das geht kilometertief in eine Senkgrube.«

»Wie kannst du es wagen!« schrie Vater.

Ich beachtete Vaters Reaktion nicht und sprach ruhig, anscheinend ganz gleichgültig weiter. »Nadja ist erst sechzehn, schön und unschuldig. Wenn du sie nicht daran hinderst, Dmitrij zu heiraten, wird sie bald zusehen müssen, wie er immer mehr herunterkommt, und sein zerschlagenes Gesicht verbinden, jedesmal wenn er beim Falschspielen ertappt wird. Sie wird von seinen betrunkenen Eltern mißhandelt werden, während er im Telegraphenamt arbeitet, und von ihm selbst, wenn er zu Hause ist. Ihr Leben wird ruiniert sein. Sie wird es dir nicht danken, Vater. Sie wird dich hassen, und ich dich auch.«

Vaters Blicke durchdrangen mich wie Feuer. Er schlug mich. »Sie wird Dmitrij heiraten. Hinaus mit dir, und komm' nie wieder zurück.«

Irgend jemand schüttelte mich. Ich öffnete die Augen. Es standen Leute um mich herum. »Himmlische Jungfrau! Barmherzigkeit! Das Kind ist steifgefroren! Bringen wir es hinein. Wie wär's bei Ihnen, Schutkin?«

»Gewiß, ich nehme ihn zu mir, aber man sollte schnell einen Arzt holen. Wir warten in meinem Laden auf ihn.«

»Laßt mich ihn tragen«, hörte ich eine andere Stimme, »und Sie, Schutkin, nehmen seine große Gitarre.« Ich wurde in einen gut geheizten Raum gebracht. »Rasch, Decken – Kissen«, befahl jemand. Man legte mich auf einen großen Tisch, und ich schlief ein.

Mit heftigen Schmerzen am ganzen Körper erwachte ich. »Weine nicht.« Ein alter Mann sah mich an. »Ich heiße Schutkin; dies ist mein Laden. Wir fanden dich im Schnee, schlafend. Der Arzt hat dich so verbunden.« Er streichelte meinen Kopf. »Alles wird wieder gut. Ich weiß, die Schmerzen fangen erst jetzt an.«

Es war ein merkwürdiger Raum, klein und angefüllt mit Eisenwaren, antiquarischen Büchern, gebrauchten Uhren, Metallrohren, Samowars, alten Gartengeräten und einem Akkordeon. Das Holz knisterte im Feuer. Ich erkannte auch den Mann mit dem Pelzhut, der mich hereingetragen hatte. Er rollte Tabak in ein Zigarettenpapier, das er mit der Zunge befeuchtete. Er sprach zu Schutkin mit klangvoller Stimme.

»Der Knabe wird in kürzester Zeit auftauen ... ja ... ja ... nun, jetzt mache ich mich lieber auf den Weg, bevor dieser Kerl von einem Chef mich hinauswirft. Warum bringt nicht die Cholera oder sonst was dieses Ekel in die Hölle?« Er zündete sich seine Zigarette an, spuckte nach ein paar Zügen ins Feuer und sagte mit einer Grimasse: »Wissen Sie, Schutkin, diese Zigarette schmeckt genau wie trockener Kuhmist.« Er zog höflich den Hut und ging.

Eine Woche war vorüber. Meine Hände und Füße waren immer noch verbunden, aber ich fühlte mich merklich besser. Der Tisch, auf dem ich lag, stand nahe am Schaufenster, und ich war in voller Sicht der Vorübergehenden, bis Schutkin provisorisch ein paar Vorhänge anbrachte. Er hätte gern mit mir den Platz getauscht, doch der Tisch war zum Hinaufklettern für ihn zu hoch, daher schlief er auf einer Couch.

Es kamen sehr wenige Kunden in den Laden, und meistens waren es Bekannte, die eintraten, um sich einen Rat von dem alten Mann zu holen, oder ihn bloß besuchten. Ruhige Leute, die nicht lange blieben. Schutkins Gesicht war zerfurcht, doch seine Augen strahlten vor Freundlichkeit und ließen ihn unwahrscheinlich jung aussehen. Auch seine Stimme klang warm und jugendlich, obschon ihn sein Asthma am fließenden Sprechen behinderte. Er war sehr alt, doch wie flink bewegte er sich, machte Wasser heiß, breitete Decken über mich und zog rasch seine Schuhe aus; dann legte er wieder ein Holzscheit aufs Feuer oder schob ein Kissen unter meinem Kopf zurecht. Ich fühlte mich wunderbar. Ihm vertraute ich mich an, sprach ohne Scheu von Zuhause, von meiner Schwester und meinem Vater sowie von meinem Zorn und Eigensinn. »Ich werde nie zurückkehren, darf ich hier bei Euch bleiben?« Ich wußte wohl, ich durfte.

Eines Abends erzählte Schutkin von sich und von allem, was er in seinem Leben versäumt hatte, doch ohne Bitterkeit. »Ein Knabe wie du«, sagte er, »könnte mein Urenkel sein. Es ist lange her, daß ich von mir selbst geredet habe«, entschuldigte er sich. »Man kann nicht leicht mit den Menschen sprechen. Die ganz Jungen verstehen einen nicht und haben auch keine Geduld zuzuhören. Im mittleren Alter reden die Menschen lieber selbst oder sie hören nur zu, wenn man von ihnen spricht. Und die Alten hören nicht – oder sie sind zu sehr mit ihren Leiden beschäftigt.« Ich fragte ihn, wie alt er sei. »Nicht alt genug, um an den Tod zu denken. Alle Menschen wissen, daß ihre Zeit kommen wird, aber sie wissen nicht genau, wann, und das ist die List, der gute Scherz der Natur, der jedermann glauben macht, er sei unsterblich.« Er lächelte. »Meine eigene Geburt konnte ich nicht sehen, aber ich hoffe, Zeuge von der letzten Szene meines Lebens zu sein.«

Er unterbrach sich plötzlich und sagte: »Sei deinem Vater nicht böse. *Er* ist doch gekränkt worden. Du bist noch nicht bereit, nach Hause zurückzukehren, aber eines Tages wirst du es sein«, und mit Augenzwinkern meinte er: »Schreiben wir ihnen einen Brief und lassen sie wissen, daß es dir gut geht, ja? Nicht? Also, macht auch nichts.«

In Schutkins beruhigender Obhut machte meine Genesung sehr rasche Fortschritte, und obwohl meine Finger noch wund und geschwollen waren, übte ich Cello und dachte daran, mich nach Arbeit umzusehen. Schutkin wollte nichts davon wissen. »Übe – daran sollst du denken –, nicht daran, daß du jemandem zur Last fällst, oder ans Geldverdienen.« Er ging zum Wandschrank und kam mit einem zusammengefalteten Blatt Papier zurück. »Lies das. Ich fand es im Konservatorium, als ich hinging, dein Fernbleiben zu erklären.«

Es war eine Botschaft von Leonid, in der es hieß, die Familie, mit Ausnahme von Nadja und Dmitrij, übersiedle nach Jekaterinoslav, und sie seien alle froh, daß es mir gut ginge.

»Ich habe deinen Leuten ein paar Zeilen geschickt«, sagte Schutkin schuldbewußt.

Ich begann wieder mit meinen Musikstunden und besuchte die Mittelschule, die an das Konservatorium angeschlossen war. Hier saß ich auf derselben Bank mit einem etwa dreißigjährigen Sänger zu meiner Linken und einem sechsjährigen Geige spielenden Knaben rechts neben mir. Was unsere Leistungen betraf, waren wir alle drei auf gleich schlechter Stufe.

Professor von Glehn war nicht sehr anspruchsvoll, und es schien ihn nicht zu stören, von mir Stunde für Stunde die gleiche Etüde von Duport zu hören. Offensichtlich hatte er sich mit meiner Apathie und meinen mangelhaften Fortschritten abgefunden. Ich wußte natürlich, daß ich es besser machen konnte, denn wenn ich allein war, spielte ich eine große Anzahl Stücke, komponierte Kadenzen zu Konzerten und schrieb ein schwieriges Capriccio für Cello Solo. Der gutherzige Professor, nicht fähig, jemanden zu verletzen, schalt mich niemals. Er brachte es auch nicht fertig, mir meine Bitte, an einem Vortragsabend mitzuspielen, abzuschlagen. Er schüttelte nur traurig den Kopf und sagte: »Wenn du willst. Hoffentlich findest du etwas, das du spielen kannst.«

Bei diesen Konzerten war es üblich, daß der uninteressanteste Schüler den Abend eröffnete. Dann folgten die Fortgeschritteneren, und zum Abschluß des Programms spielte immer der beste von allen. Ich sollte als erster spielen. Das von mir gewählte Stück war das abgedroschene, aber glanzvolle ›Souvenir de Spa‹

von Servais. Das Aufsehen, welches mein Spiel erregte, rief nicht bloß bei mir, sondern auch bei meinem verblüfften Professor größte Überraschung hervor. Bei meiner nächsten Stunde war das Klassenzimmer gedrängt voll von Kollegen, die mich hören wollten. Als ich aber in meiner gewohnten, teilnahmslosen Art die alte Duport-Etüde zu spielen begann, unterbrach mich der Professor.

»Bitte geh' nach Hause«, sagte er, »ich kann dich nicht verstehen.«

Ich fand es merkwürdig, daß ein Mensch, der durch seine bloße Anwesenheit veredelnd wirkt und Respekt einflößt, einfach »Schutkin« und nicht »Gospodin (Herr) Schutkin« oder, wie noch üblicher, mit seinem Vor- und Vatersnamen angeredet werden sollte. Auf russisch heißt *Schutka* »Scherz«, und ihm gefiel dies ebenso, wie er seinen sonderbaren Laden liebte, den er schon seit langer Zeit besaß. Er machte sich über seine Waren lustig, doch niemand wagte anzudeuten, daß er altes Zeug verkaufe. Der Laden war der Sitz eines Weisen, und ich war sein auserwählter Jünger. »Die Musik, die du hier spielst, würde in einer Kathedrale nicht besser klingen«, sagte er.

Das Geschäft ging schlecht, und während der letzten paar Monate bestanden unsere Mahlzeiten bloß aus Brot, *Kascha* (Buchweizengrütze) und Milch. Ich mußte Arbeit finden. Schutkin willigte endlich ein. »Du bist ein eigensinniger Bursche. Ich bespreche es lieber gleich hier mit dir, bevor du wegläufst.« Er dachte einen Augenblick nach. »Es gibt ein Lokal, das ich kenne«, sagte er, »komm', wir wollen hingehen.«

»Hier ist es.« Wir sahen eine Tafel: *Traktir* (Wirtshaus) – *Dritter Klasse*. Wir gingen hinein. »Ich pflegte früher regelmäßig hierherzukommen«, sagte Schutkin. »Eine schmutzige Bude. Essen sollte man nichts hier, aber der Tee ist gut.« Wir hörten einem Akkordeonspieler zu. Der Tee war wirklich gut. Schutkin redete mit dem Besitzer, und nach einer kurzen Besprechung mit dem Akkordeonisten hatte ich eine Stelle. »Du bist so ein magerer Riese, niemand wird glauben, daß du erst zwölf Jahre alt bist. Du solltest dir ein Zeugnis besorgen, damit man dich nicht zum Militär einzieht«, sagte Schutkin.

Der Weltkrieg, der schon seit einem Jahr tobte, war überall zu spüren. Niemand sprach von Siegen oder Niederlagen. Keiner, der an Krücken ging, wirkte wie ein Held. Die Leute auf der Straße blickten verdrossen drein, und nur wenige schauten zu, wenn neue Rekruten exerzierten. Sonderbarerweise hinterließen der Aufruhr und das Elend der Welt bei mir keine Eindrücke, und auch die Karikaturen vom Kaiser und die Schlachtenbilder schienen mir weder schrecklich noch echt.

Schutkin wartete jede Nacht im *Traktir*, um mit mir nach Hause zu gehen. Mit meinem Lohn konnten wir unseren Haushalt wesentlich verbessern. Schutkin freute sich über sein neues Bett, und die Couch ersetzte meinen Tisch. Die Arbeit störte mich nicht allzusehr in meinen Studien, und Schutkin und ich waren zufrieden – das heißt, solange bis der Akkordeonspieler Streit mit dem Besitzer bekam und entlassen wurde. Das Cello allein hatte nicht genügend Anziehungskraft in dieser lauten Umgebung, und ich mußte meine Stelle ebenfalls aufgeben. Doch ich blieb nicht lange müßig. Der Akkordeonist stand mit mir in Verbindung und fand wieder Arbeit für uns beide. Schutkin konnte das neue Lokal nicht ausstehen. »Das ist eine Lasterhöhle, nichts als schlechte Weiber und Säufer.«

Eines Nachts, als Schutkin mir Gesellschaft leistete, fragte mich ein fremder Gast, während der Akkordeonist sein Abendessen verzehrte, ob ich ihm nicht etwas von Bach spielen würde. Ich traute kaum meinen Ohren. Noch nie war so etwas hier von mir verlangt worden. Ich spielte das Präludium aus der c-Moll-Suite, aber bevor ich noch zur Fuge gelangte, schrie jemand: »He, du, aufhören!« Ich spielte weiter. »Hast du nicht gehört? Hör' auf mit deiner Katzenmusik!« Ein Betrunkener torkelte auf mich zu und trat mit seinem Stiefel auf mein Cello. Es entstand ein Tumult. Ich sah, wie Schutkin angerempelt wurde; er fiel und verletzte sich. »Dein Cello, dein Cello«, keuchte er.

Der Mann, welcher den Bach gewünscht hatte, sammelte die einzelnen Teile meines Cellos vom Boden auf und steckte, was davon übrig war, in das Futteral. Gemeinsam halfen wir Schutkin über die gefrorenen Gehsteige nach Hause. Ich rannte nach einem Arzt. Nachdem er Schutkin untersucht hatte, rief er mich beiseite und sagte, der alte Mann sei sehr krank und müsse sofort in ein Krankenhaus gebracht werden.

Schutkin wurde in einen überfüllten Saal gelegt. Ich blieb bei ihm. Ich hatte den Eindruck, daß er mich anblickte, als wollte er etwas sagen, doch der Arzt meinte, er sei bewußtlos. Er sah die »letzte Szene« seines Lebens nicht mehr und starb nach zwei Tagen, ohne das Bewußtsein wiedererlangt zu haben.

Schutkins Nachbarn fanden neue Unterkunft für mich, und ich kaufte ein billiges Cello an einem höchst unwahrscheinlichen

Ort, auf einem Gemüsemarkt in der Straße. Es war kohlschwarz und hatte Wurmlöcher und viele Sprünge, die verkittet oder roh mit Tischlerleim zusammengeflickt waren. Der Lack roch nach Teer. Erstaunlicherweise erhielt ich samt diesem Geruch eine Anstellung im Salon-Orchester eines der besseren Restaurants von Moskau.

Die Musiker erzählten mir von einem wichtigen Gönner, der allen anderen Instrumenten das Cello vorzog, und daß sein Lieblingsstück eine Melodie aus dem Ballett ›Fiameta‹ von Minkus sei; sie rieten mir, dieses Stück gut vorzubereiten.

Eines Abends trat ein Herr mittleren Alters an einen Tisch in der Nähe des Orchesters. »Das ist er«, flüsterte der Dirigent.

»Was ist denn das?« Er zeigte auf mich, und ohne Antwort abzuwarten, wandte er sich zum Gehen. Der Dirigent lief ihm nach, und einige Minuten später verkündete er: »Afanassiev bleibt. So ein Narr! Er ist nur an erwachsene Cellisten gewöhnt. Dem hab' ich was erzählt.« Er klopfte mir auf die Schulter und sagte: »Spiel' für ihn, bis sein Herz blutet! Kommt, Kinder, nehmt eure Instrumente. Wir werden in einem Extrazimmer für Afanassiev spielen.« Ich zögerte. Ich hatte von allerhand wilden Privatgesellschaften gehört, bei denen die Musiker, während sie spielten, um einen Tisch herumgaloppierten oder sich für ein Trinkgeld das Gesicht mit Senf vollschmieren ließen.

»Komm' nur, wir warten«, drängte der Chef. »Er glaubt nicht, daß du ihn zufriedenstellen kannst. Er ist allein da, und er trinkt nie.«

Herr Afanassiev saß in der Ecke eines großen Raumes. »Fiameta«, befahl er.

»Spielen Sie es noch einmal«, sagte er sehnsüchtig, sobald ich geendet hatte. Ich mußte es nochmals und nochmals wiederholen. Dann kam er auf mich zu. »Steh' auf«, sagte der Dirigent.

»Kaufen Sie sich ein besseres Cello.« Herr Afanassiev zog ein Bündel Banknoten aus der Tasche, zählte neuntausend Rubel aus und übergab sie mir. Während ich fassungslos mit dem Geld in der Hand dastand, gab er tausend Rubel dem Orchester und ging davon.

Die Verantwortung, so viel Geld aufzubewahren und das richtige Instrument zu finden, machte mich ängstlich. Die Musiker teilten meine Sorgen nicht. »Halt' dich nur an uns. Wir haben es doch nicht schlecht gemacht, oder?« Sie feierten das Ereignis, brachten mich nach Hause, und die fröhliche Bande tauchte am nächsten Morgen wieder bei mir auf.

Von den Instrumenten, die zum Verkauf angeboten wurden, machte mir ein Montagnana-Cello großen Eindruck, doch meinen Freunden gefiel ein Guarneri besser. Es hatte eine leicht gelbliche Farbe, und seine Proportionen schienen mir mangelhaft. Doch von der Begeisterung der Kollegen beeinflußt, ließ ich mich bewegen, es zu kaufen – für die genaue Summe von neuntausend Rubeln.

Wo war Herr Afanassiev? Ich wünschte, daß er mein Guarneri-Cello höre, und ich wollte ihm meine Dankbarkeit aussprechen. Aber es war mir nicht bestimmt, ihn je wieder zu sehen.

Meine Vor- und Nachmittage verbrachte ich im Konservatorium, und in den Zwischenstunden übte ich zu Hause. Sogar im Restaurant übte ich, wenn keine Gäste da waren. Unser Pianist liebte es, mich zu begleiten oder auch nur neben mir zu sitzen und zuzuhören, während die übrigen Kollegen im Musikerzimmer Karten spielten. Eines ihrer Spiele hieß *Frapp.* Jankov, der zweite Geiger, lehrte es mich, und an ihn verlor ich eine Monatsgage. Jeder verlor große Summen an ihn, aber das tröstete mich ganz und gar nicht. Ich ärgerte mich über sein unfehlbares Glück und wurde mißtrauisch. Obschon ich nicht mehr spielte, stand ich immer dabei, Jankov gegenüber, und beobachtete jede seiner Bewegungen. Dies störte ihn. Zuweilen zitterte seine Hand. Er begann zu verlieren.

»Warum gehst du nicht weg und übst auf deinem Cello?« sagte er. Offenbar fiel es ihm schwer, nicht zu schwindeln. Eines Nachts beobachtete er mich während eines Spiels. Seine Augen blieben auf mich gerichtet, als warte er auf eine Gelegenheit, mich bei einer Unaufmerksamkeit zu ertappen. Schließlich kam, wie durch Zauber, eine Karte aus seinem Ärmel heraus. Ich sah es, blieb aber stumm. Nach Dienstschluß folgte ich ihm auf die Straße.

»Ich werde Ihnen meine Schulden bezahlen«, sagte ich. Er lief schneller. »Es sind Ihre Freunde, ich will ihnen nichts sagen, aber Sie dürfen nicht falsch spielen.« Darauf schlug er mich ins Gesicht. Noch lange, nachdem er in einer Seitengasse verschwunden war, hörte ich den Schlag. Er schien von allen Seiten, von jeder Hausmauer widerzuhallen. Am nächsten Tag war Zahltag. Meiner Anweisung folgend, zahlte der Kassierer an Jankov die Hälfte meiner Gage aus. Während der nächsten Wochen, unbeirrt durch meine Gegenwart, gewann er weiter, bis er eines Tages erwischt und verprügelt wurde. Irgendwie gelang es ihm, seine Stelle zu behalten.

Ich war es, der die meine verlor. Eines Tages kamen als erste Gäste mehrere Professoren vom Konservatorium in das Lokal. Als sie mich bei meinem Üben ertappten, hießen sie mich fortfahren. Ich spielte einige Stücke und bedankte mich für ihren Applaus. Geehrt durch das Lob dieser vorzüglichen Musiker, hoffte ich, daß sie mit mir sprechen wollten. Statt dessen zeigten sie auf mich, während sie mit dem Kellner redeten, und schickten ihn mit einem Tablett, auf dem Geld lag, zu mir aufs Podium. »Hier ist dein Trinkgeld, kauf' dir eine Zigarre«, sagte der Kellner. Beleidigt lief ich zu den Gästen und warf ihnen das Geld auf den Tisch. Bevor ich wußte, wie mir geschah, war ich buchstäblich mitsamt meinem Cello hinausgeworfen, und zwar auf die Straße in den Schnee.

Bei diesem unwürdigen Abgang verlor ich meine Fäustlinge, und da ich gegen Frost sehr empfindlich war, wurden meine Hände in wenigen Tagen rot und geschwollen. Mein Zimmer war nicht geheizt, und in meinem chronisch hungrigen Zustand machte ich nicht einmal den Versuch, neue Arbeit zu finden. Ich ging meinen Lehrern aus dem Wege, trieb mich aber trotzdem im Konservatorium herum, weil dies der einzige warme Ort war, wo ich hingehen konnte.

Eines Tages lief ich dem Direktor Ippolitov-Iwanov in die Arme. »Jemand erwähnte, man habe dich an sonderbaren Orten getroffen – in Nachtklubs oder so etwas Ähnlichem. Sehr peinlich.« Er bemühte sich, streng zu erscheinen. »Wir müssen einen hohen Standard aufrechterhalten. Du wirst bestraft werden. Wir können dich nicht hierbehalten – nicht, nachdem du unsere Professoren beleidigt hast. Wie konntest du nur, *Gossinka*?« sagte er sanft und trat näher zu mir heran.

Er sah auf meine erfrorenen Finger. »Du mußt Gänsefett draufstreichen.« Und wie zu sich selbst sagte er: »Weiß Gott, warum sich talentierte Burschen selber eine Grube graben, anstatt sich Flügel wachsen zu lassen! Zeig' mir noch einmal deine Hände. Tut es weh?« Er rieb mir behutsam die Finger. »Gänsefett hilft, *Krassik*, ganz bestimmt. Du glaubst doch nicht im Ernst, daß wir dich nicht hierhaben wollen.« Seine Stimme klang zärtlich. Ich wollte etwas sagen, konnte es aber nicht.

In seiner einfachen, freundlichen Art erinnerte er mich eher an einen Kutscher oder Dorfpfarrer als an den Komponisten der ›Kaukasischen Skizzen‹, des einzigen Orchesterwerks, das ich von ihm kannte. Sein Haar und sein fleischiges Gesicht, das für den kurzen Körper zu groß schien, ließen seine Augen sehr klein erscheinen. Doch ich liebte ihn beinahe ebensosehr, wie ich Schutkin geliebt hatte, bloß wünschte ich, er würde mir nicht so viele Kosenamen geben.

»Geh' nach Hause, *Lirotschka*, und mach' dir keine Sorgen, *Prokossontschik*, mein Junge«, sagte er, als er mich zur Tür begleitete. Lange, nachdem ich gegangen war, spürte ich noch seine Worte »*Pussik – Duschka – Grischinka*« meine Ohren kitzeln.

Meine Wirtin gab ihren Mietern nicht gern langen Kredit. Durch meine pünktlichen Zahlungen war ich ihr Günstling gewesen. Bei Tisch servierte man mir vor den älteren Mietern. Sie pflegte mir ein Lächeln zu spenden, ihre Freude darüber zu bekunden, daß ich gut geschlafen habe und gern mit mir über das Wetter zu sprechen. Doch von dem Tage an, da ich meine Stelle verlor, änderten sich ihre Gefühle. Sie verlangte Bezahlung im voraus. Meine Reserven schmolzen rasch zusammen, und ich mußte beinahe alle meine Habseligkeiten einem hausierenden Tataren verkaufen. Das brachte nicht viel ein, doch ich gewann Zeit, mich um neue Arbeit umzusehen. Aber es gab keine freie Stelle für mich. Wo immer ich hinkam, hörte ich dasselbe: ich sei ein Störenfried. Die Tage flossen dahin. Da meine Wirtin auf ihr Geld wartete, erlaubte sie mir nicht, das Cello außer Haus zu nehmen. Ich bat sie, mich an einen Ort zu begleiten, wo ich mein Guarneri verkaufen könnte.

Ein bekannter Geigenbauer sagte nach einem schnellen Blick auf mein Cello: »Ich frage mich, wer andauernd neue Schildchen in dieses Fabrikprodukt hineinklebt. Das letzte Mal sah ich es, als ein Bursche namens Jankov es zu mir brachte; damals war es ein Stradivari. Vorher ein Guadagnini, und jetzt ist es ein Guarneri.«

»Was meinen Sie damit?« fragte ich.

»Dieses Guarneri-Cello ist ein verdammter Schwindel. Es zirkuliert schon seit langer Zeit in der Stadt herum. Es ist wertlos, mein Junge. – Kaufen Sie es nicht, ganz gleich, wie billig Sie es haben können. Das ist mein Rat.«

»Er ist der Schwindler«, kreischte meine Wirtin und schüttelte die Faust gegen mich. »Tun Sie es sofort in die Hülle zurück.« Sie riß es an sich. »Ich will retten, was ich kann«, rief sie und schmetterte die Türe hinter sich zu.

»Ist das Ihre Mutter?« fragte der Geigenbauer voll Mitgefühl.

»Um Himmels willen, nein!« antwortete ich.

Die Luft war klar und frisch, der Boden unter meinen Füßen hart. Ich war frei. Kein Heim, keine Pflichten, kein Cello. Das heißt, bis zum nächsten.

# Ein Gala-Abend mit Schaljapin

Der Konservatoriumsdiener erlaubte mir, in einem der Klassenzimmer zu schlafen. Als Professor von Glehn davon erfuhr, sagte er, ich hätte zu ihm kommen sollen. Er gab mir etwas Geld und verschaffte mir leihweise ein Cello. Es war eher klein, wie für ein Mädchen, und der Klang war dementsprechend. Zu meinem männlichen Stil paßte es nicht. »Dieses Instrument wird dir helfen, dein Gefühl für lyrische, elegante Musik auszubilden«, meinte der Professor.

»Kennen Sie Gospodin Katschuk?« fragte mich der Hauswart eines Tages.

»Nein.«

»Aber Sie kennen Schaljapin?«

»Natürlich.«

»Also, Katschuk ist sein Agent, und er ist gerade jetzt in Verlegenheit, weil Schaljapins gewöhnlicher ›Lückenfüller‹ erkrankt ist.«

»Lückenfüller?«

»Ja, einer, der fiedelt, während sich Schaljapin zwischen den einzelnen Nummern ausruht. Man hat Sie empfohlen, und ich sagte: ›Piatigorskij ist Ihr Mann.‹ Wir haben abgeschlossen.«

»Was haben Sie abgeschlossen?« fragte ich.

»Es ist ein Engagement für drei Konzerte. Katschuk hinterlegte eine Anzahlung – hier, sehen Sie?« Er zeigte mir das Geld, steckte es aber rasch wieder ein. »Gratuliere! Sicher können Sie ein paar Rubel gebrauchen.« Er zog einen Zettel hervor und übergab ihn mir. Ich las: »Für Piatigorskij – Probe mit Professor Keneman, Donnerstag vier Uhr, im Konservatorium. Tragen Sie beim Konzert einen dunklen Anzug und ein sauberes Hemd.« Das Wort »sauber« war unterstrichen, und die Unterschrift lautete: »Katschuk«.

»Donnerstag! Das ist morgen!« Ich dankte dem Portier und lief eiligst davon.

Am nächsten Tag traf ich Professor Keneman. Sein Alter mochte irgendwo zwischen vierzig und siebzig liegen. Er trug einen hohen Kragen, der sein Gesicht seitlich verdeckte, aber in der Mitte eine Öffnung für seinen Spitzbart frei ließ. Unsere Probe war ungezwungen und kurz. Es wurden keine Fragen gestellt, und ich hörte seine Stimme nur, wenn er »Uah« oder

»Aha« sagte, was bedeutete, daß er von allem Wesentlichen Notiz nahm.

Das erste Konzert fand zwei Tage nachher statt. Die Neuigkeit von meinem Engagement hatte sich schnell im Konservatorium verbreitet. Kollegen gratulierten mir und sagten, sie würden das Konzert besuchen. »Dein Genie wird die Welt erleuchten und Schaljapin in den Schatten stellen«, sagte einer zum Gaudium der andern. Ich ertrug ihren Spott stoisch – ich hatte keine Zeit für sie. Ich ging üben.

Das Künstlerzimmer des großen Konservatoriumssaals war dunkel und leer. Ich hörte das Getöse des ankommenden Publikums und wartete darauf, auf das Podium gerufen zu werden. Ein kleiner, dicker Mann rollte sich keuchend ins Zimmer. Er war ganz außer Atem. »Was soll das bedeuten – Pff – Pff –, sich da hinten zu verstecken? Es ist Zeit zu beginnen. Mein Name ist Katschuk.«

»Ich bin bereit«, sagte ich.

»Wissen Sie denn nicht, daß heute ein Gala-Abend stattfindet? Schaljapin? Premiere?« Ich schritt mit Professor Keneman durch die schmale Bühnentüre. Geblendet von der grellen Beleuchtung und betäubt vom Lärm, starrte ich in die riesige Zuhörerschaft. Wir wurden nicht mit Applaus begrüßt. Das schien niemandem einzufallen – die Leute begrüßten statt dessen einander. Sobald ich mich gesetzt hatte, begann Keneman mit der ›Polonaise‹ von Popper. Es war erstaunlich, einen so beherrschten Herrn plötzlich mit einer »Teufel-komm-raus«-Verve spielen zu hören. Auch ich übernahm meinen Part mit nicht weniger Bravour. Doch ungeachtet unserer Bemühungen schien uns niemand die geringste Aufmerksamkeit zu schenken. Ganz im Gegenteil – das allgemeine Getöse wuchs noch an. Als wir in der Mitte des Stückes waren, fühlte ich zu meiner Überraschung eine Hand auf meiner Schulter. Katschuk stand hinter mir. »Schaljapin ist bereit – gehn wir, gehn wir.« Keneman hörte erst zu spielen auf, als er Katschuk und mich das Podium verlassen sah. Schaljapin stand in der Kulisse. Ich blickte voll Bewunderung auf ihn. Da war ein Mann, der wie ein gewaltiger Berg keinen Beweis seiner Größe zu geben brauchte. Er hatte es weder nötig zu singen noch zu spielen – er mußte bloß da sein, die ganze Welt überragend. Ich war so beeindruckt, daß ich meinen peinlichen Auftritt von vorher vergaß.

»He, Katschuk, sagen Sie dem Beleuchter, er soll die Lichter auf- und abdrehen – er soll damit blinken«, dröhnte Schaljapin.

»Ja, ja, selbstverständlich«, sagte der kleine Mann.

Schaljapin räusperte sich und sang ein paar Töne. »Zum Teufel – mein Hals – taugt zum Spucken, nicht zum Singen!« Er bekreuzigte sich. Im Augenblick, als er das Podium betrat, tobte die rasende Menge wie besessen.

In der Pause fragte ich Keneman, was wir als nächstes spielen würden. »Das ist ganz gleich. Niemand wird zwei Fliegen auf einem Elefantenrücken bemerken.«

Nach dem Konzert stichelten meine Kollegen: »Du hast heute aber eine gewaltige Menschenmenge angezogen.«

Mein beleidigter Stolz machte sich in dem Moment geltend, als ich im zweiten Konzert dem Publikum gegenübersaß. Zornig rief ich nach Ruhe, erzielte aber keinerlei Wirkung. Keneman begann schließlich mit der ›Polonaise‹, es klang jämmerlich verloren, und ich ging mein Solo mit wilder Wut an. Ich stampfte mit dem Fuß, stieß laute Schreie aus, warf meinen Bogen in die Luft, fing ihn wieder auf und wirbelte mein Cello herum, bevor ich wieder zu spielen begann. Ich muß noch andere unglaubliche Clownerien aufgeführt haben, denn das Publikum wurde aufmerksam, und am Schluß des Stückes bereitete man uns eine Ovation. Ich mußte eine Zugabe spielen, und dann noch eine.

Schaljapin stand im Eingang zum Podium und füllte ihn mit seiner massiven Gestalt aus. Sein Zorn war schrecklich; mit seinen drohenden Blicken und Gebärden machte er mir angst. Ich wagte nicht, durch die schmale Tür an ihm vorbeizugehen. Der einzige sichere Ort für mich war dort, wo ich mich befand – auf dem Podium. Schaljapin drohte mir mit den Fäusten und fluchte, als ich gefällig noch mehr Zugaben spielte.

In dem Moment, als Schaljapin sich vom Podiumseingang fortbegab, brach ich mein Spiel ab und stürzte hinaus. Ich kam gerade noch durch.

Einige Minuten später sagte Herr Katschuk zu mir: »Schaljapin wird Sie nie vergessen. Und Sie selbst werden sich Ihre billigen Mätzchen nicht verzeihen. Und jetzt packen Sie Ihr Cello ein – und adieu! Ich werde einen weniger überspannten Zwischenspieler für das nächste Konzert engagieren. Sie werden noch von mir hören.«

Katschuk sollte recht behalten. Schaljapin vergaß mich nicht. Viel später, als wir Freunde geworden waren, erinnerte er sich noch an jenen Zwischenfall, sehr zu unserem beidseitigen Amüsement. Katschuk hatte auch richtig vorausgesagt, daß ich mir nie vergeben würde. Noch heute schäme ich mich. Und Katschuks dritte Prophezeiung, daß ich von ihm hören würde, hat sich ebenfalls bewahrheitet, nämlich als er mich bat, mit Serge Kussewitzki und Wladimir Horowitz bei einem Gedenkkonzert für Schaljapin im Hunter-College in New York mitzuwirken. Das war ungefähr vierunddreißig Jahre später.

# Cellist am Bolschoj-Theater

Die Revolution war ausgebrochen. Ein mächtiger Sturmwind hatte alles chaotisch nach verschiedenen Richtungen auseinandergerissen und breitete sich weiter aus wie ein Lauffeuer. Es begann eine Jagd auf Weiße und auf Rote – eine Jagd auf Gespenster und auf Lebende. Die Verwundeten stürmten vorwärts, ihr Inneres nach außen gekehrt, und keiner glaubte an seinen Tod. Die Schreie nach Rache und Freiheit übertönten die schwachen Rufe nach Gnade. Die Mäuse von gestern waren die Tiger von heute, und Kaninchen heulten wie Hyänen. Oh, was für ein Jagdgebiet, welch ein betäubender Lärm! Schreie, Gebell, Schüsse ertönten in Moskaus Straßen, die noch naß waren von den Tränen seit der Zeit Rjuriks. Fürsten wurden aus Palästen ausgeräuchert. Großmütter, Söhne, Töchter und Enkelkinder krochen unter den Louis-Quatorze-Betten hervor wie vergiftetes Ungeziefer. Klaviere wurden aus den Fenstern geworfen und Diamanten gegen einen Laib Brot eingetauscht. Die Generäle ließen eine Fabrik voller Arbeiter bombardieren. Alle rannten herum mit Schaum vor dem Munde wie tolle Hunde, aber es gab keinen Pasteur, keine Laboratorien oder Krankenhäuser.

Es war eine wahnsinnige Erschütterung. Man sah lauter Blut. Ein ungeheurer Vulkan war ausgebrochen und Rußland zitterte. Die Folgen der Leibeigenschaft, die Pogrome und Aufstände in der Vergangenheit waren dagegen unbedeutend. Die Raserei mit den Guillotinen in Frankreich konnte man im Vergleich dazu als Kinderspiel betrachten. Ein riesiges Theater, eine Monsterschau in einem Drama, in dem jeder eine Rolle innehatte und dabei frei war, sein Genie in tödlichen Improvisationen zu entfalten. Es war die Zeit des erwachenden Zorns, und viele hatten schon lange darauf gewartet.

Ich war vierzehn Jahre alt und hätte mich gern beteiligt und vom Sturm mitreißen lassen, doch ich hielt mich zurück und horchte nur – auf die Kanonenschüsse und auf die Trompetenstimmen, die verkündeten, daß die Götter, die Halbgötter und die gesamte Jahrhunderte alte Herrschaft der Romanovs gefallen seien.

Der große Aufstand der Massen war erschreckend, und doch gingen erstaunlich viele Menschen ihrem täglichen Leben nach.

Ich besaß ein Zimmer, aber an Üben war nicht zu denken, und ich hatte keine Arbeit.

Meine Wirtin beschäftigte als Schneiderin drei Arbeiterinnen. Sie war sehr freundlich und lud mich oft zu einer Mahlzeit ein; auch wegen der Miete solle ich mir keine Sorgen machen. Sie war verheiratet und hatte ein Kind, dessen Vater regelmäßig zu Besuch kam. Er kannte, wie sie sagte, viele Musiker.

»Kennen Sie seinen Freund, Professor Lev Zeitlin?« fragte sie mich eines Tages. »Er ist Geiger.«

»Nur dem Namen nach«, antwortete ich.

Als ich Professor Zeitlin vorgestellt wurde, erkannte ich in ihm sofort den Mann wieder, der seinerzeit im *Traktir* geholfen hatte, die Teile meines zerbrochenen Cellos zusammenzulesen. Auch er erinnerte sich an mich. Ich war entzückt, ihn wiederzusehen. Er habe oft an mich gedacht, sagte er, und sich gefragt, was aus mir geworden sei, aber er habe ja nicht einmal meinen Namen gekannt. Er erzählte mir, das Moskauer Musikleben habe kürzlich durch den Tod des großen jungen Cellisten Wassilij Podgorny, der Mitglied seines Streichquartetts gewesen war, einen Verlust erlitten.

»Vielleicht ist es Schicksal«, sagte er, »daß wir uns jetzt wiedertreffen.« Einige Tage nachher stellte er mich seinen Kollegen vor, dem Geiger Konstantin Mostras und dem Bratschisten Ferdinand Krisch. Ich spielte ihnen vor, und nachdem ich mit ihnen zusammen Beethoven-, Borodin- und Tschaikowskij-Quartette gespielt hatte, wurde ich eingeladen, Mitglied dieses berühmten Ensembles zu werden.

Ich liebte meine drei älteren Kollegen bald außerordentlich. Unsere täglichen Proben, die am Morgen begannen, dauerten gewöhnlich so lange, bis auf dem glattrasierten Gesicht von Herrn Krisch wieder Bartstoppeln standen. Wir planten Konzertzyklen, und auf Herrn Zeitlins Rat nahm ich am Wettbewerb um das erste Cellopult im Bolschoj-Theater teil. Es sei eine äußerst wichtige Angelegenheit, erklärte mir der Professor, und diese Stelle gelte als die beste in Rußland, ja vielleicht in der ganzen Welt. »Jeder Cellist wird sich darum bewerben«, meinte er.

Das Bolschoj-Theater hatte für mich wie für jedermann große Bedeutung. Es stellte eine Quelle nationalen Stolzes dar und eine ehrenvolle Stätte für alle beteiligten Künstler. Als ich das imposante Gebäude betrat, konnte ich kaum glauben, daß sich seine Zaubertore für mich öffneten. Ich wurde in einen langen, schmalen Gang geführt. Da sah ich ein kleines Heer von Cellisten entlang den Wänden sitzen und üben. Ich fand einen leeren Stuhl und tat das gleiche. Der erbarmungslose Lärm wurde bloß hie und da für eine Sekunde unterbrochen, wenn eine Stimme den Namen des nächsten Kandidaten rief, der vor der Jury erscheinen sollte. Sie gingen und kamen zurück, doch die Angst auf ihren Gesichtern blieb unverändert. Bis ich drankam, war meine Einstellung eines sich bewerbenden Künstlers in die eines unwilligen Rekruten verwandelt, der in der Reihe stand, um entweder zurückgestellt oder einberufen zu werden.

Ich trat vor das Prüferkollegium, welchem der ehrwürdige Wjatscheslav Suk präsidierte. Die berühmten Musiker berieten miteinander, während ich mein Cello stimmte und wartete.

»Was möchten Sie spielen?« hörte ich schließlich.

»Ich brachte keine Noten mit, nur mein Cello.«

Herr Suk wandte sich zum Pianisten und fragte: »Was haben Sie dort?«

»Das Dvořak-Konzert«, lautete die Antwort, und als ob er nur darauf gewartet hätte, begann er sofort zu spielen, und zwar bloß einige Takte vor dem Cello-Einsatz.

»Halt, halt«, rief ich. »Bitte, spielen Sie das Konzert von Anfang an.«

Es entstand eine ungemütliche Stille. »Hier ist es nicht üblich, mit langen Klaviereinleitungen Zeit zu vergeuden«, bemerkte jemand aufgebracht, und das Klavier begann dort, wo es aufgehört hatte.

Ein Glück, daß der kräftige Einsatz des Cellos so gut zu meiner Stimmung paßte. Noch mehr half mir die große Macht der Musik über mich. Nachdem der erste Satz zu Ende war, versuchte die Jury nicht mehr, Zeit zu sparen, sondern forderte mich auf weiterzuspielen. Als ich geendet hatte, gratulierten mir alle, meine Konkurrenten eingeschlossen, zu meiner neuen Stelle als erster Cellist am Bolschoj-Theater.

Im Orchestergraben hatte ich meinen Sitz auf einem Podium an einem ganz hervorragenden Platz. Zu meiner Linken stand der erste Baß, und jeder von uns war von seiner eigenen Stimmgruppe getrennt. Wir spielten beide vom gleichen Pult und aus denselben alten, handgeschriebenen Noten, in denen unsere beiden Stimmen standen und die sehr umfangreich und mit vielen Anmerkungen und seltsamen Zeichen in allen Farben und Formen verschmiert waren. Der Bassist, Herr Domoschewitsch, war mir behilflich. »Ich werde umblättern, folgen sie mir.

Schauen Sie eher auf mich als auf den Dirigenten. Achten Sie nicht auf die andern«, warnte er.

An meinem ersten Theaterabend wurde ›Schwanensee‹ gegeben. Als Herr Arens, der Dirigent des Balletts, zum Podium schritt, bemerkte Domoschewitsch zu mir: »Er ist eine bissige alte Schildkröte – kam direkt von der Arche Noah hierher.« Während er umblätterte, zeigte er mir schnell, welche Zeichen und Anmerkungen in den Noten nicht zu beachten waren. »Die mit schwarzer Tinte sind bloße Fallen; die mit blauer und roter Tinte hat man vor vielen Jahren benützt; nur die mit rotem Farbstift und die gezeichneten ›Brillen‹ sind gültig.« Während des ganzen Abends starrte mich Herr Arens unbewegt an, ein einziges Mal, nach einem großen Solo, verriet sein Gesicht einige Anerkennung.

Mir gefiel das Ballett, und ich spielte mit Freude die anspruchsvollen Soli, besonders für unsere Primaballerina Jekaterina Gelzer, die trotz ihrer enormen Waden mit Leichtigkeit und Anmut tanzte. Žukov, Balaschowa, Abramowa, die überzarte Kengurowa – alle waren entzückend.

Offiziell war ich zwar der Solist für das Ballett, aber ich spielte auch bei Opern mit, und die Aufführungen unter der Leitung von Suk, ob es Wagner oder Verdi war, standen auf großer Höhe. Von den russischen Opern gefiel mir Golowanov sehr gut. Leider wurden keine zeitgenössischen Werke aufgeführt.

Jeder Stimmführer trug traditionsgemäß die Verantwortung für seine Stimme. So würden zum Beispiel die Celli nicht gespielt haben, hätten sie meinen Einsatz nicht gesehen, und die Schuld wäre mir zugeschoben worden. Daß ich ein paar wenige Male nicht richtig einsetzte, hätte sich beinahe katastrophal ausgewirkt. Schließlich entdeckte ich als Ursache meiner Fehler Anweisungen in den Noten, die von irgend jemandem absichtlich falsch eingetragen worden waren.

Es wurde mir bald klar, warum ich bei den älteren Orchestermitgliedern auf Ablehnung stieß. Für jede Beförderung im Orchester brauchte es Jahre, und wie klein auch immer sie war, gab sie Anlaß zu einer ausgiebigen Feier. Offensichtlich sträubten sich viele dagegen, zu sehen, daß ein Jüngling ihnen vom Anfang an voraus war. Um ihre Achtung zu gewinnen, mußte ich irgend etwas tun.

Als ich bei einer Aufführung einmal eine lange Pause hatte, legte ich den Bogen auf das Pult, lehnte mich in meinem Stuhl zurück und ruhte mich aus. Ganz plötzlich griff ich aber nach meinem Bogen und tat so, als ob ich einsetzen wollte. Meine ganze Stimme kam prompt zur falschen Zeit hinein, während ich, der ich noch keine Saite berührt hatte, ihnen wilde Blicke zuwarf. Nach einigen weiteren, nicht weniger boshaften Scherzen meinerseits waren zwischen meinen Kollegen und mir wunderbare Beziehungen hergestellt.

Die kommunistische Regierung war eingesetzt, aber noch spürte man die Nachwirkungen des großen Kampfes, und die Menschen waren traurig und hungrig. Ich war das einzige Orchestermitglied, das eine Kinder-Rationierungskarte erhielt, und wurde deshalb das »Schokoladenbaby« genannt. Manchen erschien dies lustig, aber ich hätte wirklich lieber rohen Fisch und Kartoffelschalen gegessen als diese ewigen Süßigkeiten.

Doch trotz Kälte und Hunger blühte die Kunst in Moskau. Die Künstler pflegten untereinander einen regen Meinungsaustausch, Musiker spielten den Schauspielern vor und hörten ihrerseits zu, wenn diese über ihre Stücke diskutierten. Es war schön, Stanislawskij, Katschalov, Nemirowitsch-Dantschenko und Moskwin, alle vom Moskauer Künstler-Theater, persönlich zu kennen und für sie zu spielen. Doch wenn sie von Musik und wir vom Theater sprachen, stellte sich die Ahnungslosigkeit der einen auf dem Gebiete der anderen heraus. Mich zogen die Dichter an, besonders Majakowskij und Jessenin, die ich in der *Tabakjerka* traf, einem Lokal, das alle revolutionären Dichter aufsuchten. Heimlich schrieb ich selbst Gedichte, und noch heimlicher hielt ich mich für einen Dichter.

Mein Leben war mit Arbeit mehr als ausgefüllt. Es gab Konzertabende, neue Programme, Quartette und ein neu gegründetes Trio mit Dobrowen und Fischberg (der später seinen Namen auf Mischakov änderte). Ich gab Konzerte mit den Professoren Igumnov, Goldenweiser, mit Nikolaj Orlov und mit Madame Beckmann-Schtscherbina – alle so unterschiedlich voneinander, aber alle hervorragende Pianisten und Musiker. Von Madame Beckmann-Schtscherbina und mir wurden die ›Improvisations‹ von Goedicke und, soweit ich mich erinnere, die Cello-Sonate von Debussy und die ›Ballada‹ von Prokofieff uraufgeführt; und mit Zeitlin spielten wir als russische Erstaufführung das Trio von Ravel. Gelegentlich schloß ich in meine Programme irgendwelche unbekannte alte Stücke ein, die selten oder noch nie gespielt worden waren.

Das Konzertpublikum von Moskau war äußerst aufnahmefähig. Es schien, als ob die Zuhörer, nicht anders als die Musiker selbst, aktiven Anteil an der Musik nähmen. Geistige Nahrung war nicht wie Brot und Fleisch rationiert, und viele zogen ihren Nutzen daraus.

Zusätzlich zu Ballett und Oper wurden vom Bolschoj-Theater auch Symphoniekonzerte gegeben, mit Gastsolisten und Gastdirigenten. Zu den Besonderheiten dieser Konzerte gehörte es, daß das Orchester wie bei den Opern unten im Graben saß, während sich der Solist allein auf der Bühne, hinter dem Orchester befand. Bei einem dieser Konzerte lernte ich den Dirigenten Serge Kussewitzki kennen. Der Solist dieses Abends war Romanowskij, der im ersten Teil des Programms das Klavierkonzert von Grieg spielte. Ich weiß nicht, was geschehen war, doch am Schluß des ersten Satzes gerieten Dirigent und Solist auseinander. Plötzlich beendete Romanowskij seinen langen »Krampf«, indem er ganz unerwartet vom Podium weglief und es dem Orchester und Kussewitzki überließ, den Satz fertigzuspielen. Der Dirigent war wütend, und in voller Sicht der bestürzten Zuhörer zeigte er auf mich, als ob ich schuld an der Katastrophe wäre. Nach der hastig erreichten Pause weigerte ich mich, nicht nur weiter im Konzert mitzuspielen, sondern verlangte eine Entschuldigung. Seltsam, daß aus einem so ungewöhnlichen Anfang dann doch eine lebenslange Freundschaft entstehen konnte.

Noch eine andere Begebenheit erlebte ich bei einem dieser Konzerte. Der Dirigent Gregor Fitelberg führte in Rußland zum erstenmal ›Don Quixote‹ von Richard Strauss auf. Er richtete an das Orchester folgende Worte: »Das wichtige Cello-Solo in diesem Stück ist sehr schwierig«, und dabei blickte er auf mich. »Ich zweifle nicht daran, daß Ihr erster Cellist, wenn auch noch sehr jung, ein begabter Künstler ist. Aber in Europa pflegt dieses Werk immer mit einem Gastsolisten aufgeführt zu werden. Dieser Cello-Part muß gut vorbereitet werden, geradeso wie ein Konzert. Sogar noch besser. Deshalb habe ich Herrn Giskin engagiert.«

Ein Herr mit einem Cello kam herein. Er wurde mit Schweigen empfangen. Mir gefiel seine Erscheinung, und ich war von der Aussicht, ihn spielen zu hören, entzückt. Ich bot ihm sofort meinen Platz an, und übersiedelte an das zweite Pult. Als Herr Fitelberg beginnen wollte, wurden Proteststimmen laut.

»Unser Cellist kann ebenso gut spielen wie jeder andere! Was geht es uns an, was man in Europa macht. Wir sind hier im Bolschoj-Theater von Moskau«, rief jemand. Mir war es peinlich,

Herrn Giskin, mit dem ich schon freundlichen Kontakt aufgenommen hatte, hinausgehen zu sehen. Unter solchen Umständen begann die Probe.

Ich war mit dem Vom-Blatt-Lesen zu sehr beschäftigt, um zu beurteilen, wie ich spielte, doch als wir den ›Don Quixote‹ beendet hatten, umarmte mich Fitelberg, und das Orchester spielte mir einen Tusch.

Dieser ungewöhnliche und triumphale Anfang führte zu einem ebenso ungewöhnlichen Ende. Sofort nach dieser Probe und ohne ersichtlichen Grund schickte mich die Leitung des Bolschoj-Theaters in ein Erholungsheim, und die Aufführung fand mit Viktor Kubatzki als Solist statt.

Schwer lasteten die Gedanken an meine Schwester Nadja auf mir. Ich sandte ihr Nachrichten, erhielt aber keine Antwort. Einmal ging ich sie besuchen. Da stand noch das bekannte Blockhaus. Ich schritt durch das Tor. Alles sah leer und heruntergekommen aus. Ich kletterte die Treppen hinauf und stand horchend an der Tür unserer alten Wohnung, aber irgend etwas hielt mich vom Eintreten ab. Ich war froh, aus diesem Haus und von meinen Erinnerungen daran wegzukommen.

Ich schrieb meiner Schwester noch öfter, gestand ihr meine Feigheit, die mich hinderte, ihr in ihrer Umgebung gegenüberzutreten, und bat sie inständig, zu mir zu kommen. Viele Wochen vergingen, bis sie sich endlich dazu entschloß. Ihre tief eingesunkenen Augen, ihre hohlen, grauen Wangen erinnerten so wenig an meine lustige, schöne Schwester. Sie redete bis spät in die Nacht hinein von ihrer unglücklichen Ehe, von ihrem Elend, von der Grausamkeit Dmitrijs und ihrer Schwiegereltern, doch am meisten sprach sie von ihrem Baby, das mißgebildet geboren war und nicht lange gelebt hatte. Sie zeigte mir Photographien von ihrer Hochzeit, und ich sagte ihr, sie habe als Braut schön ausgesehen. »Hast du Vater jemals weinen sehen?« fragte sie mich. »Ich wohl – ich sah es zweimal. Als du uns verließest und dann wieder bei meiner Hochzeit.«

Früh am nächsten Morgen, als Nadja noch schlief, eilte ich zu ihrem Haus. Dort setzte ich mich mit Dmitrij und seinen Eltern auseinander und brachte sie dazu, ein Geständnis über die schlechte Behandlung, die sie meiner Schwester hatten zuteil werden lassen, zu unterschreiben, und ich ging nicht eher, bevor sie nicht alle drei ihre Namen unter die völlig formlos verfaßte Urkunde gekritzelt hatten. Als ich das Dokument später einem Anwalt zeigte, meinte er, es sei ein Meisterstück und Nadja sei so gut wie geschieden.

Meine Schwester erholte sich nur langsam, doch mit welcher Freude hörte ich sie wieder dieselben »Schmachtstückchen« auf die gleiche sentimentale Weise am Klavier spielen wie daheim in den alten Tagen. Es machte Spaß, für sie hübsche Kleider auszusuchen und sie mit meinen Freunden bekannt zu machen. Sie besuchte Theater und Konzerte, aber obwohl ihr das Leben mit mir gefiel, wollte sie doch gern wieder bei unseren Eltern sein, und bald zog sie zu ihnen in die Ukraine.

Die Regierung bestimmte die Künstler, welche in Fabriken, Arbeitervereinen und Klubs der Roten Armee zu spielen hatten. Manches Mal mußte man an einem einzigen Abend nicht weniger als viermal auftreten. Gruppen von Musikern und Schauspielern wurden auf Schlitten geladen und mit Pferden von Ort zu Ort gefahren. Man schrieb uns vor, für die Musik ungewohnten Zuhörer nichts zu spielen, was zu anspruchsvoll wäre. Wenn unsere Aufführung in einer Schokoladefabrik stattfand, erhielten wir Schokolade, und in einer Konservenfabrik gab man uns Heringe als Gegengabe für unsere Leistungen. Nur einmal hörte ich eine Beschwerde, nämlich als Schaljapin für seinen Gesang ein Paar Babyschuhe erhielt.

Ich wurde zur Armee einberufen, doch ich wußte nicht genau, wohin ich zugeteilt war, und gehörte irgendwie zwei Regimentern an. Meine Pflicht bestand darin, für jedes von beiden einige Male im Monat zu spielen. Ich mußte weder eine Uniform tragen noch in Kasernen wohnen, aber ich erhielt, dem normalen Tagesverbrauch eines Soldaten entsprechend, regelmäßige Lebensmittelzuteilungen. Einmal geriet ich in eine Razzia nach Deserteuren und wies meine beiden Militärausweise vor, jeder von einer anderen Abteilung ausgestellt. Nicht nur, daß mich die Militärpolizei sofort einsperrte, sondern sie trennte mich auch als Sonderfall von dem Haufen gewöhnlicher Deserteure. Es war ein reines Glück, daß einer der Polizisten mich freiließ, weil er sich erinnerte, mich einmal in einem Konzert gehört zu haben.

Da ich allein lebte und zum Kochen nicht eingerichtet war, verteilte ich meine Lebensmittelkarten unter Freunden und Familien mit Kindern, die mich dann abwechslungsweise zu Mahlzeiten einluden. Während eines bestimmten Zeitraums wollten mich alle zum Nachtessen haben. Merkwürdigerweise gab es überall Kaninchenragout. Ich bekam nie etwas anderes, doch es schmeckte gut, und mir machte die Eintönigkeit nichts aus. Erst als ich das völlige Verschwinden von Hauskatzen und anderen streunenden Tieren von der Straße bemerkte, konnte ich mir vorstellen, wie viele davon ich verzehrt haben mußte.

Die Zeit verging rasch. Nichts Altes durfte unter dem Banner der Revolution bestehen bleiben. Alte Namen von Städten und Straßen mußten geändert werden. Als man auch auf dem Kunstgebiet neue Namen finden wollte, wurde ich mit anderen Kollegen zu einer Versammlung unter dem Vorsitz des Kultusministers Lunatscharskij eingeladen. Nachdem die wichtigsten Institutionen neu benannt worden waren, schlug man vor, das Quartett, dessen Mitglied ich war, Lenin-Quartett zu nennen. »Warum nicht Beethoven-Streichquartett?« tönte meine jugendliche Stimme durch den Raum. Jemand gab mir unter dem Tisch einen Stoß. Wir wurden das Lenin-Streichquartett. Unser Ensemble erfuhr noch andere Veränderungen. Ferdinand Krisch wurde durch L. Pulver, einen außergewöhnlich guten Geiger, ersetzt, und die Stelle von K. Mostras übernahm A. Jampolskij, ebenfalls ein vorbildlicher Musiker.

Diejenigen, welche die Ehre hatten, Lenins Namen zu tragen, wurden in den Kreml eingeladen. Lenin begrüßte uns sehr herzlich. Er war allein. Man servierte uns Tee, und wir spielten einen Satz aus dem Grieg-Quartett. Als wir gingen, begleitete uns Lenin ins Vorzimmer und half Zeitlin in den Mantel. Er reichte jedem von uns die Hand, sagte: »Danke, Genossen«, und zu mir: »Sie müssen bleiben.« Ängstlich flüsterte ich Zeitlin ins Ohr: »Wenn ich nicht bald da herauskomme, holt mich bitte.« Sie verließen uns.

Ich folgte Lenin durch einen schmalen Gang in ein kleines Studio. »Setzen Sie sich.« Ich behielt das Cello an meiner Seite. Er blickte darauf. »Ist es ein gutes Cello?«

»Nicht besonders.«

»Die besten Instrumente befanden sich früher in den Händen reicher Amateure. Bald werden sie in den Händen von Berufsmusikern sein, die nur an Talent reich sind.« Nichts an ihm gemahnte an den machtvollen Revolutionär. Sein Anzug und seine Schuhe sahen aus wie im Warenhaus gekauft. Er wirkte wie ein wohlwollender Provinzonkel, und während er so in einem geraden Stuhl dasaß und mich anblickte, als wollte er mich aufmuntern, etwas zu sagen, schwand mein Unbehagen.

»Sie sind noch sehr jung, aber Sie haben eine verantwortungsvolle Stellung. Merkwürdig, nur in der Musik und in der Mathematik können ganz junge Menschen zu Berühmtheit gelangen. Haben Sie je von einem Kind gehört, das schon Architekt oder Chirurg war?« sagte er lächelnd.

»Nein, aber von Kinder-Schachspielern habe ich schon gehört.«

»Ganz richtig. Spielen Sie Schach?« Doch ohne meine Antwort abzuwarten, wechselte er unvermittelt das Thema: »Ist es wahr, daß Sie bei der Versammlung protestiert haben?«

»Es tut mir leid«, stotterte ich.

»In Ihrem Alter redet man zuerst und denkt hinterher«, sagte er, doch ohne jede Spur von Spott. »Ich verstehe nichts von Musik, aber ich weiß, daß es für ein Quartett keinen passenderen Namen gibt als ›Beethoven‹.«

»Ich bin so froh, Sie sind mir also nicht böse?«

»Nein«, sagte er und lächelte wieder. »Aber ich wollte gern mit Ihnen sprechen. Nur das Logische ist von Dauer. Die Zeit siebt Unreinheiten aus und verbessert Fehler, besonders wenn sie in Zeiten wie in den unseren entstehen. Das Lenin-Streichquartett wird nicht bleiben; wohl aber Beethoven.« Er sprach in Gleichnissen und berührte keine großen Probleme. Doch was immer er sagte, klang tief menschlich und von entwaffnender Einfachheit.

Später einmal spielte unser Quartett an einer Feier, bei der Lenin und Trotzkij die Redner waren und wo zum erstenmal der Name Lenin nicht mit dem Quartett verbunden war. Ich ging ihn begrüßen. Er war von vielen Leuten umgeben, aber sobald er mich erblickte, zeigte er auf die Zeile im Programm, auf der zu lesen war: Das Erste Staatliche Streichquartett. »Sehen Sie?« sagte er. Dies war das letzte Mal, daß ich Lenin sah.

Ich hatte eine Audienz bei Lunatscharskij und bat ihn um Erlaubnis, zum Studium nach Frankreich oder Deutschland zu reisen. Ich hatte wohl einige Cellostunden bei Anatol Brandukov genommen, doch ich hätte es Professor von Glehn gegenüber unloyal gefunden, ausschließlich Schüler von Brandukov zu werden. Ich mußte im Ausland weiterstudieren. Lunatscharskij lehnte glatt ab und sagte, ich würde in Moskau gebraucht. Ich ging nochmals zu ihm und versuchte, ihn von der Notwendigkeit meiner weiteren Ausbildung zu überzeugen. Seine Antwort lautete »nein«. »Ich werde davonlaufen«, erklärte ich offen. Er glaubte mir nicht.

Im Sommer 1921 vereinigte ich mich mit dem Tenor Wessilowskij, dem Bariton Sadamov und dem Geiger Mischakov, alle vom Bolschoj-Theater, für eine Konzerttournee, die wir zusammen mit dem Agenten, dem Begleiter und der Frau eines der Sänger unternehmen wollten. Das Ganze wurde hastig arrangiert, und wir hatten bloß eine unbestimmte Vorstellung, wohin es gehen sollte. Sadamov, der beim Sprechen arg stotterte, war der einzige, der an eine normale Konzerttournee glaubte.

Unser Weg führte uns von größeren Städten wie Kiev zu kleineren und immer kleineren Orten, bis wir nach Wolotschisk, einem Dorf nahe der polnischen Grenze, kamen. Dort trafen wir eine andere Gruppe von Künstlern, darunter einen bekannten Geiger, Naum Blinder. Wir taten unsere Kräfte zusammen; im Verlaufe dieses Abends hörte ich Sadamov zum erstenmal beinahe fließend sprechen. Hinter der Bühne auf und ab gehend, protestierte er heftig: »Diese leere Scheune, diese Tournee, und überhaupt alles – ist ver-r- r- rückt. Ich werde packen und heimfahren.« Nach dem Konzert verschwand er.

Am nächsten Morgen begannen Unterhandlungen mit verschiedenen Individuen, die darin spezialisiert waren, Menschen über die Grenze zu schmuggeln. Wir wurden angewiesen, uns unauffällig, einer nach dem andern, vom Dorf näher zur Grenze zu begeben. Der von den Schmugglern verlangte Preis war übermäßig hoch und ihre Methode gefahrvoll, doch wir nahmen die Bedingungen an. In der ersten dunklen Nacht führte man uns zu einer niedrigen Brücke über den kleinen Fluß Zbrutsch. Kaum waren wir dort angekommen, befahl man uns zu rennen.

Im Augenblick, da wir den Fuß auf die Brücke setzten, hörten wir Schüsse von beiden Seiten der Grenze. Ich sprang ins Wasser. Mischa folgte mir, ebenso Madame Wessilowskaja, die sich in Panik an mich klammerte. Ich kämpfte hart darum, mein Cello oberhalb meines Kopfes zu halten. Der Fluß war seicht, doch ich hörte dicht hinter mir gurgelnde Laute, die von Mischakov kamen. So erreichten wir die polnische Grenze.

»Wir sind in Sicherheit – wir haben die Grenze überschritten«, sagte Mischa zitternd.

»Nein«, antwortete ich, »wir haben mehr als eine Grenze überschritten – wir haben für immer eine Brücke hinter uns abgebrochen.«

Die Grenzwachen verhafteten uns und brachten uns ins Gefängnis. Am nächsten Morgen standen wir vor dem Polizeichef, in seinem Büro. »Ihre Papiere«, verlangte er. Erstaunt sah ich, wie Wessilowskij seine Ausweise hervorholte. Er hatte sie nicht weggeworfen, wie die Schmuggler angeordnet hatten. Außerdem sprach er mit dem Chef polnisch. Sie schüttelten einander die Hände, und mit »Lebt wohl, Genossen«, ließen er und seine Frau uns zurück.

Der Polizeichef hieß uns in gebrochenem Russisch, ihn mit dem Titel »Pan Wojewoda« anzusprechen. Er wartete auf unsere Identitätsausweise.

»Keine Papiere, wie?«

»Nein.«

»Ihr behauptet, ihr seid Musiker? Keine Spione? Beweist, daß ihr Musiker seid! Spielt!«

Mischakov und ich packten unsere Instrumente aus und spielten ›Schön Rosmarin‹ von Kreisler. Ich zupfte die Begleitung. Als wir geendet hatten, applaudierten die Wachen, und wir hörten »*dobrze, dobrze*«. Der Chef gebot ihnen Ruhe. »Trotzdem will ich Ausweispapiere.«

»Wir sind Musiker, Pan Wojewoda.«

»Es gibt genug fiedelnde Spione. Wir kennen eure Kniffe«, sagte er und gab den Gendarmen ein Zeichen. »Sie werden euch dort abliefern, wo ihr hingehört – geradewegs zurück über die Grenze zu euren Genossen.«

Draußen kletterten wir in einen Karren, dem ein dürrer Gaul vorgespannt war und der uns ohne Eile die staubige Landstraße entlangzog. Von Zeit zu Zeit schaute der eine Wachsoldat, welcher die Zügel hielt, auf uns zurück und lächelte. »Er scheint Musik gern zu haben«, sagte ich. Da erblickten wir eine Bahnstation, und ich hatte eine Idee. »Könnten wir halten und dort drüben etwas spielen?« gab ich durch Gebärden zu verstehen. »Nur ein kleines bißchen. Vielleicht dürfen wir auch etwas trinken.« Ich suchte, mich verständlich zu machen. Sie nickten, der Wagen hielt, und wir gingen mit unseren Instrumenten in einen kleinen Warteraum, der voll von Bauern war. Die Wachen folgten uns.

Als wir zu spielen begannen, hörte ich das Schnauben einer

Lokomotive. Während ich stehend die Begleitung zupfte, machte ich gleichzeitig hie und da ein paar Schritte nach rückwärts dem Bahnsteig zu. Mischakov folgte. Die Gendarmen erhoben keinen Einspruch und rührten sich überhaupt nicht, als wir in den fahrenden Zug einstiegen. Wir fingen bloß einen flüchtigen Blick von ihnen und den Bauern auf, während sie den Zug davoneilen sahen.

Ohne Fahrkarten, ohne Geld, ohne Reisepässe und in Angst, erwischt zu werden, versteckten wir uns vor dem Schaffner, bis der Zug in einer großen Stadt hielt und wir ausstiegen. Die Stadt hieß Lwow (Lemberg), wie Mischa entdeckte. »Dies ist wirklich Europa«, meinte ich bewundernd, als wir in Richtung Stadtzentrum marschierten. Mischa ging an meiner Seite. Sparsam und praktisch, wie er war, verschwendete er keine Zeit mit Konversation. »Es wird spät«, sagte er. »Bald wird es dunkel sein. Wir müssen Unterkunft finden und etwas zu essen haben. Ich sage dir, was wir tun werden: Du gehst in dieser Richtung und suchst Essen und Geld, und ich nehme meine Geige und dein Cello und gehe eine Unterkunft finden. In ungefähr zwei Stunden treffen wir uns genau hier wieder. Merk' dir den Platz in deinem verträumten Kopf, ja?« Wir trennten uns. Es brannten schon Lichter, die den beginnenden Abend ankündigten. Ich sah mir die Vorübergehenden an. Welche Eleganz – wirkliche Europäer! Ich wünschte, ich könnte ihre Sprache verstehen.

Während ich mich in der Stadt umschaute, sah ich einen Mann mit einem Cello. Ein Cellist konnte niemals ein Fremder für mich sein. Ich folgte ihm die Straße entlang. Er wandte den Kopf um, und ich winkte. Er ging schneller. Dann bog er um eine Ecke; ich war hinter ihm. Er begann zu laufen; ich rannte ihm nach und rief: »Halt, halt!« Aber ich verlor ihn. Da erblickte ich in einem Schaufenster mein Spiegelbild. Kein Wunder, daß der Cellist vor mir Angst hatte. Meine Kleider waren zerknittert und feucht, meine Jacke zerrissen und aus meinen schmutzigen Schuhen guckten die Zehen heraus. Ich ging auf ein hellbeleuchtetes Vordach zu, Café de la Paix. Der Portier, der im Eingang stand, winkte mir weiterzugehen und sagte etwas auf polnisch, das nicht ermutigend klang. Durch die Glastüre sah ich die teppichbelegte Treppe und hörte Musikklänge, die von oben durch das offene Fenster drangen. Es war ein Stück, das ich aus meiner Restaurant-Ära kannte. Ich wollte gern die Musiker sehen, und als der Portier einen Moment wegschaute, schlüpfte ich hinter ihm hinein.

Ich stieg die Treppen hinauf und gelangte in einen großen Raum voll von Menschen, die an kleinen Tischen Kaffee tranken und der Musik zuhörten. Ich ging geradewegs auf das Podium zu. Der Portier kam mir nach. Er machte mir Zeichen und rief »heh, heh«. Ich bat den Cellisten: »Bitte, lassen Sie mich spielen.« Verblüfft reichte er mir sein Cello, und als ich seinen Platz einnahm, sah ich, wie sich der Portier zurückzog.

Es waren drei Musiker, und alle sprachen russisch. Der Cellist kannte meinen Namen, und wir hatten einige gemeinsame Freunde in Moskau. Ich erzählte ihnen von meiner Flucht, von Mischakov und von unseren Nöten. Sie zeigten wärmstes Interesse, rieten mir, nach Warschau zu gehen, und liehen mir Geld für die Fahrt.

Leichten Herzens kehrte ich zu Mischa zurück, der schon auf mich wartete. Auch er sah erfreut aus. »Es ist großartig«, sagte er, »ich fand ein Zimmer für uns auf Kredit. Komm', so etwas hast du noch nie gesehen.«

Das hatte ich wirklich nicht. Der Raum, den wir betraten, war angefüllt mit Menschen, die auf dem Fußboden schliefen, manche auf Matratzen. Wir aber hatten ein Bett, das im entferntesten Winkel des Raumes stand, wo wir es im Dunkel nicht erreichen konnten, ohne auf jemanden draufzusteigen. »Gefällt es dir?« fragte Mischa.

»Ich finde es wundervoll«, sagte ich.

»Natürlich, es ist kein Palast. Ich habe unsere Instrumente unter dem Bett versteckt.« Das Bett war hart, und ich spürte Brotkrumen oder so etwas auf dem Leintuch.

»Wo ist das Badezimmer?« flüsterte ich.

»Es ist kein Palast«, wiederholte Mischa ärgerlich.

Sehr müde schliefen wir ein. Aber nicht für lange. Wir erwachten kratzend und lasen die Wanzen von uns ab. Sie krochen überall auf uns herum. Ich nahm mein Cello und suchte mir einen Weg hinaus. Mischa folgte mir in der Unterwäsche, mit seinen Kleidern und der Geige im Arm, auf die Straße. »Und ich dachte, es wäre ein gutes Geschäft.« Er war entrüstet.

Während er sich ankleidete, sagte ich: »Übrigens, ich habe einen Haufen Geld.«

»Was?« Mischa, mit einem Bein noch nicht in der Hose, verlor beinahe das Gleichgewicht. Ich zeigte ihm das Geld. Wir gingen zum Bahnhof und warteten auf den Frühzug nach Warschau.

Dort angekommen, fanden wir ein einfaches, aber sauberes Hotel, kauften uns neue Kleider, und innerhalb eines Tages waren wir soweit, daß wir auf Arbeitssuche gehen konnten. Mischa übte jeden Morgen. Wenn ich von meinen langen Stadtbummeln ins Hotel zurückkehrte, fand ich ihn immer noch mit der Geige in der Hand. »Du bist ein fauler Vagabund«, begrüßte er mich dann.

Fitelberg, mit dem ich jenes denkwürdige Erlebnis in Moskau hatte, als ich den ›Don Quixote‹ vom Blatt spielte, befand sich nun in Warschau. Als polnischer Staatsbürger hatte er ohne Schwierigkeiten Rußland verlassen können. Er gab uns den Rat, mit Emil Mlynarski, dem Direktor und Dirigenten der Warschauer Oper und der Warschauer Philharmonie, zu sprechen. Er empfing uns äußerst höflich. Er war ein Mann in den Fünfzig mit rosigen Wangen, blauen Augen und trug eine große Perle in der Krawatte. Mit seiner Hilfe erhielten wir Identitätspapiere sowie Aufenthalts- und Arbeitserlaubnis in Warschau. Zum Glück für uns waren in der Warschauer Philharmonie Stellen frei, und durch Mlynarskis Einfluß wurden wir engagiert, Mischa als Konzertmeister und ich als assistierender erster Cellist. Wir fühlten uns rasch in der neuen Umgebung heimisch, und binnen kurzer Zeit waren wir als Musiker anerkannt und gewannen Freunde.

Die ersten Amerikaner, die ich kennenlernte, waren Mr. und Mrs. Adolph Held, ein älteres Ehepaar, das sich in Polen aufhielt, um eine große Wohltätigkeits-Organisation zu leiten. Obwohl beide sehr beschäftigt waren, schienen sie für mich immer Zeit zu haben. Daß unsere Sprache verschieden war, hinderte weder unsere gegenseitige Verständigung noch meine Verehrung für sie. Sie besuchten häufig Konzerte, und wir nahmen schweigend viele gemeinsame Mahlzeiten ein; es stand mir frei, mich bei ihnen aufzuhalten oder zum Üben zu kommen, wann immer ich wollte. Ich weiß nicht, ob ihre Kinderlosigkeit oder von meiner Seite übertragene Elternliebe oder einfach ihre Güte die Ursache war, jedenfalls herrschte zwischen ihnen und mir binnen kurzer Zeit eine so natürliche Ergebenheit und gegenseitige Liebe, als wäre ich ihr eigener Sohn.

Der liebenswerteste Mensch im Orchester war der erste Cellist, Eli Kochanski, der um viele Jahre älter war als ich. Wir wurden die besten Kameraden. Abgesehen davon, daß er ein sehr guter Cellist war, war er sehr geistreich und ein ausgebildeter Bauchredner. Diese besondere Kunst wandte er gewöhnlich während eines Konzerts an und brachte damit den Dirigenten in Verwirrung und das Orchester zum Lachen.

Als Knabe hatte ich mich in Rußland an einem Spiel beteiligt, das darin bestand, daß jeder Schüler den Namen seines Lieblingskünstlers annahm. Ich selbst verkörperte D'Albert. Ich liebte den Klang dieses Namens ebenso wie sein Cello-Konzert und stellte ihn mir als Herkules vor. Nun kam er nach Warschau, um das Es-Dur-Konzert von Beethoven zu spielen. Als ich den winzigen, schnurrbärtigen alten Herrn zum Flügel schreiten sah, konnte ich nicht glauben, daß es D'Albert war. In der Tat, er war klein an Gestalt, doch welch ein Titan als Künstler! Wir verbrachten einen Abend zusammen. Eli schlug vor, ich solle mit D'Albert eine der Mendelssohn-Sonaten spielen. Er spielte außerordentlich laut, und doch mußte er mein Cello gehört haben – er sagte es wenigstens und wollte noch mehr mit mir spielen.

»Bitte sag' dem Meister«, bat ich Eli, »daß ich seine Oper ›Tiefland‹ kenne und auch sein Cello-Konzert spiele.« Eli übersetzte mir die Antwort: »Meine Musik ist zwar noch am Leben, aber sie wird jung sterben.«

»Nimm das nicht zu ernst«, sagte Eli später zu mir. »D'Albert war schon unzählige Male verheiratet und wieder geschieden. Wer weiß – vielleicht ist er gerade dabei, sich scheiden zu lassen und wieder zu heiraten. In solchen Zwischenperioden ist er immer trüber Stimmung.«

Viele Künstler, die als Gäste spielten, hörte ich jetzt zum erstenmal. Ein Violinkonzert von Miecsylaw Karlowicz, von Hubermann gespielt, machte mir großen Eindruck, ebenso ein Konzert von Busoni, das Szigéti aufführte. Darin kommen chromatische Passagen für Geige und Flöte vor, die wie zwei Flöten klangen. Szigétis Klangfarbenskala war sehr reichhaltig. Beide, Hubermann und Szigéti, vertraten eine Schule, die nur wenig der mir aus Rußland bekannten glich: diese Künstler legten nicht so viel Wert auf den sinnenfreudigen, schönen Ton und die reine Brillanz, die den Russen so erstrebenswert schien.

Alle im Orchester zollten dem Dirigenten Birnbaum große Achtung. Man sprach auch von ihm als Menschen mit Ehrerbietung und Zuneigung. Ich konnte es kaum erwarten, unter ihm zu spielen.

Ich wünschte, dieser Tag wäre nie gekommen. Es war ein Konzert für Studenten, für das keine Probe angesetzt wurde. Das Konzert sollte um acht Uhr mit ›Scheherezade‹ von Rimskij-Korsakov beginnen. Fünf Minuten vor acht, das Orchester war noch nicht vollzählig, schritt Birnbaum, seinen

Dirigentenstab in der Hand, über das Podium. Als er sein Pult erreicht hatte, klopfte er sofort und gab einen Abschlag. Die Musiker, noch spärlich über das ganze Podium verstreut, begannen zu spielen. Da Mischakov noch fehlte, spielte ich sein Violinsolo für ihn. Die übrigen Musiker hörten uns und eilten auf ihre Plätze.

»Ihr seid unverschämt, alle miteinander«, schrie Birnbaum in einem Anfall von Wahnsinn. Er warf sich auf die Knie und stand wieder auf. In Tränen aufgelöst, warf er seinen Stab von sich und weinte laut: »Lebt wohl, ihr Brüder, lebt wohl für immer.« Er verschwand von der Bühne und aus der Stadt und wurde nie wieder gesehen. Später erfuhr ich, man habe seine Leiche aus einem See in Deutschland herausgezogen.

Ich spielte häufig als Solist in unseren Symphoniekonzerten und wurde auch mit andern Orchestern und für Cello-Abende in ganz Polen engagiert. Eli behauptete, ich sei »à la mode«. Meine Arbeit mit dem Orchester war erfreulich, nur meine Possen und Streiche störten. Einmal hätte es mich meine Stellung kosten können.

Herr Slewak, ein alter Cellist, ein friedlicher Mensch, erschien immer als erster zu den Konzerten. Er liebte es, sich langsam vorzubereiten. Zuerst stellte er sein Cello auf das Podium und legte ein Kissen auf seinen Stuhl. Dann pflegte er seine Pfeife zu putzen, die Hemdbrust glattzustreichen und im Künstlerzimmer seine Zeitung zu lesen.

Seine Gewohnheiten kennend, kam ich eines Tages auch frühzeitig an. Ich brachte eine Rolle sehr dünner, aber starker Schnur mit und wartete, bis Slewak das Podium verließ. Als er mit seinen üblichen Vorbereitungen fertig war und sein Cello auf dem gewöhnlichen Platz in der Mitte des Orchesters stand, machte ich mich hurtig an die Arbeit. Ich befestigte die Schnur rund um die Schnecke des Cellos, warf die Schnurrolle hoch hinauf über einen Balken oberhalb des Podiums, fing sie wieder auf und brachte sie meinem persönlichen Freund, Pan Tadeusz, dem Bühnenhelfer, der die meiste Zeit während der Konzerte in den Kulissen stand.

Das Konzert begann. Der Saal war voll, das Orchester spielte gut, und hätte der Gastdirigent jenes Abends nicht auf unerträgliche Weise versucht, sich in Szene zu setzen, wäre ich vielleicht von meinem Plan abgekommen.

Während die Symphonie ihren Fortgang nahm, wurden meine Gedanken an die Schnur, das Cello und an Slewak reif. Ich sah

Pan Tadeusz in den Kulissen stehen. Die Musik ging sanft weiter. Es war das Adagio. Ich gab Tadeusz ein Zeichen. Er wußte, was er tun sollte. Er begann an der Schnur zu ziehen. Zuerst schien es, als geschehe nichts, aber bald suchten Slewaks Hände unwahrscheinlich langsam seinem Cello nach aufwärts zu folgen, solange, bis es aus seiner Reichweite war. Er starrte ungläubig seinem Instrument nach, das in freier Luft schwebte. In feierlichem Schweigen beobachteten alle, wie das Cello zur Decke aufstieg. Ein plötzliches brüllendes Gelächter unterbrach die Aufführung.

Auf Bestehen des Dirigenten wurde das Konzert fortgesetzt – ohne mich. Ich wurde nicht entlassen. Meine einzige Bestrafung bestand in dem Verlust einer Wochengage und Bezahlung einer Strafe für Pan Tadeusz. Ich betrachtete das Ganze als ein gutes Geschäft.

Mischakov war zu seinen Brüdern nach den Vereinigten Staaten übersiedelt. Ich wollte mit ihm gehen, aber Mr. Held fand, ich müsse mich noch weiter ausbilden, und drang darauf, daß ich nach Saisonabschluß nach Berlin zöge. Er bot mir an, alle Ausgaben zu bezahlen, und setzte meiner Studienzeit keine Grenze.

Den Tag meiner Abreise aus Warschau verbrachte ich mit den Kollegen von der Philharmonie. Wir tranken zusammen, hielten Reden und tranken wieder, bis es Zeit war, zum Bahnhof zu gehen. Auch dort wollten wir fröhlich sein, aber unsere von Alkohol angeregte gute Laune verrauchte vorzeitig. Während wir auf den Zug warteten, der mich nach Berlin bringen sollte, klangen unsere Scherze sinnlos und gezwungen.

In Berlin erwarteten mich ein Neffe des Dirigenten Fitelberg, Alexander Zakin, ein sehr guter Pianist, und ein anderer Mann, der im Namen der Helds alles für mich erledigen sollte. Er hatte ein möbliertes Zimmer gemietet und Vereinbarungen mit einem Deutschlehrer getroffen. Mr. Helds Anordnungen lauteten, wie er sagte, mir alles zu besorgen, was ich brauchte. Mit neunzehn Jahren hatte ich nun zum erstenmal Gelegenheit, ohne Geldsorgen zu studieren.

Ohne Empfehlung oder Verabredung ging ich zur Hochschule, um den berühmten Cello-Lehrer, Professor Hugo Becker, aufzusuchen. Als ich das große Klassenzimmer voll Schüler betrat, erhob sich der Professor. Tadellos gekleidet, grauhaarig, groß und aufrecht, war er ein bedeutend aussehender Mann. Er fragte, was ich wünschte. Ich antwortete russisch: »Ich möchte Stunden nehmen.« Einer der Schüler übersetzte für mich.

»Es ist zu spät für dieses Semester auf der Hochschule.«

»Privatstunden.«

»Warum kommen Sie dann hierher?«

»Ich wollte mit Ihnen sprechen.«

Alle lachten. »Der Professor sagt, das sei eine komische Idee von jemandem, der nicht reden kann.«

»Ich möchte Stunden nehmen.«

»Der Professor fragt, ob Sie jetzt etwas spielen werden.«

»Ich werde ›Improvisations‹ von Goedicke spielen.«

»Was ist das für ein Tier? Können Sie nicht etwas Zivilisiertes spielen?«

»Goedicke ist ein großer Musiker«, sagte ich.

»Der Professor möchte das Boccherini-Konzert von Ihnen hören.«

Einer der Schüler lieh mir ein Cello, und Becker ging ans Klavier. Nach wenigen Takten unterbrach er mich und sprach mit ernstem Gesicht zu den Schülern, aber er mußte etwas Lustiges gesagt haben, denn wieder erscholl Gelächter.

»Der Professor wünscht jetzt, daß Sie das Schumann-Konzert spielen.«

Wieder wurde ich von Gelächter unterbrochen. Ich spielte weitere kleine Teile aus vielen anderen Stücken, bis ich die allgemeine Heiterkeit nicht mehr ertragen konnte und aufhörte. »Bitte fragen Sie den Professor, ob er mich unterrichten will oder nicht«, sagte ich ärgerlich.

In der nächsten Woche erhielt ich meine erste Lektion. Becker war der erste und einzige Lehrer, dem ich für die Stunden bezahlen mußte. Er verlangte ziemlich viel, aber der Schüler durfte die Länge der Lektionen bestimmen – eine ganze oder eine halbe Stunde. Ich wollte mit dem Geld Mr. Helds sorgfältig umgehen und wählte die halben Stunden.

Ein Bediensteter ließ mich in das Arbeitszimmer des Professors in seinem vornehmen Hause eintreten. Der Professor und Ochi Albi, der Schüler, der schon für uns gedolmetscht hatte, erwarteten mich.

»Der Professor wünscht, Sie möchten vergessen, daß Sie jemals Cello gespielt haben.«

»Ja.«

»Sie müssen ganz von vorne anfangen.«

»Ja.«

»Ihr rechter Arm ist Ihre Zunge, Ihr linker Arm Ihr Gehirn.«

»Ja.«

»Sie haben überhaupt keine Gedanken. Und selbst wenn Sie welche haben, müssen Sie lernen, zuerst zu sprechen.«

»Ja.«

Professor Becker zeigte mir, wie ich den Bogen halten sollte. Er schien zufrieden zu sein. Er ließ mich eine offene Saite streichen. »Der Professor ist zuversichtlich«, sagte Ochi Albi. »Er findet, Sie seien begabt.« Becker blickte auf seine Uhr. Er stand auf. Die Lektion war zu Ende.

Ochi Albi begleitete mich nach Hause. Er sprach mit großer Bewunderung von seinem Lehrer. »Der Professor hat über zwanzig Jahre gebraucht, um das Problem des rechten Arms zu lösen«, sagte er. »Seine Methode ist vollkommen. Er ist ein großer Mann – ein Wissenschaftler und ein echter Künstler. Ich bin erst seit zwei Jahren bei ihm, aber mein rechter Arm macht bereits Fortschritte.«

Im Deutschunterricht kam ich nur sehr langsam voran, und das Üben der Bogenhaltung war langweilig. Meine zweite, dritte und vierte Lektion verliefen völlig ereignislos, außer am Schluß jeder Stunde, wenn ich mich verbeugte und sagte »Gott sei Dank«. Das schien den Professor jedesmal in Wut zu bringen. Was machte ich falsch? Ich wünschte, Ochi Albi wäre dabei.

Bei der fünften Lektion war der Professor ungewöhnlich freundlich, und ich war froh, Ochi Albi wiederzusehen. Er teilte mir mit, wieviel der Professor von mir halte und wie rapid meine Fortschritte seien. »Sie haben in vier Lektionen gelernt, den Bogen zu halten. Manche beherrschen es nach Jahren noch nicht. Ihr Bogenarm hat beinahe eine vollendete Haltung über alle vier Saiten. Der Professor hat beschlossen, eine große Ausnahme zu machen, und will jetzt sofort beginnen, mit Ihnen die besten Werke der Cello-Literatur zu studieren.«

Becker sprach weiter, und Ochi Albi übersetzte: »Die Situation hat sich gründlich geändert. Sie sind kein Schüler mehr. Sie sind weit genug, an großer Musik zu arbeiten, und wir beide sind daher nun ebenbürtig.«

»Wir müssen offen gegeneinander sein, und ich erwarte, daß Sie Ihre Meinung frei heraussagen.« Er nahm sein Cello und sagte: »Ich spiele jetzt den Anfang des Dvořak-Konzerts – nur den Anfang. Dann werden Sie dasselbe spielen. Hinterher werden wir über das Wesentliche im Spiel eines jeden von uns diskutieren.«

Er begann. Ich sah einen Dunst von Harz aufsteigen und in allen Richtungen zerstäuben. Der Bogen klopfte auf die Flanken des Cellos, wobei sich die Haare abwetzten und der Stock auf die Saiten schlug. Nach einem lauten Bum-Bum mit der linken Hand auf das Griffbrett unterbrach er. Ich wagte nicht, ihn anzusehen. Er fragte etwas. Seine Stimme klang glücklich. Ich blickte ihm ins Gesicht und sah, daß er wirklich glücklich war.

»Herr Professor fragt, wie es Ihnen gefiel«, sagte Ochi Albi.

»Es war schrecklich«, sagte ich. Ochi Albi schwieg.

»Was? Wie?« fragte Becker.

Ochi Albi bat: »Der Professor möchte es wissen. Was soll ich ihm sagen?«

Ich zögerte. »Ach, sagen Sie ihm, es war sehr schön.« Ich weiß nicht, was Ochi Albi ihm sagte. Becker wurde rot im Gesicht. Er sah auf die Uhr und sagte, die Stunde sei zu Ende. Ich verbeugte mich und sagte: »Gott sei Dank.«

»Hinaus!« schrie Becker. »Hinaus, Sie eingebildeter, unwissender Muschik!«

Einige Minuten später auf der Straße machte mir Ochi Albi Vorwürfe. »Gott sei Dank hätten Sie nicht sagen dürfen«, und er erklärte mir, was es heißt.

Ich bedauerte das Mißverständnis, und ernüchtert durch den grotesken Abschluß meines Unterrichts, überlegte ich ernsthaft, ob ich nicht nach Moskau zurückkehren sollte.

Statt dessen begab ich mich nach Leipzig. Professor Klengels Schüler verbreiteten seinen Ruhm über die ganze Welt. Es machte mir großen Eindruck, daß ich mich in der Stadt befand, in der Bach und Mendelssohn gelebt hatten und wo das Gewandhaus stand.

Julius Klengel war ein kleiner, alter Mann. Um den Mund herum war sein Bart fleckig vom Zigarrenrauchen. Er rauchte gerade eine, als ich zu ihm kam. Ohne zu fragen, was ich spielen wollte, setzte er sich ans Klavier und begann mit dem Haydn-Konzert. Wir spielten das ganze Werk durch, und er freute sich, mich seine Kadenzen spielen zu hören. Klengel schien alles erraten zu können, was ich sagen wollte, und das merkwürdige war, daß ich auf einmal Deutsch verstand.

Ich zog in die Pension Hartung ein, wo viele der Klengelschüler wohnten. Es kostete nicht viel dort, und die Wirtin, Frau Hartung, hatte nichts dagegen, daß wir zu jeder Tageszeit übten. Sogar Schüler, die nicht dort wohnten, kamen oft zu Hartungs. Sie taten es auf Klengels Rat, der wünschte, daß einer vom andern lerne. Seine Methode war einfach. Er bemerkte zum Beispiel: »Schneiders Vibrato ist wunderbar.« Jeder kam nun Schneiders Vibrato »ausspionieren«. Zu Schneider konnte er sagen: »Aubers Triller ist am besten.« Es ging gut so. Die Schüler waren zwar eifersüchtig aufeinander, doch einer lernte vom andern und machte Fortschritte. Ich bewunderte Klengels Kunst zu unterrichten, indem er keinen wirklichen Unterricht gab. Während der Stunden hörte man selten von ihm Ratschläge oder Vorträge über Musik. Er ließ den Schüler ein Stück zu Ende spielen und sagte »schön«, oder in einem besonderen Fall: »Achten Sie auf Ihren linken Arm, junger Mann.«

An Sonn- und Feiertagen war die Pension voller Cellisten, und denen, die nicht mit den Gewohnheiten und dem Jargon unseres

Kreises vertraut waren, müssen unsere Zusammenkünfte sonderbar erschienen sein. Jeder mußte unser Instrument respektieren. War der Besucher ein Geiger, ein Pianist oder ein Komponist, tat er gut daran, sich mit Bemerkungen über das Cello in acht zu nehmen.

Die Mehrzahl der Schüler waren gleich mir Ausländer, und selten, wenn überhaupt je, wurde man zu einer Mahlzeit in ein Privathaus eingeladen – in kein Privathaus, zu keiner Mahlzeit. Unser Gesellschaftsleben war gleich Null. Meine Kollegen erklärten, daß sie das Problem auf diese oder jene Weise zu lösen suchten. In guten Tagen waren sie Gäste im Blauen Affen, aber häufiger besuchten sie ein bescheideneres Bordell, das keinen Namen hatte. Dort brauchten sie keine Einladung. Sogar während der Mahlzeiten bei Hartung wurde frei über Halina, Trude, Berta und Madame selbst diskutiert. Trude habe etwas Lustiges gesagt und Berta müde ausgesehen, oder Madame sei an Sonntagen nervös und der Flügel im Salon sollte gestimmt werden. Da ich jene Namen so oft hörte, wurden sie mir vertraut, und ich sah diese Menschen vor mir, als ob ich sie kannte.

Eines Sonnabends ließ ich mich von meinen Freunden mitnehmen. Sie führten mich bei Madame als »Herr Doktor« ein. Wir bestellten Bier. Im Salon befanden sich zwei Fremde. Einer trug hohe Schuhe, und quer über seiner Weste hing eine dicke Kette. Der andere hatte lange Haare, war mager und unrasiert. Beide waren um die Sechzig und saßen wartend da wie beim Friseur. Es waren keine Mädchen im Zimmer.

»Verrückte Tage«, sagte Madame. »Letzten Samstag saßen wir hier müßig, spielten Karten, als ob alle Männer in der Stadt kastriert wären. Heute haben die Mädchen kaum zum Essen Zeit. Ah, da kommt eine.«

Es war Trude. Sie lächelte mit goldplombierten Zähnen und schaute auf die beiden Männer, als wollte sie fragen, wer an der Reihe sei. Der Unrasierte stand auf und ging mit ihr nach oben.

»Gehen wir etwas essen«, schlug ich vor.

»Aber du hast Halina und Berta noch nicht gesehen. Warte, bis du Halina kennenlernst. Sie ist fest wie ein Apfel. Zum Anbeißen. Hast du gute Zähne?«

»Da kommt der Kerl, der Zuhälter«, wurde ich informiert, als ein kräftiger Mensch auftauchte. Er blickte uns abschätzend an.

Einer der Schüler, von dem man wußte, daß er täglich acht Stunden Cello übte, sagte: »Der Steg an meinem Cello ist zu hoch.« Das machte ihm Sorgen. »Wollt Ihr sehen?« Er nahm rasch die Hülle von seinem Instrument ab und zeigte uns den Steg. »Grischa, bitte probiere einmal.« Ich spielte. Als ich geendet hatte, wurde ich Berta und Halina vorgestellt, die sich unter den Zuhörern befanden. Sie sagten nichts, und ich sah das Rouge über Halinas Wangen rinnen.

»Schluß damit«, sagte Madame. »Geh' hinauf und bring' dein Schaufenster in Ordnung.« Halina gehorchte, und Madame sagte: »Für eine Hure ist sie zu sensibel. Kinder, wie wär's mit etwas zum Trinken?« Man brachte noch mehr Bier herein. Der Zuhälter goß ein Glas hinunter, rülpste und ging.

Meine Besuche dort wurden häufig. Eine Art krankhafter Reiz zog mich hin. Allein oder in Gesellschaft, »Herr Doktor« war willkommen, und Madame fragte mich, was ich davon hielte, wenn der Flügel in ein Pianola umgebaut würde.

Halina war meistens schweigsam, aber wenn niemand im Salon war, erzählte sie mir von ihren Eltern und deren Bauernhof in Polen. Ich hörte ihr gern zu, und mir gefiel ihr kindliches Lachen, wenn sie von ihrem komischen, tauben Onkel Jan sprach. Einmal, ganz unerwartet, sagte sie: »Ich mochte Sie gleich, als ich Sie zum erstenmal sah.«

Es läutete, und ein Mann trat ein. Dies brachte Madame und ihren Mädchenschwarm ins Zimmer. Der Besucher ging steif herum und zeigte auf Halina. Sie reagierte nicht. Er zeigte nochmals auf sie. Halina rückte näher zu mir. Trude eilte dem Mann in die Arme und streichelte sein Haar. Er stieß sie von sich und schrie: »Ich will diese da.« Madame blickte auf Halina. Er schrie gellend: »Jetzt komme ich schon zum drittenmal in dieses verdammte Haus, und immer für nichts. Muß ich ihr zuerst Blumen oder sonst was schicken?«

Madame sagte etwas zu ihm und machte mir ein Zeichen. »Würden Sie ein anderes Mal kommen, Herr Doktor?« Und zu Halina: »Kümmere dich um den Herrn!« Ich ging weg.

Am nächsten Tag erzählte bei Hartung einer der Schüler von dem Krach im Bordell. Madame sei wütend gewesen auf Halina, weil sie einen Freier ablehnte, und der Zuhälter habe sie mit allen ihren Habseligkeiten die Treppe hinuntergeworfen. Sie sei ins Krankenhaus gebracht worden.

Ich besuchte sie dort. Sie war verletzt und sah bleich aus und sagte, sie habe kein Geld, und wenn sie das Krankenhaus verlasse, werde sie mit ihrer gelben Prostituiertenkarte von der Polizei aufgegriffen werden. Ich erzählte Professor Klengel von dem Problem. Es war nicht leicht, aber er zeigte Verständnis.

»Mein lieber Don Quixote! Lass' uns deine Dulcinea retten«, sagte er. Er beriet sich mit seinem Freund, dem Polizeichef, der bereit war, Papiere für Halina zu beschaffen, vorausgesetzt, jemand garantiere, daß sie sofort nach Polen abreisen würde. Ich ging zu ihm, und er nahm meine Bürgschaft an. Nach ermüdenden Stunden auf der Polizei und dem polnischen Konsulat war Halina bereit zur Abreise. Ich brachte ihr ein Abschiedsgeschenk und eine Fahrkarte.

Sie bat mich, ihr eine Melodie auf ein Stück Papier zu schreiben. Ich schrieb ihr ein russisches Volkslied auf, ›Auf einem Felde stand eine Birke‹, und sang es ihr vor.

»Deine Stimme klingt komisch«, sagte sie unter Tränen.

Ich hörte später von ihr. Sie war froh, zu Hause zu sein, schrieb von ihren Freunden und Eltern und erzählte, daß die Ernte gut sei und daß ihr Onkel Jan gestorben war.

Einmal kam ich von einer Reise spät nachts in Leipzig an, begab mich zu Hartungs in mein altes Zimmer und ging zu Bett.

Ich erwachte mit einem Ruck. Das Licht war angezündet, zwei Männer mit Melonenhüten auf dem Kopf standen in meinem Zimmer und zeigten mir ihre Abzeichen. »Wir sind von der Polizei, Sie sind verhaftet.« Sie schüttelten mich und befahlen mir aufzustehen. Ich zog mich hastig an, und auf dem Weg zur Straße hinaus rief ich nach Frau Hartung, aber niemand antwortete.

Auf dem Polizeikommissariat wurden meine Papiere geprüft, und man hieß mich meine Taschen ausleeren. Niemand sagte mir, warum ich verhaftet war. Ich wurde in eine Zelle geschoben. Dort setzte ich mich auf ein eisernes Feldbett und starrte auf die Glühbirne an der Decke. Während der Nacht wurden einige Gefangene hinausgelassen und neue hereingebracht. Viele waren betrunken und streitsüchtig.

Am Morgen wurde ich gerufen und vor den Polizeichef geführt. Ich erkannte den Beamten, der Halina bei ihrem Paß behilflich gewesen war.

»Da sehen wir uns schon wieder«, begrüßte er mich freundlich. »Ich bedaure diesen unglückseligen Zwischenfall – tja, es tut mir leid. Nebenbei, was geschah mit Ihrer ... hm ... wie nannte sie doch Professor Klengel? Ach ja, Dulcinea. Hat sie Deutschland verlassen?«

Ich sagte: »Jawohl.«

»Gut, gut. Julius – ich meine Klengel – ist der beste Freund, den man haben kann, nicht wahr? Er hat mich heute morgen angerufen und mir von Ihrer Verhaftung berichtet. Kann ich Ihre Papiere sehen?« Er schüttelte den Kopf. »Was für ein Dokument! Keine Nationalität. Das ist kein Paß – nicht einmal ein Ausweis. Es ist beinahe so schlecht wie die gelbe Karte Ihrer Dulcinea. Da steht es, genau wie ich dachte.« Er zeigte mir ein Visum. »Formalität, nur eine Formalität. Ihre Studienerlaubnis in Berlin ist abgelaufen. Ohne eine neue für Leipzig ist Ihr Aufenthalt hier illegal. Aber keine Sorge, wir bringen das in Ordnung.«

Ich eilte zu Klengel. »Ich finde keine Worte, Ihnen zu danken«, sagte ich. »Es war ein Albtraum. Wer sagte Ihnen, wo ich mich befand?«

»Frau Hartung. Sie sehen müde aus. Gehen Sie nach Hause

und ruhen Sie sich aus.« Er klopfte mir freundschaftlich auf die Schulter.

Ich bedankte mich auch bei Frau Hartung, aber als sie Näheres über meine Verhaftung wissen wollte, sagte ich: »Ach, nur eine Formalität.«

Mr. Held war in Berlin und wünschte, mich zu sehen. Er umarmte mich, dabei reichte er mir kaum bis zur Schulter. »Sie sind noch mehr gewachsen«, sagte er. Er wollte jede Einzelheit aus meinem Leben wissen und erzählte mir von seinen und Mrs. Helds Wohltätigkeitsaktionen. »Sie sprechen ja fließend deutsch. Wie wunderbar, daß man endlich miteinander reden kann. Ich wünschte, Sie könnten morgen mit uns nach New York reisen. Eines Tages werden Sie kommen – als Künstler.«

Wir waren zum Nachtessen beisammen. »Ist diese Inflation in Deutschland nicht ein Elend? Als Amerikaner schäme ich mich, hier beinahe umsonst im Luxus zu leben. Ja, es gibt Leute, die aus ihren Dollars Vorteile ziehen und Häuser und Kunstwerke für einen Pappenstiel kaufen. Dabei gibt's eine Merkwürdigkeit. Einerseits ist die deutsche Mark wertlos, andererseits aber scheint das Studentenleben kostspielig zu sein... Sie trinken doch keinen Alkohol, oder?«

»Gelegentlich ein Glas Bier.«

»Ja, dann glaube ich, daß Noten und Musikstunden unverhältnismäßig teuer sind.«

»Ganz und gar nicht«, entgegnete ich. »Ich gebe fast nichts aus. Meine Pension ist mehr als billig, und Professor Klengel weigert sich, für die Stunden etwas zu rechnen. Natürlich, Hugo Becker war anders. Diese Inflation ist verrückt. An einem Tag ist eine Banknote Millionen und am nächsten Billionen wert. Als ich hier ankam, war ein Dollar – oh, ich habe es vergessen.« Ich suchte in meinen Taschen. »Hier ist es.« Ich übergab Mr. Held ein kleines Notizbuch. »Ich habe jede Mark und jeden Pfennig, die ich ausgegeben habe, eingetragen; auch jedes Datum, an dem ich von Ihrem Agenten deutsches Geld erhielt, und den Dollarkurs an diesem Tag. Mit meinem eigenen Geld wäre ich nicht so peinlich genau umgegangen«, sagte ich und beobachtete ihn, wie er das Büchlein durchsah.

»Sonderbar«, meinte er, »die Abrechnungen, die ich von meinem Vertreter erhielt, sahen ganz anders aus. Ich habe ihm bedeutende Geldsummen für Sie gesandt. Aber solche Unstimmigkeiten, schätze ich, können immer wieder vorkommen.«

Das machte mich über alle Vernunft hinaus zornig, und unfähig, mich zu beherrschen, redete ich vom Betrug des Agenten, von meiner Abscheu gegen Wohltätigkeit und von meiner Ehre als Künstler und Mensch. Ich sagte, ein anderer sei der Dieb, und daß ich niemandes Hilfe brauche, das Geld zurückzahlen würde und bedauerte, es je angenommen zu haben. Schroff und in unentschuldbarer Aufgebrachtheit verließ ich brüsk den bestürzten und peinlich berührten Mr. Held.

Voller Gewissensbisse schrieb ich ihm dann einen langen Dankesbrief und bat ihn um Verzeihung. Ich erklärte ihm, daß meine Studien beendet und meine künftigen Konzertengagements gesichert seien und daß ich seine Hilfe nicht länger brauchte. Ich hoffe, ihn und Mrs. Held bald wiederzusehen, und ich wisse, daß ich mündlich besser als schriftlich meine Gefühle würde ausdrücken können. (Dazu hatte ich auch Gelegenheit, aber erst viele Jahre später in New York. Sie sagten, daß ihre Zuneigung zu mir sich niemals geändert habe.)

Ich vertraute mich Klengel an, erzählte ihm von meinem Koller, erklärte ihm meine neue Lage und ließ ihn meinen Mangel an Mitteln wissen.

»Ich könnte versuchen, Sie im Gewandhaus-Orchester unterzubringen«, sagte er, »aber es gibt dort keine freie Stelle. Doch vielleicht ist das auch gut. Sie sollten nach Berlin gehen. Leipzig kann Ihnen nicht viel bieten.« Er ging zu seinem Schreibtisch und kam mit einem Zettel zurück. In seiner zierlichen Handschrift hatte er mir eine Empfehlung mit einer Anzahl von Superlativen geschrieben.

Ich folgte Klengels Rat. In der Charlottenburger Gegend von Berlin mietete ich ein Zimmer. Meine Hauswirte, Herr und Frau Kulasch, sagten, sie liebten Musik und ich könne üben, soviel ich wolle. Ich unterschrieb den Mietvertrag, ohne die vielen Klauseln darin zu lesen, zahlte zwei Wochen Miete im voraus und ging fort, mich in meiner neuen Umgebung umzuschauen. Ich überquerte die Straße und spazierte zu dem nahegelegenen, schönen See. Charlottenburg bot ein Bild stiller Friedlichkeit. Sogar die Hunde spazierten ruhig, von ihren Herren geführt, und schienen ihre Leine nicht zu bemerken. Die Häuser, die Menschen waren alle gleich ordentlich, gediegen und langweilig. Es tat mir gut. Ich spazierte gemütlich, als ob ich auch dazugehörte, einen Hund und eine Familie besäße und gleich wäre wie die andern.

Mein ganzes Geld war ausgegeben. Ich mußte Arbeit finden, aber der bloße Gedanke daran, wieder in Restaurants zu spielen, rief starken Widerwillen in mir hervor. Die nächste Zahlung meiner Miete erledigte ich durch den Verkauf einer Uhr, die mein Vater mir gegeben hatte. Ich verkaufte sie gut. Mit dem Erlös konnte ich das Zimmer und mit dem Rest des Geldes auch noch mein Essen eine Woche lang bezahlen. Allzulange hielt es aber nicht vor. Ich mußte noch einen Anzug verkaufen und mich von meinen Büchern trennen. Doch immer noch schob ich die Arbeitsuche auf.

Durch die herbstliche Feuchtigkeit sprangen die Saiten meines Cellos. Ich mußte sie zusammenknoten, manche in der Mitte des Griffbretts. Einstweilen wartete ich noch damit, neue Saiten aufzuziehen, da ich einen ganzen Satz für eine sich vielleicht bietende, besondere Gelegenheit aufbewahren wollte. Solange ich mein Cello besaß, konnte ich mich nicht arm fühlen – vielleicht hungrig, aber arm nicht. Es war, als trüge ich an einem Feiertag, an dem die Banken geschlossen sind, einen Scheck in der Tasche, den ich dann jederzeit einkassieren konnte.

Das kalte Wetter brach ein, und ich hatte kein Geld für die Miete, aber Herr und Frau Kulasch blieben höflich. »Wir wissen, daß Sie bezahlen werden, doch inzwischen haben wir Licht und Heizung in Ihrem Zimmer ausgeschaltet. Sie sind sicher nicht böse darüber.« Das Zimmer war dunkel und kalt, und ich schlief in meinen Kleidern.

Im Haus gab es eine Katze. Es war mir zuwider, mit meinem leeren Magen zu hören, wie Herr und Frau Kulasch mit zärtlicher Stimme ihr Kätzchen fütterten. Sie fütterten es gut. Ich sah in der Küche sauber in Scheiben geschnittenes Fleisch liegen. Eines Tages schnappte ich mir ein paar Stückchen davon und sperrte mich damit in mein Zimmer ein. Ich versuchte, sie über der Flamme eines Zündholzes zu rösten. Ich verbrauchte eine ganze Schachtel Zündhölzer und verbrannte mir dabei die Finger. Das Fleisch blieb roh, aber warm war es leichter hinunterzuschlucken.

Herr Kulasch kam zu mir und zeigte mir den Mietvertrag. Er rechnete die Miete und verschiedene Schäden aus, für die ich zu bezahlen hätte. »Wie Sie sehen, macht es eine nette Summe, mehr, als Ihre Habseligkeiten und Ihr Cello wert sind. Immerhin werden Sie uns gestatten, alles zu behalten, bis die Schuld voll bezahlt ist. Ihr Zimmer ist bereits vermietet, und es wäre nett von Ihnen, das Haus noch heute zu verlassen.« Ich suchte eine Garnitur Unterwäsche, zwei Hemden, eine Krawatte, ein Paar Socken und ein Stück Seife zusammen, machte ein Bündel daraus, und Herr Kulasch schaute mir dabei zu. Als ich ging, sagte ich: »Beste Grüße an Frau Kulasch.«

Es war meine erste Nacht im Tiergarten. Es war kalt und regnerisch, diese Art von Nieseln, das tagelang anhalten konnte, aber die Nacht verlief ohne Zwischenfall und war nur halb so schlimm, als ich gefürchtet hatte. Plötzlich war es Tag. Ich stand von meiner Bank auf, streckte mich, nahm mein Bündel und suchte den Weg zum Bahnhof Zoo. Ein Polizist rief mich an.

Er habe mich auf der Bank schlafen gesehen, sagte er. Zusammen spazierten wir aus dem Park. »Letzte Nacht wurde hier eine Frau erstochen. Manche Kerle wissen nicht, ob sie sich zur Liebe oder zum Mord entschließen sollen. Manche machen in diesem Park beides.« Er lud mich zu einer Tasse Kaffee ein und sagte, ich könne ihm meine Unglücksgeschichte erzählen. Aber ich hatte keine Gelegenheit dazu, denn der gutherzige Bursche sprach selbst die ganze Zeit. Er erzählte mir, daß im Tiergarten ein Standplatz von Huren sei, und die Bank, auf der ich geschlafen hatte, sei eine ihrer Geschäftsstellen, und zwar eine günstige. »Sie verlangen sogar Gebühren von Sonderlingen für das Zuschauen aus dem Gebüsch. Letzte Nacht habe ich sie weggejagt.«

Ich sah den Polizisten noch öfter. Einmal brachte er mir eine Decke für die Nacht, doch er warnte mich, daß er meine Landstreicherei nicht länger dulden werde. Er glaubte nicht, daß ich nicht wisse, wo ich hingehen solle, und riet mir, lieber etwas zu unternehmen, bevor ich in ernste Schwierigkeiten geriete. Ich versprach ihm, daß er mich nicht mehr im Park sehen würde.

Vom Tiergarten aus suchte ich einen öffentlichen Waschraum auf, dann eine Bibliothek und ging, um die Zeit totzuschlagen, in eine Automobilausstellung. Um die Mittagszeit machte ich mich auf den Weg zu Zakin. Er war nicht zu Hause, aber ich unterhielt mich mit seiner Wirtin, und die Essensdüfte aus der Küche stiegen mir in die Nase. Dies machte mich so hungrig, daß ich mir überlegte, ob ich meinen ehemaligen Deutschlehrer, Herrn Bruchenweiser, besuchen könnte, aber ich wußte seine Adresse nicht.

Es war spät nachts, als ich an die Tür von Alexander Cores, einem jungen russischen Geiger, klopfte, mit dem ich mich in Warschau befreundet hatte. Er kam im Pyjama heraus. »Was ist mit Ihnen los? Sie sehen aus, als kämen Sie aus der Wildnis«, sagte er.

»Ich glaube, zuviel Leben im Freien.«

»Ich habe Sie eine Ewigkeit nicht gesehen. Wo wohnen Sie?«

»In Charlottenburg. Ich habe meinen Hausschlüssel vergessen. Kann ich über Nacht hierbleiben?«

»Es gibt bloß ein Bett bei mir.«

»In diesem Sessel geht es sehr gut für mich.« Er bestand darauf, daß ich sein Bett mit ihm teile. Als ich am Morgen erwachte, lag er auf dem Boden ausgestreckt. Er sagte, ich hätte ihn aus dem Bett gestoßen und geschnarcht, so daß er alles in allem noch nie eine schlechtere Nacht verbracht habe. Ich entschuldigte mich, konnte aber meine Freude über die Aussicht auf ein heißes Bad und auf Frühstück nicht verbergen. Er erzählte mir, daß unser gemeinsamer Freund Boris Kutzen, der Geiger vom Bolschoj-Theater, nach mir gefragt habe. Er gab mir seine Adresse.

Boris war zu Hause. Nach herzlicher Begrüßung sagte er, er wolle eine dringliche Angelegenheit mit mir besprechen. »Ich bin erst seit kurzer Zeit hier, aber Berlin ist nicht Moskau, so viel weiß ich«, begann er. »Hier sind wir nicht die großen Asse, die wir dort waren. Wir müssen neu von unten anfangen. Hören Sie zu: Herr Skript, ein alter Herr, dem das Café Ruscho in der Ansbacher Straße gehört, sucht ein Trio. Die Pianistin ist Madame Davidowska, Skript zahlt gut, und die Arbeit wird nicht allzu schwer sein – von vier bis sechs, und von halb acht bis halb eins. Kommen Sie, gehen wir hin.«

Im Ruscho kamen wir bald zu einem Abkommen, aber ich mußte Herrn Skript sagen, daß die Kulaschs mein Cello zurückhielten, und bat ihn um Vorschuß.

Mit dem Geld in der Tasche ging ich geradewegs zu Herrn und Frau Kulasch. »Was ist das?« rief Herr Kulasch aus, als er das Geld zählte. »Soll das ein Witz sein? Wissen Sie nicht, wieviel Sie uns schulden? Im Vertrag heißt es, Sie müssen zusätzlich zur Miete die Möbel überziehen und den Teppich chemisch reinigen lassen. Und was ist mit dem Tisch, den Sie mit Ihren Zigaretten verbrannt haben? Da war noch etwas – warten Sie einmal.« Während er die Schadenliste studierte, sagte Frau Kulasch zu mir, daß ihnen meine Musik fehle.

Ich kam ohne Cello und ohne Quittung für das Geld ins Ruscho zurück. Herr Skript bemerkte dazu, es sei bekannt, daß manche Hauswirte die Ausländer ausnutzten. Gesetzlich vorzugehen würde nichts helfen, doch er kenne einen russischen Emigranten, der in solchen Situationen Erfahrung habe, einen wahrlich bemerkenswerten Mann, den er in kürzester Zeit herbeirufen könne. Bald erschien der Sachverständige. Er war sportlich gekleidet und hatte eine fröhliche Stimme. Sein Name war Tols.

»Nach dem wenigen, was ich von Herrn Skript gehört habe, brauchen Sie mir keinen Ton mehr über Ihre Hauswirte zu sagen. Schurken: Aber sie werden bald ihren Meister gefunden haben, diese großen Kreuzfahrer gegen nichtzahlende, aber ehrliche Mieter. Denen werde ich es zeigen«, sagte er mit prahlerischer Geste, als wir uns auf den Weg nach Charlottenburg machten. »Schüchtern bin ich nicht. Ich kann Ihnen inzwischen ja kurz von mir erzählen. Das ist meine Geschichte: Meine Eltern waren in Rußland reich. Sie starben verarmt, und ich, ohne Beruf, mit gutem Appetit und viel Schneid, kam hierher. Eine meiner Glanztaten bestand darin, eine Frau zu heiraten, deren einziger Sport es war, mit einem Messer hinter mir herzulaufen – vermutlich, um mir ihre Ergebenheit zu beweisen. Das liebe Geschöpf traf eines Tages ihr Ziel und schlitzte mir eine Sehne an der rechten Hnd auf. Damit war wenigstens ein Problem gelöst – mein Klavierspiel, das sowieso nicht viel wert war. Haben wir noch weit zu gehen?«

»Wir sind gleich dort.«

»Von meiner Frau zu sprechen«, fuhr er fort, »Sie sollten sie sehen, wenn sie gut beieinander ist. Sie ist tipptopp. Aber ich muß Ihnen sagen, wenn eine Frau nicht gelegentlich bereit ist, Sie zu töten, dann liebt sie Sie nicht wirklich. Die meinige ist zum Totlachen. In unserem Gepäck trägt sie ein Seil mit sich – nicht um sich aufzuhängen, was denken Sie! Aber wenn unsere Mietrechnungen ankommen, bindet sie mit dem Seil unsere Koffer zusammen und läßt sie beim Fenster hinunter. Der Strick ist unsere beste Kapitalsanlage.«

Wir blieben vor dem Kulasch-Haus stehen. »Was werden Sie ihnen sagen?« fragte ich.

»Überlassen Sie das mir. Sie werden Ihr Cello bekommen, aber ich muß mir Zeit nehmen – vielleicht eine halbe Stunde. Warten Sie hier auf mich.«

Nebenan befand sich eine Bäckerei, wo ich mein Brot zu kaufen pflegte. Um mir die Zeit zu vertreiben, ging ich hinein und fragte die Verkäuferin, ob sie nicht ein möbliertes Zimmer in der Nachbarschaft für mich wisse. Sie sagte, es sei eines zu vermieten, gleich um die Ecke – Nummer 12, im ersten Stock, Nummer 2. Ich fand das Haus, aber im ersten Stock gab es zwei Wohnungstüren ohne Nummern. Ich läutete an der linken Türe.

Man bat mich einzutreten. »Nett, daß Sie kommen«, sagte ein Herr in einem schwarzen Sakko zu gestreiften Hosen; ich folgte ihm in die Bibliothek. Dort befanden sich eine Dame von ungefähr fünfzig und ein junger Mann, der als Vetter aus Hamburg vorgestellt wurde. »Bitte setzen Sie sich«, wurde ich aufgefordert. Es war ein großer Raum, dessen Wände bis zur Decke mit Büchern angefüllt waren. Die drei Leute sahen mich an, und ich merkte, irgend etwas stimmte nicht. »Wie war doch gleich Ihr Name?«

»Piatigorsky.«

»Ah, Sie hören bei mir Geologie?«

»Nein, ich kam, um nach einem möblierten Zimmer zu fragen.«

»Möbliertes Zimmer? Wir vermieten nie Zimmer. Wer hat Sie hergeschickt?«

»Die Bäckerei«, sagte ich.

»Unglaublich! Wer sind Sie?« Als ich sagte, daß ich Musiker sei und allein in der Stadt, berieten sie flüsternd und schlugen mir vor, ihr Gastzimmer anzusehen. »Es wird nett sein, einen jungen Musiker im Haus zu haben.« Der Herr stellte sich als Professor Michaelis vor, und die Dame war Frau Professor. In dem Zimmer, das sie mir zeigten, standen ein Schreibtisch, bequeme Stühle und ein breites Bett.

»Es ist ganz wundervoll«, sagte ich. Ich dürfe einziehen, wann immer ich wolle, und bezahlen, soviel ich aufbringen könne, meinten sie. Ich konnte kaum an mein Glück glauben, dankte ihnen und verließ sie, um Tols zu treffen. Er wartete bereits mit meinem Cello und meinen Koffern.

»Wohin soll ich Ihren Haushalt bringen?«

»Ich habe soeben ein Zimmer gefunden.«

Das Haus und mein Zimmer machten Tols großen Eindruck. »Das ist hohe Klasse«, sagte er beifällig. »Wahrscheinlich nicht sturmfrei.«

»Was heißt ›sturmfrei‹?«

»Das heißt, man kann Frauen aufs Zimmer mitbringen.«

»Hat Herr Kulasch Schwierigkeiten gemacht?«

»Überhaupt nicht. Ich stellte mich als Sonder-Untersuchungsbeamter der Schutzpolizei vor und sagte, es sei eine strafbare Handlung, jemandem das Werkzeug für seinen Lebensunterhalt zu entziehen. Sie sagten, das Ganze sei ein Mißverständnis.«

Herrn Skript und seinen Gästen, meistens Ausländer und Schwarzmarkt-Spekulanten, gefiel das Ruscho-Trio. Keiner, auch nicht der lärmendste Neureiche störte mich so sehr wie die Anwesenheit von Musikern, Schauspielern und Schriftstellern. Wenn Virtuosen wie Emanuel Feuermann oder Max Rostal am allernächsten Tisch saßen, ihren Kaffee schlürften und zuhörten, wie wir Kitsch spielten, wurde mein Unbehagen qualvoll. Und doch war es schön, wieder die Saiten unter meinen Fingern zu spüren, und es machte Spaß, den guten alten Boris zu beobachten, wie er sich Mühe gab, seine alten Hände der Fingerfertigkeit von Madame Davidowska und mir anzupassen.

Die galoppierende Inflation machte Geld beinahe wertlos, und wir konnten nur eine richtige Mahlzeit täglich zusammenbringen. Herr Skript erhöhte unsere Gagen häufig, dazu wurden uns Kuchen und andere Süßigkeiten frei angeboten, eine Kost, die mir bald zuwider war.

Nach kaum vier Monaten in dem lärmenden, raucherfüllten Kaffeehaus mußte uns Madame Davidowska verlassen, und auch Kutzen erhielt ein Visum für die Vereinigten Staaten. Skript engagierte einen sehr guten Pianisten, Leopold Mittmann, aber da wir keinen Geiger hatten, wurde unser Repertoire zu einem Problem. Dennoch, es hinderte uns nicht, Opern, Symphonien, Ouvertüren, und natürlich Sonaten, Solo-Stücke, Volkslieder und auch irgend etwas Jazz-Ähnliches zu spielen.

Unter den Musikern, die das Café besuchten, befand sich auch Géza de Kresz, der Geiger des Pozniak-Trios. In der Folge luden er und Bronislav von Pozniak mich ein, ihrem Ensemble beizutreten. Wir probten für unsere bevorstehende Konzerttournee und trafen Vorbereitungen, nach Breslau zu übersiedeln, wo unser Hauptquartier sein sollte.

Ich ging über die Straße ins russische Restaurant Medwed, um mich von meinem Freund, Josef Schuster, zu verabschieden, der dort Cello spielte. In Anbetracht des guten Essens hatte ich ihn schon lange um diese Stellung beneidet. Ich hatte es ihm freimütig gestanden und ihm einmal vorgeschlagen, für eine Zeitlang unsere Arbeitsplätze zu tauschen, aber da er nicht allzugern Süßigkeiten aß, hatte er kategorisch abgelehnt und vorgezogen, bei seinem Borschtsch, seinen Koteletts und Piroschki zu bleiben. Ich konnte es ihm nicht verargen.

Seit Jahren wechselte das Pozniak-Trio in gewissen Zeitabständen die Geiger und Cellisten, aber es blieb immer das Pozniak-Trio. Bronislav von Pozniak bildete langsam und gediegen seinen Ruf in und um Breslau, einem Gebiet, das er eifersüchtig hütete. Klug und geschickt, war er ein König in seinem winzigen Reich.

Unsere ersten Konzerte in Oberschlesien fanden in Städtchen und Dörfern statt, die so klein waren, daß man sie nicht einmal auf der Landkarte eingezeichnet fand. Aber wir gaben auch in Breslau ein Konzert, in dem wir ein Werk von Kornauth uraufführten, einem Komponisten, dessen Namen ich nie wieder gehört habe. Breslau besaß, wie viele andere deutsche Städte, seine Oper und sein Symphonie-Orchester. Es gab dort auch einen lokalen Agenten namens Hoppe. Er bot mir an, einen Cello-Abend für mich zu veranstalten, vorausgesetzt, daß ich meinen Namen änderte, den, wie er behauptete, kein Mensch mit normaler Zunge aussprechen könne. Ich stimmte zu, mich »Gregoire Piati-Gorsky« zu nennen.

Hoppe kündigte dieses Konzert in großem Stil an. Die Zuhörerschaft war zwar klein, doch enthusiastisch, und die Kritiken, meine allerersten in Deutschland, fand von Pozniak »sensationell«. Aber Hoppe tobte. »Da seht einmal« – er schwenkte die Zeitungsausschnitte in der Hand – »Potyporok-Sorsky, Gregoroff-Posky. Diese Trottel schreiben so, daß niemand erkennt, welchen Künstler sie loben.« Von da an blieb mein Name unverändert.

Mit Géza de Kresz und von Pozniak verstand ich mich ausgezeichnet, und meine Einnahmen waren befriedigend. Nun war ich in der Lage, mir einen eigenen Frack zu kaufen. Im Anfang hatte mir von Pozniak, der kleiner und bedeutend breiter als ich war, den seinen geliehen. Wie froh war ich, daß ich ihn jetzt zurückgeben konnte. Wenn auch das Cello ein geeignetes Instrument ist, um fleckige Frackhemden, schlecht sitzende Fräcke und ungebügelte Hosen zu verbergen, bedauerte ich doch, daß ich nicht Kontrabaß spielte, wenn ich Pozniaks Frack anziehen mußte.

Ich trat mit dem Symphonie-Orchester auf, und Herr Hoppe engagierte mich für einen zweiten Cello-Abend in einem größeren Saal. Am Konzertabend sah ich eine große Menschenmenge zum Konzertgebäude eilen. In der Straße stand Polizei, und auf einem Anschlag las man »Ausverkauft«. Erregt über diese unerwartete Menschenansammlung, ging ich in eine Kneipe nebenan etwas trinken. Dies war das erste und einzige Mal, daß ich je vor einem Konzert getrunken habe. Ich war augenblicklich betrunken und hatte Mühe, das Künstlerzimmer zu finden. Ich tauchte voll Angst meinen Kopf in kaltes Wasser. Während ich dies tat, bestand irgend jemand darauf, mich zu interviewen und mein Cello zu sehen. Ein Herr, der ungläubig meinen nassen Kopf anblickte, stellte Fragen an mich, und als er keine Antwort erhielt, versuchte er, mein Cello aus dem Kasten zu nehmen. Es machte mich wütend. Ich forderte ihn auf zu verschwinden, und um sicher zu sein, daß er wirklich ging, folgte ich ihm den ganzen Weg bis hinaus auf die Straße. Als ich zurückkam und mein Cello zum Stimmen in die Hand nahm, war ich wunderbar gesammelt und nüchtern. Dennoch und trotz einem außerordentlich befriedigenden Konzert lag mir mein Benehmen noch lange schwer auf dem Herzen. Der Herr, den ich so unformell hinausgeworfen hatte, war, wie sich herausstellte, ein bedeutender Kritiker in der Stadt. Er übersah meine Unhöflichkeit und schrieb intelligent und verständnisvoll über mich, ohne die geringste Anspielung auf das, was vor dem Konzert geschehen war.

Emma, Pozniaks Haushälterin, teilte mir mit, daß er müde sei und sie vorhätten, nach der Konzertsaison Ferien zu machen. »Bronislav braucht Erholung«, sagte sie, mit seinen Schuhen in der Hand. Sie sprach den Namen »Bronislav« so sicher und vertraut aus, daß ich plötzlich verstand, warum Pozniak, der sich bei seinen Freunden großer Beliebtheit erfreute, es oft vorzog, zu Hause zu bleiben.

Das Trio hatte einen sehr besetzten Zeitplan, doch fanden die Konzerte in schlechten Sälen statt, und die häufige Wiederholung der Programme war monoton. Eine unserer letzten Aufführungen war das Tripelkonzert von Beethoven mit einem Amateur-Orchester. Daß eine so winzige Stadt ein Orchester besaß, war an sich schon erstaunlich. Mehr noch überraschte die saubere Aufführung nach einer katastrophalen Probe. Ich begann an Wunder zu glauben, denn was für einen Solisten unmöglich wäre, ist manchmal mit einer Gruppe zu erzielen.

Der Sommer rückte näher, und ich nahm eine Einladung für

die Ferien bei Leuten an, die ich kaum kannte. Mein zukünftiger Gastgeber war adlig, eine aufrechte Erscheinung, trug ein Monokel und sprach mit scharfer Stimme, als ob er sein Bataillon befehligte. Seine Frau, viel jünger als er, sehr blond, schüchtern und von spanischer Abstammung, sagte, sie spiele Klavier und sie hoffe, das einfache Landleben bei ihnen werde mir gefallen. Ich erfuhr, daß ich den Sommer in einem bayrischen Schloß verbringen sollte.

Einige Tage später befand ich mich, mit einem von Emma gepackten Koffer, auf meiner Sommerreise. Bei meiner Ankunft wurde ich von einem Kutscher abgeholt. Es dunkelte bereits. Ich hielt mein Cello fest, während der Wagen vorwärtsrüttelte. Es war tatsächlich ein Schloß. Die großen Lichter wurden angezündet. Ein Diener trug mein Gepäck, während ein anderer in Livree an der Tür wartete. Ich folgte einem Mann die Marmortreppen hinauf in mein Zimmer. Albert, der Kammerdiener, fragte, ob er meinen Koffer auspacken und meinen Smoking bügeln dürfe. »Ich habe keinen Smoking«, sagte ich. Dabei sah ich, wie er meinen zerrissenen Pyjama auf dem Bett ausbreitete und die Löcher in meiner Unterwäsche und in meinen Socken betrachtete, bevor er alles in die Schublade legte. Er reichte mir meinen Frack und sagte: »Der Graf und die Gäste erscheinen um acht Uhr in Abendkleidung zum Diner. Ich komme Sie abholen.«

Mein Zimmer war groß, kostbar, aber spärlich möbliert und sauber wie in einer Klinik. Ich öffnete das Fenster und atmete die Abendluft ein. Als ich mir noch überlegte, wie blöd ich in meiner Berufstracht wirken mußte, ohne etwas zu spielen, klopfte es. »Alle Gäste und Seine Hoheit sind angekommen«, sagte Albert. Unrasiert, aber im Frack betrat ich den Salon. Die Dame des Hauses begrüßte mich, und ich küßte ihr die Hand. »Ein Russe – ein Musiker«, hörte ich jemanden sagen. Da standen vier Damen in großer Aufmachung, drei Herren im Smoking und der Gastgeber in Militäruniform. Ich trat zu einer Dame. Sie lächelte ermutigend. Ich sagte: »Es ist ein schönes Land.« Sie sagte: »Ja.« In diesem Moment bemerkte ich, daß die Hosen, die ich trug, nicht die meinen waren. Emma mußte mir irrtümlich die alten von Pozniak eingepackt haben. Sie waren mir zu kurz und mit Flecken übersät. Ich stand in voller Sicht von allen. Das »Es ist serviert« war für mich eine Erlösung.

Zu meiner Rechten saß ein Herr von ungefähr sechzig Jahren, dessen nervöse Hände mir schon im Salon aufgefallen waren. Mit raschen Bewegungen berührte er bald seine Nase, bald sein Taschentuch und seine zwei Orden an der Jacke, als wollte er sich versichern, daß sie noch da wären. Im Gegensatz zu seinen rührigen Händen blieb sein Gesicht unbewegt und hart wie Stein. Ich hatte den Eindruck, daß er bloß aus Prinzip weder sprechen noch Fragen beantworten würde. Während des Essens wandte sich der Gastgeber untertänig an ihn. »Ich hoffe, dieser Wein wird Ihnen zusagen, Exzellenz«, aber er reagierte nicht darauf, weder zustimmend noch abweisend. Zu meiner Linken saß eine Dame unbestimmten Alters. Ihr schwarzes Haar war hochfrisiert. Sie hatte hervortretende Augen, ebensolche Backenknochen und ein vorstehendes Kinn. Auch ihre Nase strebte nach vorwärts und beherrschte alles Übrige. Noch nie hatte mich der Anblick einer Nase so sehr abgelenkt.

Die Gastgeberin benahm sich unsicher. Ihr Gatte schenkte ihr weder einen einzigen Blick noch ein Wort, während sie jede seiner Bewegungen beobachtete. Sie schaute auch auf meine linke Nachbarin, als suche sie bei ihr Bestätigung. Bevor dieses langweilige Mahl vorüber war, verlor der Herr zu meiner Rechten vollständig die Kontrolle über seine Hände, die jetzt nach allem griffen, was in Reichweite war. Einmal rührte er auch mich seitlich an. Ich erinnerte mich, daß Albert die Prinzessin erwähnt hatte, und versuchte zu erraten, welche der Frauen es sein könnte. Die Dame zu einer Linken hustete, was wahrscheinlich ein Zeichen für die Hausfrau war. Sie blickte ihren Gemahl an, dann die Frau, und als beide ihr zunickten, wurde die Tafel aufgehoben.

Am nächsten Morgen unternahm ich nach dem Frühstück einen Spaziergang über das flache Land durch Wiesen und Felder. Weiter entfernt gelangte man durch den Wald zu einem Fluß, und ich kehrte auf einem andern Weg zum Garten und Haus zurück. Später am Tag kam Albert, mir zu sagen, daß die Gräfin mich mit meinem Cello im Musikzimmer erwarte. Während er mich hinführte, erzählte er mir, daß sein Onkel an der Braunschweiger Oper Geige spiele.

Ich fand die Gräfin am Flügel sitzend, und sie spielte ›Jungfrau Maria‹, ein Stück, das ich nicht mehr gehört hatte, seit meine Schwester Nadja es gespielt hatte. »Oh, ich freue mich so«, sagte die Gräfin errötend. »Ich liebe das Cello und die Zugaben, die Sie im Konzert gespielt haben. Oh, Sie spielen sie bestimmt sehr gern. Ich freue mich so darauf, mit Ihnen zu musizieren.« Sie sah hübsch aus.

»Hier ist mein Lieblingsstück – ich liebe es einfach.« Sie zeigte mir die Noten. »Es ist für Klavier, glauben Sie, wir könnten es zusammen spielen?«

»Ja, natürlich. Ich werde die obere Stimme spielen.« Es war das ›Herbstlied‹ von Tschaikowskij. Wir spielten das Stück so lange, bis es Zeit war, sich zum Abendessen umzuziehen. Ich will diesen musikalischen Nachmittag und alle die folgenden nicht näher beschreiben, außer daß wir niemals etwas anderes spielten als ›Herbstlied‹. Sie war in dieses Stück rasend verliebt und in ihrer Begeisterung blind für meine Leiden.

Mein Kontakt mit dem Grafen ging über »Guten Abend« nie hinaus. Fräulein Schruber, so hieß meine Tischdame beim ersten Abendessen, wirkte dort als Aufsichtsdame, Haushälterin und Kammerfrau, alles in einem. Ich kam mir vor wie ein zusätzliches Objekt im Haushalt, das sie zu beaufsichtigen hatte. Aber bald merkte ich an kleinen Aufmerksamkeiten, die sie mir erwies, daß sich ihre Einstellung zu mir geändert hatte. Auf meinem Nachttisch fand ich manchmal ein Glas Milch, mit der Zeit kamen Kuchen, Früchte und Wein dazu, ja sogar ein kleiner Zettel: »Schlafen Sie gut!« Doch sonst blieb sie formell und unpersönlich.

Auch meine Beziehungen zur Gräfin waren nicht mehr so wie bisher. Es kam zu einer Verständigung zwischen uns durch kaum wahrnehmbare, heimliche Blicke, und gelegentlich vernahm ich sogar einen fast unhörbaren Seufzer von ihr.

Eines Abends fuhr der Graf nach dem Essen nach Berlin. Dies war der erste Abend ohne ihn. Ich war allein mit der Gräfin im Salon, und sie kuschelte sich auf das Sofa hin. »Ich dachte daran«, sagte sie sehnsüchtig, »daß wir vielleicht eines Tages ›Chanson triste‹ von Tschaikowskij zusammen spielen werden. Kennen Sie es?«

»Ja.«

»Ist es sehr traurig?«

»Nein, nicht sehr.«

»Unser Garten ist so schön am Abend«, sagte sie. Nervös blickte sie zur Tür und meinte leise: »Vielleicht, nachdem sie gegangen ist.«

»Ach, Sie müssen ja müde sein«, sagte Fräulein Schruber, während sie das Zimmer aufrecht und rasch durchquerte, als ob sie einen Befehl erteilte. Zu mir sagte sie vertraulich: »Ach, man muß sich um Sie kümmern. So jung! Sie brauchen Schlaf, ach, und so vieles andere. Bitte gehen Sie früh zu Bett.« Und zur

Gräfin gewandt: »Ich habe Pfefferminztee für Sie bestellt. Er tut Ihren Nerven gut. Sie werden besser schlafen.« Ich erwartete, daß sie wiederholen würde: »Schlafen, schlafen, schlafen«, wie ein Hypnotiseur, aber sie pustete nur ein wenig, brachte ihr Haar in Ordnung und setzte sich geräuschvoll nieder. Der Tee wurde gebracht, die Gräfin trank ein wenig davon. Als ich aufstand und »gute Nacht« sagte, fühlte ich ihre träumerischen und vielversprechenden Augen auf mir ruhen. In meinem Zimmer fand ich Champagner, Früchte und ein Briefchen an Blumen befestigt: »Ich sage einem schläfrigen Knaben noch nicht ›gute Nacht‹.« Ich verließ das Zimmer. Dem Wohnzimmer ausweichend, ging ich leise in den Garten. Die warme Abendluft, getränkt mit süßen Blumendüften, wirkte berauschend.

Als ich zurückkehrte, war es still im Haus, und ich begab mich, ohne das Licht anzudrehen, in mein Zimmer.

»Mein Schatz«, hörte ich flüstern, aber bevor ich erkannte, daß es die Gräfin war, öffnete sich leise die Tür.

»Wo ist der böse, schläfrige Knabe?« Fräulein Schrubers rauhe Stimme tönte durchs Zimmer. Im Dunkel herumtappend, wiederholte sie: »Wo ist der schläfrige Knabe?« Die Gräfin klammerte sich an mich. Wir rührten uns nicht. Es wurde Licht. Plötzlich glich alles einem Operettenschwank – die beiden Frauen einander gegenüber, das Geräusch des herfahrenden Mercedes des Grafen, herbeieilende Diener und der hastige Rückzug der Damen.

Ich schloß meine Tür ab und begann zu packen. Nervös schritt ich im Zimmer auf und ab und horchte auf den Tumult im Hause. Endlich war alles still, und ich schlief erschöpft in einem Lehnstuhl ein. Ein Klopfen an der Tür weckte mich am Morgen. Es war Albert. »Der Herr Graf wünscht Sie zu sprechen.«

Der Graf begrüßte mich mit geheuchelter Freundlichkeit. Er schloß die Tür und sagte: »Nun, junger Mann, die Landluft und das Essen haben Ihnen gutgetan. Auch andere Zerstreuungen natürlich. Ich will sofort zur Sache kommen. Hier ist ein Dokument, das Sie unterzeichnen werden. Es handelt sich um eine notwendige Formalität.«

Ich las. »Das unterschreibe ich nicht.«

»Sie werden es tun, wenn Sie einsehen, was gut für Sie ist.«

»Das kann ich nicht, weil es nicht wahr ist.«

»Ich habe einen Zeugen.«

Ich weiß nicht, was geschehen wäre, wenn nicht Albert uns unterbrochen hätte. »Seine Hoheit ist angekommen.« Der Graf, bleich und zornig, befahl mir, hier zu warten, und eilte, den wichtigen Besucher zu empfangen. Ich verließ das Zimmer ebenfalls. Albert zeigte auf die Seitentür. Rasch trat ich hinaus. Ich sah einen Wagen, mein Cello und meinen Koffer. »Alles ist bereit«, sagte Albert, »bitte schnell.« Er hielt die Zügel in der Hand, und die Pferde begannen zu laufen.

Außerhalb des Tores meinte Albert: »Wenn wir Glück haben, erreichen Sie den Zug.« Ich kam zurecht.

Nach meiner nicht sehr heldenhaften Flucht kam ich in Breslau an, fand aber das Haus leer. Pozniak und Emma waren noch in den Ferien. Nach einem oder zwei Tagen erhielt ich den Besuch des Familienanwalts der Gräfin, der sagte, daß aus dem Zwischenfall im Schloß ein häßlicher Skandal entstehen könne. Es drohe die Scheidung und ich solle ins Ausland gehen oder, wenn es mir lieber wäre, zu den Verwandten der Gräfin nach Berlin. So könne ich vermeiden, als Zeuge auftreten zu müssen, falls es zu einem Prozeß käme. »Wir sind bereit, Ihnen die Reise und Ihre Ausgaben zu bezahlen«, sagte er.

»Ich habe keinen Grund, mich zu verstecken oder vor irgend jemandem davonzulaufen.«

»Nun, soviel ich weiß, zögerten Sie nicht, aus dem Schloß zu flüchten«, meinte der Anwalt. »Aber wir haben keine Zeit zu streiten, und ich nehme an, Sie wollen der Gräfin helfen.« Er gab mir die Adresse ihrer Familie und bat mich, sofort abzureisen. »Es ist unbedingt notwendig, daß Sie Ihren Aufenthalt geheimhalten«, machte er mich aufmerksam.

Kurz nachdem der Anwalt mich verlassen hatte, telefonierte Pozniak. Er wußte von dem Zwischenfall und war außer sich darüber. Auch war er traurig, daß es in der kommenden Saison keine Engagements für das Trio zu geben schien. Aber er hatte auch eine gute Nachricht: Emma und er waren verlobt. Ich gratulierte ihm.

Da mich nichts in Breslau zurückhielt, reiste ich zur Familie der Gräfin nach Berlin. Das Taxi brachte mich zu einer hochherrschaftlichen, altmodischen Villa. Ich wurde erwartet. Man führte mich in ein Zimmer, in dem ein riesiges Bett auf vier Säulen stand, und sagte mir, Seine Exzellenz erwarte mich in der Bibliothek. Diese schien leer zu sein, bis ich die Stimme eines Mannes, der hinter der hohen Rückenlehne eines Stuhles verborgen war, hörte. Ich ging um den Stuhl herum, und als ich das Gesicht des Mannes sah, war ich höchst überrascht. Es war der Herr, der an jenem Abendessen rechts von mir gesessen hatte. Mit seinen nervösen Händen bedeutete er mir, Platz zu nehmen. Er verstaute sein Taschentuch, berührte seine Nase und seine Krawatte, und nach einigem Hüsteln sagte er: »Wie geht es Ihnen?« Eine kurze Weile schwieg er, dann meinte er, falls ich etwas brauche, solle ich es dem Diener sagen. »Sie werden es hier sehr ruhig haben.« Er hustete noch ein wenig und wünschte mir eine gute Nacht.

Der Kammerdiener teilte mir die Hausordnung mit. »Seine Exzellenz schlagen vor, daß Sie kleine Spaziergänge in frischer Luft auf der großen, offenen Terrasse machen. Um ein Uhr wird man Ihnen das Mittagessen auf Ihr Zimmer bringen. Um fünf Uhr gibt es Tee in der Bibliothek, und um acht Uhr nehmen Sie mit Seiner Exzellenz ganz allein das Abendessen ein. Besuche haben wir nur zu Weihnachten.« Die unheimlichen Tage in dem großen Haus waren für mich eine Art Haft, und von der Außenwelt erfuhr ich hauptsächlich durch Zeitungen, die man mir mit dem Frühstück brachte.

Doch ich hätte meine Zeit im Hause Seiner Exzellenz nicht besser ausnützen können. Es gab Tage, an denen ich sieben und acht Stunden übte. Ich las eifrig, trieb Gymnastik und versuchte mich sogar in Yoga-Übungen nach einem Buch, das ich in der Bibliothek fand. Ein Tag war wie der andere. Ich verlor jedes Zeitgefühl und wußte nicht, wie lange ich schon im Haus war.

Eines Morgens erhielt ich zum erstenmal Post. Sie war mir von Breslau nachgeschickt worden. »Lieber Casanova«, schrieb Bronislav, »gut unterrichtet über Deine mißliche Lage, weiß ich, daß Dein Gastgeber vom Sommer sich mit seiner Frau auf einer zweiten Hochzeitsreise in Paris befindet, daß die beiden sehr glücklich sind und daß Du unschuldig und frei bist.«

Strahlend über die gute Nachricht, eilte ich zu Seiner Exzellenz, um mich zu verabschieden. Er sagte, meine Anwesenheit im Hause sei angenehm gewesen und mein Cello-Spiel habe ihn kaum gestört; er hoffe, ich würde ihn gelegentlich besuchen, vielleicht zu Weihnachten.

Beinahe gleich nachdem ich meine Freiheit wiedererlangt hatte, strahlte ich schon weniger und wünschte, mein ruhiges Leben mit Seiner Exzellenz wäre weitergegangen. Professor Michaelis konnte mir mein altes Zimmer nicht mehr überlassen, und Herr Skript war nicht mehr im Café Ruscho. Keiner meiner Bekannten schien in der Stadt zu sein, außer Herr Tols. Er freute sich, mich zu sehen. Er habe von meinem Erfolg in Breslau gehört, aber wenn er mich so betrachte, scheine es mir nicht gerade besonders gut zu gehen. Mit seiner üblichen Prahlerei sagte er, nichts reize ihn mehr und er habe keinen größeren Wunsch, als jemandem aus seinen Schwierigkeiten herauszuhelfen. Was er für mich tun könne, wollte er wissen. »Ich brauche ein Zimmer«, sagte ich. Er empfahl mir seine Pension in der Motzstraße.

Die Straße war lärmig, und das Zimmer, das ich mietete, ging auf den Hinterhof hinaus und war klein und dunkel. Doch Tols war begeistert. Er sagte, es sei ein billiges, aber »tolles« Haus, und nicht das Zimmer, sondern die Gesellschaft zähle. Es sei die beste Emigrantenbude, sagte er, und ich würde ihm recht geben, sobald ich die Mitbewohner kennengelernt hätte.

Der erste Mann, dem Tols mich vorstellte, war klein und kahlköpfig. Er hieß Hariton und sprach russisch. Er streckte mir die Hand entgegen und sagte: »Ich bin Pianist, und ein verdammt guter, damit Sie es wissen.« Er teilte mir mit, daß er zum verdammt besten Klavier-Duo gehöre, das es in diesem schäbigen Land sowie im ganzen verdammten Europa gebe, und daß sein Partner, Dmitrij Tjomkin, das verdammt größte Genie auf unserem ganzen elenden Gebiet sei und der einzige Mensch, vor dem er sein kahles Haupt neigen würde.

Außer Hariton hielt sich in der Pension noch Fürst Pawel Urussov auf. Er war zwar noch jung an Jahren, aber es gab wenig an ihm, das jung erschien. Er sah heimwehkrank und müde aus. Schwach und hilflos, ohne Beruf, ohne Arbeit, war er dennoch zu stolz, um Geld zu erbitten. Er sprach offen zu mir, und als wir gerade gute Freunde wurden, verschwand er plötzlich. Ich suchte viele Jahre vergebens, ihn ausfindig zu machen. Zwar habe ich ihn nie wieder gesehen, doch denke ich oft an diesen feinen, schüchternen Menschen und an seine Worte: »Ich bin kein entwurzelter, sondern ein schlecht gepflanzter Mensch.«

Bald wurde meine Geldbörse dünner, und ich nahm Haritons großzügige Einladung an, sein Zimmer mit ihm zu teilen. Er steckte jeden Abend, bevor er ausging, eine Blume an den Aufschlag seines Smokings und bespritzte sich mit einer Auswahl von Parfums. Forsch, den Hut schräg auf dem Kopf, lief er fröhlich davon, damit er seine jugendliche Behendigkeit beweise. Er kam selten ohne Gäste zurück, die oft bis in die frühen Morgenstunden blieben. Dies und noch viele andere seiner Gewohnheiten gingen mir – gelinde gesagt – sehr auf die Nerven.

Auch der Unwille der Pensionsinhaber erreichte seinen Höhepunkt; sie drohten mit der Polizei und versuchten, in unser Zimmer einzudringen. Hariton verbarrikadierte die Tür mit seinem Klavier und spielte Chopin. »Gute Musik ist gut«, sagte er, »sogar in einem Rattenloch.«

Den endgültigen Schlag aber versetzten mir Herr und Frau Tols, die ihre Habseligkeiten an dem altbewährten Seil durchs Fenster hinunterließen und angeblich zu einem Spaziergang ausgingen. Die Wohnungseigentümer machten mich verantwortlich, und erst nachdem ich, soviel ich eben konnte, von der Tols-Rechnung bezahlt hatte, durfte ich die Wohnung verlassen. Das Cello rieb sich an meiner Seite, als ich wieder einmal den Weg zum Tiergarten einschlug.

# ›Pierrot Lunaire‹ und ein Tee bei Arthur Schnabel

Es war neblig und kalt an jenem Novembertag des Jahres 1923 und mein Mantel kein genügender Schutz gegen die durchdringende Feuchtigkeit. Ich spürte sie in allen Knochen. Als ich mich mit erstaunlicher Munterkeit zum Bahnhof Zoo begab und die berühmte Uhr erreichte, hatte ich ein Gefühl der Befriedigung, als ob ich etwas Wichtiges erledigt hätte.

»Entschuldigen Sie bitte«, sprach mich ein Herr an. Er war groß, glatt rasiert und lächelte. »Sind sie zufällig Herr Piatigorsky?«

»Ja.«

»Wunderbar! Welch ein Glück! Boris Kroyt hat Sie tatsächlich gut beschrieben. Gott sei Dank, daß ich Sie gefunden habe«, sagte er strahlend. »Paul Bose ist mein Name. Ich bin der Flötist des Philharmonischen Orchesters.«

»Sehr erfreut, Sie kennenzulernen«, antwortete ich.

»Ich hoffe, Sie sind erfreut; nicht einmal die Polizei konnte Sie ausfindig machen. Wo wohnen Sie?«

»Außerhalb der Stadt . . . ich meine, während meiner Ferien«, sagte ich und war neugierig, was er von mir wollte.

Er hörte auf zu lächeln. »Nun, das ist jetzt gleich.« Er sah auf seine Uhr. »Die Hauptsache ist, daß ich Sie gefunden habe.« Er lächelte wieder. »Gut, daß Sie Ihr Cello in die Stadt mitbrachten. Sie können es vielleicht brauchen.«

Ich wartete.

»Kennen Sie die Musik von Schönberg?«

»›Verklärte Nacht‹«, sagte ich.

»Kennen Sie ›Pierrot Lunaire‹?«

»Nein, aber warum fragen Sie?«

»Ich will gleich zur Sache kommen«, sagte er. »In ungefähr drei Wochen findet hier die Erstaufführung von ›Pierrot Lunaire‹ statt. Wir haben die Proben mit dem Cellisten Evel Stegmann begonnen, doch es ist ungewiß, ob er noch zwanzig Proben ohne Bezahlung mitmachen will. Jedenfalls, er wurde krank, und wir – ich meine, Arthur Schnabel, Fritz Stiedry, Kroyt und die andern – möchten gern, daß Sie ihn ersetzen. Die Frage ist, würden Sie es tun?«

»Aber Sie kennen mich gar nicht«, sagte ich.

»Macht nichts. Ich weiß von Ihnen. Wir Musiker leben sozusagen vom Klatsch. Ein außergewöhnlicher Künstler bleibt nicht lange unbekannt, sogar wenn er es möchte. Nebenbei, die Sehnsucht eines Virtuosen nach Verborgenheit gibt es so wenig wie ›Nachtigallenmilch‹. Arthur Schnabel hat auch schon von Ihnen gehört. Können Sie morgen nachmittag zu ihm kommen?«

Ich sagte ja. Er schrieb mir Schnabels Adresse auf und ermahnte mich, Punkt zwei Uhr dort zu sein. »Wir haben für morgen eine Probe ohne Cello angesetzt. Gott im Himmel, werden die staunen.« Er winkte mit beiden Händen nach rechts, als ob er Flöte spielte, und ging weg.

Es begann zu regnen. In Moskau schneit es jetzt wahrscheinlich, dachte ich zerstreut, als ich schutzsuchend dem Bahnhof Zoo zustrebte. Es war nur eine kurze Strecke, doch ich war triefend naß, als ich hinkam. Ich ging in die Herrentoilette und nahm mein Cello aus der Hülle, um zu sehen, ob ihm der Regen nicht geschadet hatte.

»Ich dachte schon immer, dieser Ort könnte Musik brauchen«, sagte jemand, und man lachte.

Das Cello war trocken. Ich versorgte es wieder in der Hülle und ging trübselig in den Wartesaal. Er war voll Menschen, die darauf warteten, daß der Regen aufhöre. Ich gesellte mich zu ihnen mit dem bekannten Einsamkeitsgefühl, das einen überfällt, wenn man hungrig, von Kälte geplagt und durchnäßt ist.

Draußen war es beinahe dunkel. Der Regen hörte bald auf, und ich befand mich wieder auf der Straße. Ich sah im Geiste den Mond hinter den hohen Bäumen des Tiergartens aufgehen und dachte an ›Pierrot Lunaire‹. War es Programmusik wie die ›Sérénade‹ aus der Cello-Sonate von Debussy? Sie wird auch von einem Pierrot gespielt. Er zürnt dem Mond, und es klingt wie Mandoline. Ich habe noch nie verstanden, warum Debussy es für Cello geschrieben hat. Hat man je einen Pierrot mit einem Cello gesehen? Das ist ein Instrument für einen Ritter wie Don Quixote – oder einen König wie Salomon – nicht für Clowns.

Plötzlich überkam mich große Müdigkeit. Das Cello schien Tonnen zu wiegen. Ich mußte mich darauf stützen. Wenn ich nur Musik hören könnte! Der bloße Gedanke daran hauchte mir neues Leben ein. Es gab doch sicher irgendwo ein Konzert heute abend – vielleicht würde man mich hineinlassen. Ich richtete meine Schritte zur Philharmonie.

Es war leicht, sich durch die Bühnentüre hineinzustehlen. Mein Cello war so gut wie eine Eintrittskarte. Ich sah eine

Gruppe von Nachzüglern in den Saal eilen, aber mit dem Cello im Arm konnte ich mich ihnen nicht anschließen. Ich ging die Treppe hinauf ins Künstlerzimmer der Orchestermusiker und hoffte, ich könnte dort unter anderen Instrumenten meines abstellen. Neben dem Eingang zum Ankleideraum stand ein Mann in Unterwäsche, in der einen Hand hielt er eine Posaune, mit der anderen seine Hosen. Er sah mich nicht, als ich mein Cello in eine Ecke stellte und leise verschwand.

Es gelang mir nicht, vor Ende des ersten Stückes in den Saal hineinzukommen, aber gerade bevor Busoni die achte Symphonie von Beethoven begann, fand ich einen freien Platz. Wie außergewöhnlich sah dieser Mann aus! Ich hörte ihm mit Entzükken zu und ließ mir meine Freude durch seine wahnsinnig raschen Tempi nicht verderben.

Nach dem Konzert nahm ich mein Cello, ohne daß irgend jemand mich etwas fragte. Schon wollte ich das Haus verlassen, aber als mir der eisige Wind entgegenschlug, kehrte ich um. Mein Hemd und meine Socken waren feucht, und mir war erbärmlich kalt. Ich ging durch den zugigen Gang zurück ins Foyer. Die letzten Besucher waren im Weggehen. Kurz darauf wurden die Türen geschlossen, und es herrschte vollständiges Dunkel.

Die Stille und Leere in dem riesigen Gebäude waren gespenstisch. Lange Zeit stand ich klopfenden Herzens still. Ich fühlte mich wie in einer Falle und wollte beinahe um Hilfe schreien. Niemand konnte mich hören, das wußte ich, und doch wagte ich kaum zu atmen, als ich mich tiefer in die Finsternis hineintastete. Alle paar Schritte blieb ich stehen, um mich zurechtzufinden und meine Augen an die Dunkelheit zu gewöhnen. Ich mußte mich langsam vorfühlen, bis ich einen Lichtstreifen entdeckte, geheimnisvoll und matt, der die Größe des Saals noch zu betonen schien.

Ich sah eine Tür, die zu einer Loge führte, welche ich später als Landecker Loge kennenlernte. Ich ging hinein. Die Loge war groß und tief; an der Wand stand eine Couch. Ich spürte ihre Weichheit mit der Hand. Sie war breit und zweimal so lang wie ich. Meine anfängliche Angst schwand; bald war ich ausgezogen und legte mich für die Nacht nieder.

Wie warm und bequem es hier war und um wieviel besser als auf der Bank im Tiergarten, wunderbar fand ich es. Ich war im Einschlafen, aber vielleicht genoß ich meine neue Behaglichkeit zu sehr und wollte sie mir durch den Schlaf nicht nehmen lassen.

Ein plötzliches, unwiderstehliches Verlangen zu spielen packte mich. Ich stand auf, ergriff mein Cello und strebte unbekleidet, wie ich war, der Bühne zu. Ich konnte weder die Tür noch die Treppe zum Podium finden, und so kletterte ich vom Saal aus hinauf. Ungeduldig setzte ich mich auf irgendeinen Stuhl und begann zu spielen. Der Celloklang, unheimlich, doch mit menschlich voller Stimme, hallte aus der dunklen Größe des Saals zu mir zurück. Im Banne dieses einzigartigen Erlebnisses spielte ich, bis meine Kraft zu Ende war. Dann kehrte ich erschöpft, doch in gehobener Stimmung in meine Loge zurück.

Am Morgen wurde ich vom Orchester geweckt, das eine Schumann-Symphonie spielte. Ich genoß es sehr, von niemandem gesehen, auf der Couch zu ruhen und gute Musik zu hören. Während der Pause konnte ich mich ganz ohne Schwierigkeiten hinter der Logen-Draperie anziehen und hinausschlüpfen.

In der Herrentoilette fand ich Seife, ein sauberes Handtuch und in der Tasche meiner Cello-Hülle eine Zahnbürste, Zahnpasta und einen Rasierapparat. Mit der Feierlichkeit eines Petronius vollendete ich die gründliche, morgendliche Pflege meines Äußeren. Das Orchester probte noch, als ich das Gebäude verließ.

»Bravo!« Herr Bose begrüßte mich vor dem Haus von Arthur Schnabel. »Das gefällt mir – immer pünktlich und zur Zeit!«

»Diese Orchesterproben ...«, beklagte er sich, als wir die Treppen hinaufstiegen. »Nie fragt da jemand einen Kollegen nach seiner Meinung über irgend etwas. Ich bin es müde, in meine Flöte zu spucken, als ob ich die Schraube einer Maschine ölen sollte. Hier werde ich wohl ein paar Worte sagen. Das ist das Schöne an der Kammermusik.« Er läutete an der Türglocke.

»Ich bin Therese Schnabel«, sagte eine sehr hochgewachsene Dame. »Arthur ist im Musikzimmer.« Ich hatte sie sofort gern. Wie sie den Namen »Arthur« aussprach, ihre Einfachheit und ihr warmer Händedruck gefielen mir.

Auch Schnabel begrüßte mich sehr freundlich. »Die andern werden gleich da sein«, sagte er, die Partitur in der Hand. »Erinnern Sie sich an die Sechzehntelnote, von der wir sprachen?« fragte er Bose.

Bose warf einen Blick in die Partitur. »Sie meinen diese kleine da?«

»Ja«, sagte Schnabel. »Nach langer Erörterung kamen Stiedry und ich zu dem Schluß, daß diese Sechzehntelnote höchst unpersönlich ist, das Beispiel eines objektiven, beinahe sorglos hineingeworfenen Gedankens in eine Masse stark emotioneller ›Nervenzentren‹ – wage ich sogar zu sagen –, in denen die anscheinende Asymmetrie die grundlegende Basis darstellt.«

Ich hörte Schnabels tiefer Stimme fasziniert zu. Ein schneller Blick auf Bose verriet mir, daß er von dem, was jener sagte, ebensowenig begriff wie ich. Unbekümmert um Boses offensichtliches Staunen, entwickelte Schnabel seine Gedanken weiter. Er erwähnte etwas von »Eselsbrücken« und der Verwandtschaft zwischen Schopenhauer und Wagner, doch er wurde durch das Eintreten von Stiedry und Kroyt unterbrochen.

Es freute mich, Boris Kroyt wiederzusehen, den ich im Café Ruscho kennengelernt hatte. Ihm hatte ich es ja zu verdanken, daß ich jetzt hier war. Er war ein junger Mann von freundlichem, gewinnendem Wesen und machte auf mich großen Eindruck als beachtenswerter Geiger und Bratschist.

Wir nahmen unsere Plätze ein, und da die Noten für die Cellostimme nicht vorhanden waren, spielte ich aus der Partitur. Dabei konnte ich mich mit der Komposition besser vertraut machen, als wenn ich nur die Cellostimme vor mir gehabt hätte. Die Sprechstimme, die in der Partitur angegeben war, übernahm Stiedry. Ich fragte mich, welche Funktion er beim Konzert ausüben würde – dirigieren oder rezitieren? Er war Dirigent, aber brauchte man bei diesem Stück einen Dirigenten? Gewiß, es war komplizierte Musik für eine kleine Gruppe, aber viele Sonaten, Trios und andere Kammermusikwerke sind ebenfalls schwierig.

Wie wäre es, dachte ich bei mir, wenn man einen Virtuosen daran hinderte, unbegleitete Musik zu frei zu spielen, indem man ihm einen Dirigenten vorsetzt? Man stelle sich zwei Menschen auf dem Podium vor, der eine spielt eine Bach-Suite oder Chopin-Polonaise, und der andere dirigiert! Ich lachte.

»Ist es so komisch?« unterbrach Schnabel mich kurz.

Alle schauten auf mich. »Mir ist etwas eingefallen«, sagte ich, »es tut mir leid.«

»Spielen wir weiter«, sagte Schnabel.

Ich war bald völlig in die Musik vertieft. Die Originalität des Werks entzückte mich, und trotz meines erbarmungslos nagenden Hungers glaubte ich, gut gespielt zu haben. Alle schienen erfreut, am meisten Schnabel.

»Wollen wir eine Pause machen? Nebenan gibt es Tee.«

Niemand außer mir hatte es so eilig, zum Tee zu kommen. Ich wartete und hörte mit den andern zu, wie Schnabel über ›Pierrot Lunaire‹, Kommunismus und andere interessante Themen sprach. Da ich jedoch ahnte, daß es einen längeren Vortrag geben würde, begab ich mich langsam ins Nebenzimmer. Dort sah ich auf einem Tisch belegte Brötchen und eine Auswahl von Kuchen stehen. Ich war allein.

Es war, als ob man Schäfchen mit einem Wolf allein gelassen hätte. Ich verschlang die Brötchen, eines nach dem andern. Ich arbeitete schnell. Als keine mehr übrig waren, begann ich mit der Vernichtung der süßeren, aber weniger befriedigenden Materie. Auch diese verschwand mit fabelhafter Geschwindigkeit, und erst als gar nichts Eßbares auf dem Tisch übrig war, gesellte ich mich wieder zu den anderen, die immer noch Schnabel zuhörten. Meine Abwesenheit war nicht bemerkt worden.

»Also, meine Herren, der Tee wartet.« Alle folgten Schnabel.

Sofort als wir das Zimmer betraten, rief er das Mädchen. »Wo sind die Brötchen?« fragte er ungehalten. Ich sah, wie sie vor Schreck große Augen machte.

Wir hatten noch zwanzig Proben, ohne dafür bezahlt zu werden, und ich erhielt zwanzigmal Nachmittagstee als meine einzige tägliche Mahlzeit. Ich genoß beides außerordentlich, die Proben und die belegten Brötchen. Doch über alles schätzte ich Schnabels Sensibilität und Verständnis, und unsere Bekanntschaft reifte zu einer dauernden Freundschaft.

Die bevorstehende Erstaufführung von Schönbergs Werk erregte in den musikalischen Kreisen Berlins großes Interesse, aber niemand war am Abend des Konzerts erwartungsvoller als wir selbst. Wir kannten ›Pierrot Lunaire‹ vielleicht gründlicher als irgendein Stück des Durchschnitts-Repertoires. Da wir jedoch Zweifel hegten, wie das Publikum diese Komposition aufnehmen würde, waren wir sehr gespannt auf die Premiere.

Wir wurden von einer sehr großen Zuhörerschaft begrüßt, nahmen unsere Plätze ein und warteten darauf, daß im Saale Ruhe eintrete. Statt dessen hörten wir einen schrillen Ton, darauf eine Reihe von »Buh«-Rufen, und auf der einen Seite des Saales kam es zu einem Tumult mit Reden und Geschrei.

Schnabel war der Situation gewachsen. Mit großem Elan improvisierte er eine Polka, und Kroyt und ich folgten ihm. »Los, weiter«, ermunterte er uns, »dies ist ein Jahrmarkt.« Das Gelächter des Publikums übertönte den Aufruhr, und das »Vaudeville«-Treiben war ebenso plötzlich vorüber, wie es begonnen hatte. In kurzer Zeit waren wir wieder bereit, anzufangen. Unsere Sprecherin, Marie Gutheil-Schoder, erholte sich offensichtlich nicht sofort von dem Schrecken, denn zunächst schien sie beinahe stumm. Doch bald wurden wir alle vom wahren Geist der Musik getragen, und trotz der Gefahr einer überprobten Aufführung, die zu Nüchternheit entarten kann, verloren wir nicht an Spontaneität.

›Pierrot Lunaire‹ fand begeisterte Aufnahme, doch die Ursache jener Störung blieb ein Geheimnis. Später erwähnte César Saerchinger in einem Artikel das Ereignis und nannte es »Die Schlacht in der Singakademie«, aber die Angelegenheit wurde mir damit nicht erklärt.

Das Konzert war vorüber, und damit fanden auch die herrlichen Stunden der Proben, der Vorträge Schnabels, der Brötchen und des Tees ein Ende. Diese Tage hatten in mir beinahe das Gefühl einer Familienzugehörigkeit erweckt. Nun war ich wieder allein und vermißte das alles sehr.

Einige Wochen nach dem Konzert erhielt ich von Bose Nachricht, ich solle mit meinem Cello in die Philharmonie kommen. Dort erklärte er mir aufgeregt, er habe seinen Kollegen und Furtwängler so viel von mir erzählt, daß sie mich, obwohl die Konzertsaison schon begonnen habe, noch hören wollten.

Als ich Furtwängler und dem Berliner Philharmonischen Orchester gegenübertrat, erfaßte ich zunächst nicht ganz die Wichtigkeit des Augenblicks. Anstatt daran zu denken, was ich spielen würde, starrte ich auf die Landecker Loge, in der ich jene Nacht verbracht und am Morgen dann demselben Orchester unter demselben Dirigenten zugehört hatte. Meine verträumte Geistesabwesenheit mußte bemerkt worden sein, denn ich hörte Furtwänglers Stimme: »Was ist los mit ihm?« Dies brachte mich zur Erde zurück, und ich spielte das Schumann-Konzert, einen Satz vom Dvořak-Konzert, Teile aus ›Don Quixote‹, Bach und Passagen aus verschiedenen Orchesterwerken. Furtwängler umarmte mich, und als wir zusammen vom Podium hinuntergingen, fragte er mich, ob ich erster Cellist der Philharmoniker werden wollte.

Schnell und beglückt unterzeichnete ich den Vertrag. Ich war zu begierig, mit der Arbeit anzufangen, und wollte ihn nicht erst lesen oder viele Fragen stellen. Nicht länger mit finanziellen Sorgen belastet, neu eingekleidet und bequem untergebracht – alles vom Vorschuß auf meine Gage bezahlt – konnte ich mich ganz meiner neuen, verantwortungsvollen Aufgabe widmen.

Otto Müller, eines der ältesten Mitglieder des Orchesters, Harfenist und zugleich der Personaldirektor, überreichte mir den

Arbeitsplan für die erste Woche. »Du hast es gewollt«, sagte ich mir, als ich ihn las. Es gab täglich zwei Proben und ein Konzert, manche in der Philharmonie, manche in der Singakademie oder auch in anderen Sälen, von denen ich noch nie etwas gehört hatte. Ich sollte in zwei »Volkstümlichen Konzerten« spielen – in einem das Volkmann-Konzert und im anderen die »Zigeunerweisen« von Sarasate. Diese Konzerte würden von Herrn Hagel geleitet werden. Die anderen Dirigenten der Woche würden Professor Schumann, Dr. Unger und Professor Doktor Felix Maria Gatz sein. Ich kannte die Herren nicht, und die »Zigeunerweisen« hatte ich noch nie vorher gespielt.

»Herr Müller«, fragte ich, »kann ich nicht etwas anderes spielen?«

»Nein«, antwortete er, »wir drucken keine neuen Programme.«

»Wann sind die Proben für Volkmann und Sarasate?«

»Für die Volkskonzerte gibt es keine Proben«, sagte er ruhig und wandte sich zum Gehen. Ich lief ihm nach.

»Aber, Herr Müller – ich muß eine Probe haben –, ich besitze nicht einmal die Noten.«

»Es ist nicht unser Fehler, daß Sie die Stücke nicht kennen«, sagte Müller.

»Richtig«, sagte ich, »aber der Sarasate! Das ist ein Stück für Geige!«

»Arnold Földesy, unser früherer Cellist, hat es gespielt, und dem Publikum gefiel es. Übrigens«, fuhr er fort, »Sie werden sowieso alles spielen, was in unserem Notenarchiv vorhanden ist. Sie werden sich bestimmt an unsere Lebensweise gewöhnen und sich dabei wohl fühlen.«

Seine Vorhersage wurde nicht ganz wahr. Ich gewöhnte mich nie daran, zweifelhafte Musikliteratur nach zweitägiger Ankündigung zu spielen.

Außer diesem schon sehr beladenen Pensum übernahm ich noch weitere Verpflichtungen. Meine Kollegen und Furtwängler spornten mich zu immer größeren Leistungen an. Konzertagenten boten mir Engagements an, Schüler wollten Unterricht. Ich gab zwischen den Proben Stunden und übte oft des Nachts nach den Konzerten.

Die Organisation des Orchesters beruhte grundsätzlich auf einer Genossenschaft, die aus Aktivmitgliedern auf Lebenszeit bestand, während manche jüngere Musiker und Solisten, wie auch ich, im Jahresengagement standen. Die Aktivmitglieder faßten alle Beschlüsse und hielten oft Sitzungen ab, zu denen wir

»Gäste« nie eingeladen wurden. Es gab an Sonntagen und Montagen Philharmonische Abonnementkonzerte, je zehn in einer Saison. Diese bildeten die Grundlage des ausgezeichneten Rufs, den sich das Orchester seit den Tagen von Bülow und Nikisch erworben hatte. Nun wurde die alte Tradition von Furtwängler weitergeführt. Er war zwar der Chef des Orchesters, doch die Genossenschaft blieb maßgebend. Ich hatte keine Gelegenheit, den Stand der Finanzen zu erfahren, oder etwas über Regeln und Ziele, und trotz meiner Freundschaft mit den Kollegen blieb ich für die »Geheime Gesellschaft« ein Außenseiter.

Für zweitausend Mark konnte jedermann ohne weiteres das Orchester für ein Konzert mit zwei Proben mieten. Dauernd bestellten während der ganzen Saison Dirigenten, Solisten, Komponisten oder Chöre das Orchester für ihre Konzerte. Das Orchester tat, was von ihm gefordert wurde, und gehorchte jedem Dirigenten, ganz gleich, was er verlangte. Das galt als wichtige Disziplinregel bei den Proben, wurde aber nicht unbedingt bei den Konzerten eingehalten, denn manche Dirigenten verlangten derartige musikalische Torheiten, daß beim Konzert die Losung ausgegeben wurde: »Wie üblich.« Bei solchen Aufführungen wurde der Dirigent nicht beachtet, und oft setzte das Orchester seine Ehre darein, tatsächlich ein ganz gutes Konzert zu geben.

Wir hatten Dirigenten, die sich den Luxus nicht versagten, in einer Saison mehrere Konzerte zu veranstalten. Finanziell konnten sie es sich leisten. Zwei von ihnen boten dem Orchester köstliche Unterhaltung. Beide – zwar auf der »wie üblich«-Liste – zweifelten nicht an ihrem Können, und beide hatten Sinn für Dramatik.

»Meine Herren«, begrüßte uns einer von ihnen am Morgen, »bevor wir mit der Fünften Symphonie beginnen, wollen wir uns vertiefen und über Beethovens innerste Impulse meditieren, deren Gefangener er – zu unserem Glück – wurde; ein Gigant, der an die noch gigantischere, noch mächtigere Wolke gekettet war, die wir als seine Inspiration kennen.« Bei diesem Punkt entfaltete gewöhnlich ein Musiker nach dem andern seine Morgenzeitung, langte nach einem Butterbrot, unterhielt sich mit seinem Kollegen oder machte schnell ein Nickerchen. Nach einem langen Vortrag kam der Dirigent schließlich zu Beethovens Reife, seiner Krankheit und seinem Tod. Dann kündigte Herr Müller an: »Pause.«

Im zweiten Teil der Probe nahmen wir dann, da die Zeit knapp wurde, von jeder Komposition, die auf dem Programm stand, einige Takte durch. Im Konzert spielten wir »wie üblich«.

Der zweite »zahlende Kunde« vergeudete seine Beredsamkeit nicht an ein schweigendes Orchester. Er sprach, während er dirigierte, und wanderte dabei von Stimme zu Stimme, ohne die Musik oder seine Rede zu unterbrechen. Während seiner längeren Spaziergänge zu den Pauken oder Posaunen pflegte ich mit meinem Cello auch auf Wanderschaft zu gehen, der Dirigent aber, ganz erfüllt von seiner Aufgabe, bemerkte meine Ausflüge nie.

Außer den Dirigenten schlossen sich der Parade der Orchestermieter zeitweise Instrumentalisten an, die nicht spielen, oder Sänger, die nicht singen konnten. Aber es störte meine Kollegen nicht, denn sie waren im Laufe der Jahre erstaunlich abgestumpft, und dies half ihnen, alles zu überstehen. Für mich jedoch war es nicht leicht. Die Proben zogen sich eine Ewigkeit in die Länge, und die Peinlichkeit gewisser Aufführungen verminderte sich nicht.

Ich mußte ein Mittel dagegen finden, und als mir dies gelang, wunderte ich mich, warum die anderen nicht dasselbe taten. So unglaublich einfach war es. Ich begann, die Partituren zu studieren, und während der Proben und Konzerte bildete ich mir ein, die Verantwortung für die ganze Aufführung zu tragen. Bald kannte ich die anderen Orchesterstimmen genausogut wie meine eigenen, und in Chorwerken sang ich mit dem Chor mit.

Bei einer Aufführung der ›Matthäuspassion‹ war ich vom Gesang derart mitgerissen, daß im dramatischsten Moment meine schreckliche Stimme ganz allein, einen Takt zu früh, die Luft durchdrang: »Barrabas!« Der entsetzte Dirigent erholte sich von seinem Schock, aber ich durfte nie wieder unter seiner Leitung spielen.

Das große Interesse, mit dem ich mich meiner Arbeit widmete, kam den andern nicht immer zustatten. Einmal, hingerissen von Begeisterung nach einer Aufführung der ersten Brahms-Symphonie, bedankte ich mich für den Applaus, als wäre er für mich persönlich – ich stand auf und verbeugte mich.

Die größte Freude bereiteten mir die Furtwängler-Konzerte. Er, der wahre Dirigent, holte aus dem Orchester mehr heraus, als es zu geben hatte. Ich war jung und es ist möglich, daß ich ihn idealisiert habe, aber sein Einfluß auf mein musikalisches Leben war vielleicht der bedeutendste. Sein künstlerischer Bereich war ungeheuer groß, doch er hatte Schwächen; eine davon war seine kümmerliche Kenntnis von Saiteninstrumenten. Er gab dies freimütig zu und stellte endlos Fragen über Fingersatz, Portamenti, Vibrati und die tausend andern Kniffligkeiten der Kunst des Streichinstruments.

»Der größere Teil des Orchesters besteht aus Streichern«, sagte er. »Ein Dirigent muß wirklich ein Streichinstrument spielen. Meine Schwäche ist es, das nicht zu können. Glauben Sie nicht, daß es auch Bruno Walters und Klemperers Schwäche ist? O Gott, wie froh wäre ich, könnte ich wenigstens Kontrabaß spielen! Kussewitzki würde ohne seinen Kontrabaß niemals solch einen Klang aus seinen Streichern herausholen. Sind Sie nicht der Meinung, daß Toscanini nie das geworden wäre, was er ist, wenn er nicht als Cellist angefangen hätte?«

Ich sagte: »Ich weiß nur, was Schaljapin mir von ihm erzählte.«

»Und das war?«

»Er sagte, Toscanini sei der verdammteste Makkaroni-Klumpen zum Schlucken und der einzige Dirigent, vor dem er Angst habe und der ihn wie einen Schüler behandle.«

Furtwängler antwortete: »Toscanini ist im Grunde genommen ein Operndirigent, wie Schaljapin Opernsänger ist. Wir hier haben eine andere Berufung.«

Furtwängler hatte einen widerspruchsvollen Charakter. Er war ehrgeizig und eifersüchtig, vornehm und eitel, ein Feigling und ein Held, ein Kind und ein Mann voll Weisheit. Auch war er beides: sehr deutsch und ein Mann von Welt. Nur in der Musik war er einheitlich, ausgeglichen und einzigartig.

Furtwänglers besonderer Manierismus im Dirigieren war ein ständiges Diskussionsthema. Seine Fähigkeit, das Orchester zu hervorragendem Zusammenspiel zu bringen, ohne genaue Zeichen zu geben, ist schwer zu erklären. Er konnte es selbst nicht erklären. Vielleicht war es gerade das, was das Orchester dazu antrieb, seine Absichten eifriger, schärfer zu erfassen.

Seinem Abschlag im Forte ging gewöhnlich ein energisches Stampfen mit dem Fuß sowie ein Schütteln mit dem Kopf voraus, und erst eine Reihe kleiner zackiger Bewegungen, die nie weiter als bis zum ersten Cello zeigten, zwangen seinen zitternden Stab hinunter. Genau im Bruchteil der Sekunde, nachdem der Stab sein Ziel erreicht hatte, setzte das Orchester ein, jedoch immer mit vollendeter Präzision. Sein Abschlag im Piano hatte beinahe den gleichen Charakter, nur daß vorher nicht gestampft und nur wenig »Zick-Zack« gemacht wurde.

Unter Furtwängler fanden viele denkwürdige Aufführungen statt. Jedoch nicht jedes Furtwängler-Konzert war eitel Ruhm. Ich erinnere mich besonders an die Uraufführung eines zeitgenössischen Werks. Das Stück war außerordentlich schwierig und hätte mehr Zeit für Proben gebraucht, als zur Verfügung stand. Nachdem Furtwängler das Werk einmal durchgenommen hatte, begann er für den Rest der Probe Note für Note zu erarbeiten.

»Ist das ein Fis?« fragte einer der Musiker.

Furtwängler sah in der Partitur nach. »Ja. Warum?«

»Klingt nicht richtig.«

Jede Sekunde wurde Furtwängler mit einer Frage unterbrochen. »Da sind sieben Achtel in meinem Takt, ist das richtig?« »Ist das eine Sechzehntelnote?« »Wie spielt man *pizzicato* und *arco* zugleich?« Und so weiter, und so weiter. Furtwängler, der sich bemühte, die Dinge abzuklären, geriet immer tiefer in Verwirrung.

Er verbrachte diesen Nachmittag und Abend damit, die Partitur zu studieren. Mir wurde erlaubt, auch hineinzuschauen. Am nächsten Morgen probten wir wieder, aber die Komposition schien nur noch komplizierter.

»Spielen wir doch wenigstens zusammen«, jammerte Furtwängler, als er das Stück nochmals und nochmals wiederholen ließ. »Ist es Ihnen bewußt, daß wir nur noch eine Probe, heute nachmittag, haben und daß der Komponist anwesend sein wird?«

Nach kurzer Mittagspause versammelten wir uns in der Philharmonie.

»Meine Herren«, kündigte Furtwängler an, »soeben erhielt ich aus Wien die wunderbarste Nachricht. Der Komponist kommt nicht. Er sendet uns seine besten Wünsche.«

»Bravo! Wunderbar!« rief ein Chor jubelnder Stimmen.

»Das ist noch nicht alles«, fuhr Furtwängler fort. »Selbstverständlich werden wir spielen, so gut wir nur können, ich möchte aber doch, daß Sie wissen, es gibt von der Komposition nur eine einzige Partitur hier im Lande. Die zweite hat der Komponist.«

Wir nahmen das restliche Programm durch, das aus Stücken des Durchschnitts-Repertoires bestand, und ohne die neue Komposition auch nur noch anzurühren, beendeten wir fröhlich unsere Probe.

Am nächsten Tag kamen die Musiker viel früher als gewöhnlich zum Konzert, um ihre Stimmen zu üben. Die Stücke, welche der Premiere vorangingen, wurden so gespielt, als hätten wir etwas anderes im Kopf. Dann folgte die Welt-Uraufführung. Oben erschien undeutlich Furtwänglers sorgenvolles Gesicht, und das Orchester tauchte tief hinein in unbekannte Gewässer.

Gleich vom Anfang an hatte ich das sonderbare Gefühl, auf einer galoppierenden Giraffe zu reiten. Die unheimlichen Töne des Orchesters quollen hervor wie aus dem Innern von Hunderten von Bauchrednern. Die Kontrabässe klangen wie Bratschen und die Fagotte wie Flöten. Sekunden wurden zu Stunden, während die Aufführung holprig weiterging. Jeder Spieler strebte verzweifelt danach, mit den andern zusammenzubleiben, ohne noch von Furtwängler Hilfe zu erwarten. Er selbst war hoffnungslos verloren.

Die Aufführung ging stufenweise zu Ende, indem ein Spieler nach dem andern ausfiel, bis nur noch Furtwängler und einige vereinzelte Instrumente übrig waren. An diesem Punkt setzte ohne ersichtlichen Grund das Blech ein. Die Klangfülle war wirklich fabelhaft, und da sie so unerwartet kam, verloren wir alle völlig den Kopf. Wir griffen hastig nach unseren Instrumenten und vereinigten uns mit erneuter Hoffnung voll Eifer mit den Blechbläsern. Der unglaubliche Lärm dauerte nicht sehr lang, und bald – nach einigen letzten Zuckungen – war alles totenstill.

Die Stille nach diesem plötzlichen Schluß war schrecklich zu ertragen, und das Zischen, Händeklatschen und Miauen kam fast als Erleichterung. Unter denen, die in der Zuhörerschaft applaudierten, bemerkte ich zwei bekannte Musiker. Nach dem Konzert hörte ich sie sagen: »Das Publikum ist zu dumm, um das zu verstehen.« »Und ihr auch«, dachte ich.

»Wo ist der Cello-Kratzer?«

»Ihr Burschen an den ersten Pulten habt hier bei uns wahrhaftig das rechte Sprungbrett«, war eine häufige Bemerkung meiner Kollegen im Berliner Philharmonischen Orchester. Diese »Ersten Pultmusiker« waren meistens keine Deutschen, wie zum Beispiel die Cellisten Malkin, Földesy, ich selbst, Graudan und Schuster, oder die Konzertmeister Holst, Maurice van den Berg und Tossy Spiwakowskij. »Fast aus allen wird etwas«, sagten die Veteranen. »Ganz fabelhaft! Denkt an unseren ehemaligen Konzertmeister Eugène Ysaye!«

Ich hatte nicht gewußt, daß Ysaye einmal diesem Orchester angehört hatte, und war erstaunt darüber. Aber es verging kaum ein Tag ohne irgendeine Überraschung. Eines Morgens fand eine Probe statt: Wagner, dirigiert von Wagner. Nicht von Richard natürlich, sondern von seinem Sohn Siegfried. Auf jeden Fall kam es für mich ebenso unerwartet, als hätte ich in Rußland irgendeinmal den Bruder Tschaikowskijs kennengelernt. Ich hatte das Gefühl, einem nahezu prähistorischen Menschen zu begegnen. Siegfried Wagner war ein freundlicher Mann, ungefähr fünfundfünfzig Jahre alt; er dirigierte höflich, als ob er sich dabei entschuldigen wollte, seines Vaters sowie seine eigene Musik. Ich fand, daß seine Ouvertüre mit dem Titel ›An allem ist Hütchen schuld‹ Charme besaß, aber er tat mir leid, wenn er von Richard Wagner sprach. »Mein Vater hätte hier ein wenig mehr Kraft gewollt«, oder: »An dieser Stelle hätte er weniger *diminuendo* gewünscht.« Ich erwartete bei ihm in jedem Moment, daß er sich auf seinen Papa berief.

Die strenge Disziplin des Orchesters hatte etwas von Nietzsches »Gebieten und Gehorchen« an sich. Ich lernte, mich anzupassen und es für mich zu behalten, wenn ich in musikalischer oder sonstiger Beziehung anderer Meinung war.

Einmal bei den Heidelberger Festspielen hatte der Solo-Cellist während des Doppelkonzerts von Brahms eine Gedächtnislücke. Furtwängler gab mir ein Zeichen, seinen Part zu übernehmen. Ich spielte, bis der Solist wieder einsetzen konnte. Dasselbe Manöver wiederholte sich in allen drei Sätzen des Konzerts. Ich hätte gewünscht, der Solist wäre dem alten Brauch treu geblieben, dieses Werk aus Noten zu spielen. Später beim Empfang begrüßte mich dieser Cellist mit den Worten: »Sie sind ein arroganter Kerl!«

Es war keineswegs immer leicht, allen Befehlen zu gehorchen, wie zum Beispiel während einer Probe mit Klemperer.

»Sehen Sie nicht, daß hier *mezzoforte* steht? Versuchen Sie es nochmals«, gebot er. Ich wiederholte das kleine Solo auf die genau gleiche Art wie das erste Mal. »*Mezzo forte!*« schrie er. »Noch einmal.« Ich spielte. Er geriet in Wut. »Wissen Sie denn nicht, was *mezzoforte* heißt?«

»Nein«, sagte ich. »Wünschen Sie, daß ich leiser oder lauter spiele?« Nach einer kurzen Pause sagte er: »Ein wenig leiser.« Später, als ich als Solist unter seiner Leitung spielte, neckte ich ihn gern, indem ich ihn bei vielen *mezzoforti* befragte, doch er verstand den Spaß nicht.

Die Ankunft meines alten Lehrers, Professor von Glehn, in Berlin freute mich sehr und machte mir gleichzeitig Sorgen. Seine Frau wollte ihren Gatten schonen und erzählte mir, als wir allein waren, wie notwendig es sei, für ihn Arbeit zu finden. Glücklicherweise konnte ich ihm bald ein Lehramt am Klindworth-Scharwenka-Konservatorium verschaffen. Über ein Jahr lang ging alles gut. Von Glehn sprach mit Liebe von seinen Schülern und machte Pläne für deren Zukunft, genau wie er es in meiner Jugend für seine Schüler in Moskau getan hatte. Plötzlich wurde er krank und unfähig zu unterrichten. Der Direktor zahlte ihm kein Honorar mehr, und erst als ich mich anerbot, den Professor umsonst zu vertreten, nahm der Direktor die Zahlungen wieder auf.

Die Schüler des Professors kennenzulernen, war ein unglaubhaftes Erlebnis. Der erste, der mir vorspielte, war Herr Brenner. Er hatte nur vier Finger an seiner rechten Hand, der kleine Finger fehlte. Dem nächsten Schüler, dessen Name ich vergessen habe, fehlte der rechte Zeigefinger; und der dritte, Herr Lumme, hatte an der rechten Hand bloß drei Finger – die beiden mittleren waren nicht vorhanden. Verblüfft wartete ich darauf, was als nächstes kommen würde. Wie erleichtert war ich, an jeder Hand Herrn Davidovs alle fünf Finger zu sehen, doch meine Freude verwandelte sich in Schrecken, als bei ihm, sobald er in einer oberen Lage spielte, zwei Daumen an der linken Hand zum Vorschein kamen.

Ich hatte nicht den Mut, mir den Rest der Klasse anzuhören, und fragte mich, während ich eine Pause machte, ob diese Schüler nicht einen Orthopäden anstelle eines Cellolehrers brauchten. Wie sich während meiner zweijährigen Tätigkeit am Konservatorium herausstellte, benötigten sie beides – und vielleicht noch einen Psychologen dazu, der auch dem Lehrer gelegentlich hätte von Nutzen sein können.

Es gab in meiner Lehrtätigkeit sehr interessante Probleme zu lösen. Ich war mir bewußt, daß Schüler mit heftigem Temperament der Kunst gut dienen konnten, vorausgesetzt, sie lernten, ihre Gefühle richtig zu verwerten; andererseits waren phantasielose, kühle Naturen für ihren Beruf ebenso ungeeignet wie, sagen wir, allzu erregbare Zahnärzte für den ihren.

Bei einem Schüler, der mir besonders am Herzen lag, ergab sich eine schwierige Situation. Sein Talent fesselte mich. Er war sensibel, hatte guten Geschmack und besaß eine für sein Instrument vorzüglich geeignete Figur; hier, dachte ich, ist der geborene Virtuose. Noch nie hatte ich so brennend gewünscht, einem andern alles, was ich konnte, weiterzugeben. Ich glaubte, ich könnte ihm meine Gedanken am besten durch Beispiele erklären, und spielte ihm während der Stunden vor, wobei ich Passagen und Stücke wiederholte, die er selbst spielte. Ich tadelte, lobte, analysierte und spielte für ihn; ich versuchte – gelegentlich mit Erfolg –, mich selbst zu übertreffen.

Doch je mehr ich mich bemühte, desto weniger glücklich schien er zu sein. Allmählich, dann von Stunde zu Stunde rascher wurde sein Spiel schlechter, bis alle seine früheren Qualitäten beinahe völlig schwanden. Mir brach fast das Herz, diesen Abstieg zu beobachten, und da ich mir die Ursache nicht erklären konnte, ergriff mich ein quälendes, vernichtendes Schuldgefühl. Warum machten andere, weniger begabte Schüler blendende Fortschritte, während er, der vielleicht den Vorzug eines besseren Unterrichts genoß, gehemmt schien und nicht vorankam? Ich mußte den Grund finden. Als ich in einer schlaflosen Nacht über meinen Mißerfolg nachdachte, kam mir der Einfall, daß vielleicht gerade mein Übereifer die Ursache des Unheils war. Ließ ihn am Ende mein Spielen daran verzweifeln, daß sein Spiel meines je erreichen könnte?

Bei der nächsten Stunde spielte ich ein ganz kleines bißchen schlechter als er, und als ich sein junges Gesicht aufleuchten sah, wußte ich, daß ich auf der richtigen Spur war. Nun gab ich ihm häufig und lange Stunden. Absichtlich fuhr ich fort, schlechter und schlechter zu spielen, während er mehr und mehr Sicherheit gewann. Seine Fortschritte waren erstaunlich, und meine Befriedigung als Lehrer hätte nicht größer sein können; nach seinem brillanten Spiel bei der Abschlußprüfung hörte ich ihn dann zu den andern Schülern sagen: »Herr Piatigorsky ist sicherlich ein wunderbarer Lehrer – aber was für ein miserabler Cellist!«

Seit Moskau hatte ich keinem Streichquartett mehr angehört, und dies fehlte mir sehr. Ich vereinigte mich mit dem Pianisten Leonid Kreutzer und dem Geiger Josef Wolfsthal, beide Professoren an der Hochschule in Berlin und ausgezeichnete Musiker, zu einem Trio; doch trotz unserer Erfolge als Ensemble war die ideale Verschmelzung von vier Streichinstrumenten nicht zu ersetzen.

Eine meiner ersten Tourneen als Solist außerhalb Deutschlands machte ich nach den baltischen Staaten. Die Einladung kam vom Osteuropäischen Konzertbüro auf Empfehlung von Fritz Kreisler.

»Das Geschäft geht großartig«, sagte Herr Zacharin, der Leiter des Büros. »Eine wahre Überschwemmung. Unser Buchhalter hat damit alle Händevoll zu tun.« Der Buchhalter war immer noch damit beschäftigt, als mein letztes Konzert im Opernhaus von Riga vorüber war. Doch man hatte mir Bezahlung und genaue Abrechnung für sieben Uhr am nächsten Morgen versprochen, ungefähr eine Stunde vor meiner Abreise.

Frühstück für vier Personen – für Herrn Zacharin, seinen Kompagnon, den Buchhalter und mich – wartete auf uns um sieben Uhr. Ich verzehrte mein Frühstück allein. Es war mir nicht möglich, die Leute zu erreichen, und ich machte mich auf den Weg zum Bahnhof. Im Warteraum sprach mich ein Dienstmann an. »Sind Sie der Cellist? Hier, ich soll Ihnen dies geben.« Er überreichte mir eine Fahrkarte dritter Klasse nach Berlin.

Als der Zug sich in Bewegung setzte und schneller fuhr, sah ich durch das Fenster die Mitglieder des Osteuropäischen Konzertbüros aus der runden Herrentoilette herauskommen, die in der Mitte des Bahnsteigs stand; lachend winkten sie mit ihren Taschentüchern.

Frau Luise Wolff, die Leiterin der angesehenen Firma Wolff und Sachs wurde meine Konzertagentin. Ihre Musikkenntnisse überstiegen zwar nicht das Niveau anderer Manager, doch ihr Urteil war sehr gewichtig, und ihr Einfluß erreichte jede Ecke des Weltalls, in der noch Konzertkarten verkauft wurden. Viele fürchteten ihre scharfe Zunge; viele warben um ihre Gunst; alle bewunderten ihren Witz. Ihr Spitzname, »Königin Luise«, blieb ihr immer treu, und sie war tatsächlich eine Königin auf ihrem Gebiet. Sie war ungefähr in den Sechzig, als ich sie zum erstenmal in ihrem Büro sah. Majestätisch saß sie an einem unordentlichen Schreibtisch, ihr mächtiger Oberkörper war in etwas eingehüllt, das wie zahlreiche Blusen, Halstücher und Schals wirkte.

Es war noch ein anderer Besucher im Zimmer. »Kümmern Sie sich nicht um Piatigorsky«, sagte sie, auf mich zeigend. »Was haben Sie auf dem Herzen?« Der junge Mann zögerte. »Machen Sie vorwärts«, drängte sie, »ich habe wenig Zeit.«

»Sie haben mich nicht Klavier spielen gehört«, sagte er, »aber diejenigen, welche mich hörten! Also, ich habe Ihnen diese Kritiken mitgebracht.« Er überreichte ihr ein dickes Kuvert, das Dutzende von Zeitungsausschnitten enthielt. Sie suchte die längsten heraus und begann zu lesen. Es machte mir Eindruck, welch gründliche Aufmerksamkeit sie jeder einzelnen Kritik zollte. Sie las sie alle, seufzte, steckte sie in das Kuvert und gab es ihm zurück. »Und nun«, sagte sie, »zeigen Sie mir die schlechten.«

»Aber gnädige Frau«, rief er aus, »sie sind alle gut.«

»Hm, das ist sehr schade. Ich fürchte, Sie müssen sich einen anderen Agenten suchen. Sehen Sie, junger Mann, bei meiner langjährigen Erfahrung habe ich noch nie einen schlechten Künstler kennengelernt, der nicht im Besitze glänzender Kritiken war, genauso wie ich noch darauf warte, einem großen Künstler zu begegnen, dem es gelungen wäre, schlechten Besprechungen zu entgehen.«

»Ich werde Sie ›Piaty‹ nennen«, sagte sie, »ja?«, als der junge Mann weg war. »Erzählen Sie mir jetzt gleich, alles – Ihre Vergangenheit, Ihre Gegenwart und Ihre ferneren Ziele. Nein – nein, nichts von Ihren tollen Streichen. Ich weiß, Sie sind ein Teufelskerl. Ich will nicht wirklich von Ihrer Vergangenheit hören – schließlich kann ich sehen, wie weit Sie es schon gebracht haben. Zukunft – das interessiert uns, nicht wahr? Wonach strebt Ihr Ehrgeiz?«

»Gut Cello zu spielen«, sagte ich.

»Sie sind mein Mann!«

Wenige Monate später bedauerte ich, ihr nicht von einigen Schallplatten erzählt zu haben, die ich in Berlin hatte aufnehmen lassen. In meiner Geldnot war ich einverstanden gewesen, mit dem bekannten Geiger und Leiter eines Tanzorchesters, Dajos Béla, einige Salonstücke und Tangos auf Platten zu spielen. Ich wurde gut bezahlt, und die Schallplatten kamen unter dem Namen Dajos Béla in den Handel.

Groß war mein Schock, als ich nach Hamburg kam, um unter

Karl Muck zu spielen, und im Symphonie-Konzertprogramm eine Anzeige las:

PIATIGORSKY AUF PLATTEN – HÖREN SIE IHN IN:
EKSTASE, LIEBESTRÄUME und anderem.

Nach einem Kampf mit der Grammophon-Gesellschaft willigte sie ein, die Aufschriften auf den Platten zu ändern. Aber offensichtlich wurde mir durch mein »Repertoire« auf Schallplatten niemand entfremdet, jedenfalls nicht die Hamburger Philharmonie und Muck, denn Jahr für Jahr wurde ich eingeladen, mit ihnen zu spielen.

Meine Freundschaft mit Karl Muck begann nicht sehr vielversprechend. Ich freute mich und war begierig darauf, einen Mann kennenzulernen, der in der Musikwelt schon so lange eine wichtige Rolle spielte. Bei der Probe saß ich im leeren Saal und beobachtete die außerordentlich sparsamen Bewegungen seines Stabes. Muck war alt, mager, dürr, und so klang auch die C-Dur-Symphonie von Schubert an jenem Morgen. Und doch besaß seine Persönlichkeit etwas Faszinierendes, und seine Musik hatte etwas Bestimmtes, wie es nur sehr reife Künstler zustande bringen.

Ich dachte, es würde vor dem Cello-Konzert eine Pause geben, aber als die Symphonie zu Ende war, hörte ich Muck sagen: »Wo ist der Cello-Kratzer?« Er wiederholte es lauter. Ich eilte ins Künstlerzimmer und betrat bald darauf mit Cello das Podium. Er begrüßte mich nicht.

»Woher wissen Sie, daß ich kratze?« fragte ich.

»Das werden wir bald genug herausfinden. Setzen Sie sich«, befahl er und begann unverzüglich zu dirigieren. Unglücklich und böse, blickte ich kein einziges Mal auf ihn. Nicht ein Wort wurde bis nach dem Adagio zwischen uns gewechselt, aber gerade als ich bereit war weiterzuspielen, fühlte ich Mucks Hand auf meinem Kopf. »Ich muß der alten Hexe dafür danken«, sagte er, »daß sie Sie hergeschickt hat. Sie sind doch ein verflixter Cellist, der wirklich nicht kratzt. Daß es so etwas überhaupt gibt.« Die Musiker lachten.

Als ich Muck dann näher kannte, merkte ich, daß jeder, der sich über seinen rauhen Humor hinwegsetzte, ihn für einen liebenswerten Menschen hielt. Nicht allen gelang es. Ein Geiger im Orchester trat zu Dr. Muck und beklagte sich über einen unerträglichen Schmerz im Arm: »Was soll ich tun?« fragte er.

»Schneiden Sie ihn ab«, riet Dr. Muck und ging weg. Der Geiger gab seine Stelle auf.

Mucks Möglichkeiten als Dirigent reichten selten über nüchternes Wissen, Knappheit, Beherrschung der rein grundsätzlichen Regeln hinaus. Das Wesen seiner herben Kunst hatte etwas von der Nüchternheit »vor dem Frühstück«. Und doch, trotz oder wegen seines Mangels an Wärme war der musikalische Kontakt mit ihm wie ein kühles Bad an einem heißen Tag – erfrischend.

Als der große Cellist Jean Gérardy aufhörte zu konzertieren, nahm Hugo Becker dessen Stelle im Trio mit Arthur Schnabel und Carl Flesch ein. Nach vielen erfolgreichen Jahren war das Ensemble jedoch untätig geworden – solange, bis ich Beckers Nachfolger wurde.

Ich war wesentlich jünger als meine beiden Kollegen, die dazu neigten, ihren etwas zu »russischen« Partner in deutscher Kultur zu unterweisen. Meine Achtung für diese beiden Menschen und meine Zuneigung zu ihnen machten es mir leicht, mich ihnen anzupassen. Aber trotz unserer künstlerischen Ebenbürtigkeit brachen während der Proben gelegentlich hitzige Diskussionen aus, die anregend wirkten.

Carl Flesch trug seinen gewichtigen Namen mit großer Würde. Doch bald entdeckte ich, daß er im Gegensatz zu Schnabel im Herzen schalkhaft-fröhlich war und jugendlich genug, um der beste Kamerad zu werden.

Sehr interessiert daran, zeitgenössische Musik in unser Programm aufzunehmen, gaben wir Křenek den Auftrag, ein Trio für uns zu komponieren, und hatten die Absicht, auch Hindemith und andere Komponisten darum zu bitten. Ich wünschte, alle jungen Musiker hätten Zeugen von der Begeisterung sein können, mit der Schnabel und Flesch das Ravel-Trio übten, das für sie neu war.

»Arthur, halt, spielen wir diese Phrase noch einmal. Ich glaube, ich habe etwas gefunden, damit wir noch ›französischer‹ wirken, als wenn selbst Jacques Thibaud es spielte.«

»Freunde, hört zu. Wie gefällt euch das Pedal an dieser Stelle?« fragte Schnabel. »So gedämpft, und doch klar.« Ich hörte den zärtlichen, samtenen Klang.

Unsere Konzert-Tourneen waren auf das genaueste organisiert, und jedes Detail war berechnet. Für meine Pünktlichkeit wurde ich belobt, aber man schalt mich, weil ich dauernd vergaß, zum Konzert meine Noten mitzubringen. »Zum Glück haben wir auch Ihre Cellostimmen«, brummten sie hinter der Bühne. Aber ich vergaß die Noten immer wieder und verärgerte meine Freunde mehr und mehr.

Eines Abends, irgendwo in Holland, nahm sich Flesch nicht wie sonst die Zeit, sich zu erwärmen, sondern stimmte rasch seine Geige, und von Schnabel angetrieben, betraten wir das Podium. Wieder begannen meine Kollegen, ohne weitere Ankündigung, noch bevor ich richtig saß, mit dem B-Dur Trio von Schubert. Ich setzte mit ein.

Auf meinem Pult lag anstatt des Schubert die Cello-Stimme aus der Meistersinger-Ouvertüre von Wagner. Blöd darauf starrend, spielte ich auswendig. Aber auch nachdem ich die Sicherheit gewonnen hatte, daß ich die Noten überhaupt nicht brauchte, war die Genugtuung auf den Gesichtern meiner Partner noch deutlich zu erkennen. »Ein Komplott«, ich wußte es, »sie wollen mir eine Lektion erteilen.« Das brachte mich auf eine Idee. Meine Augen fest auf die Noten geheftet, blätterte ich rasch und geräuschvoll um und spielte mit ernstem Gesicht weiter. Die Wirkung auf meine Partner übertraf alle meine Erwartungen. Die beiden schüttelten sich vor Lachen, und die Geige glitt Flesch unter dem Kinn weg. Es war die heiterste Schubert-Aufführung, die je gegeben wurde. Hinter der Bühne erboten sie sich, immer noch in sehr heiterer Laune, nicht nur meine Noten, sondern, wenn nötig, auch mein Cello zu tragen.

Schnabel freute sich über Zuhörer und lud gelegentlich Gäste zu unseren Proben ein. Flesch hatte es nicht so gern. »Er ist ja kein Musiker«, sagte Schnabel manchmal von irgend jemand, als ob nur Musiker unerwünscht gewesen wären. Wir hatten als Gäste Juweliere, Kritiker, Maler, Verleger, auch Aldous Huxley, Bruno Frank, James Joyce, ehemalige und zukünftige Schüler Schnabels und andere. Sie kamen einmal und selten ein zweites Mal. Ich fragte mich, wie unsere Art und Weise zu arbeiten oder unsere Gespräche wohl auf Fremde wirkten. »Arthur«, sagte Flesch zum Beispiel, »bitte, sei so gut, bei diesen Takten vor C, wenn ich das Thema habe ...«

»Thema?« unterbrach Schnabel. »Lieber Carl, wir haben es hier nur mit Musik zu tun.«

»Gut, gut«, stimmte Carl zu. »Ich wollte sagen, wo ich diese – na ja, Melodie spiele ...«

»Was Melodie?« entsetzte sich Schnabel. »Am Ende ›Melodie in F-Dur‹ von Rubinstein?«

Ungeduldig sagte Flesch: »Ist das so wichtig? Nennen wir es meinetwegen ›Motiv‹.«

Nachdem ich ihnen genug Zeit gelassen hatte, den richtigen Ausdruck für das zu finden, was Carl auch immer spielen sollte, mischte ich mich schließlich ein: »Sie haben vollkommen recht«, sagte ich dann zu beiden. »Buchstabe B, bitte«, und die Probe wurde fortgesetzt.

Unsere fröhlichen Reisen und das gemeinsame Musizieren waren zu allen Zeiten anregend. Arthur und Carl waren beide neuen Ideen zugänglich und auch an Streitfragen interessiert, sei es auf dem Gebiet der Musik, Philosophie oder Politik. Schnabel redete gern, und sein Sarkasmus war unterhaltend, gelegentlich auch grausam.

»Dieser arme Mensch, den Sie da bei der Gesellschaft in die Enge trieben«, sagte ich einmal zu ihm, »ich konnte es beinahe nicht mehr ansehen, wie er litt, als er Ihnen zuhörte. Haben Sie nicht gemerkt, daß er Ihnen nicht gewachsen war? Er mußte sich ja beinahe krampfhaft konzentrieren.«

Schnabel antwortete: »Oh, ich wollte ihm bloß schmeicheln.«

Nach einem Zwischenfall in London, der uns viel Geld kostete, waren Flesch und ich vorsichtig geworden, wenn es darum ging, Schnabel gesellschaftliche Veranstaltungen zu überlassen. »Nehmen wir doch keine dieser pompösen Einladungen nach unserem Konzert in London an«, hatte er gesagt. »Ich schlage vor, daß jeder von uns seine Freunde in ein Restaurant zum Essen einlädt und daß wir dann die Rechnung unter uns teilen. Meint ihr nicht, das wäre praktisch?«

Beim Nachtessen verging Flesch und mir der Appetit, als wir Schnabels zweiundzwanzig Gäste zählten – und wir hatten nur drei!

Wenn ich von Solo- oder Trio-Konzerten zum Orchester zurückkehrte, bedeutete dies nicht immer einen Abstieg. Jedenfalls nicht, als Ossip Gabrilowitsch aus Detroit zu uns kam. Seine Schwester Pauline stellte mich ihm vor, und wir wurden sofort Freunde. Während seines kurzen Aufenthalts in Berlin verbrachten wir viel Zeit miteinander. Ich spielte sehr gern mit ihm Sonaten, und es machte mir Freude, ihm zuzuhören, wenn er seine musikalischen Erlebnisse oder Geschichten von seinem Schwiegervater Mark Twain erzählte.

»Machen Sie nicht den gleichen Fehler wie ich«, sagte er. »Ändern Sie Ihren Namen. Nachdem ich seine Tochter geheiratet hatte, war mein Schwiegervater plötzlich verschwunden. Wir machten uns Sorgen, aber als er wieder zum Vorschein kam und wir ihn fragten, wo er denn gesteckt habe, antwortete er: ›Ja, ich versuchte bloß, mir den Namen meines Schwiegersohns einzuprägen.‹«

Als Gabrilowitsch Dirigent wurde, vernachlässigte er sein ursprüngliches Instrument nicht, wie es so viele seiner Kollegen taten. Zum Glück für alle gab er, trotz seiner starken Verpflichtungen beim Orchester, auch weiterhin hervorragende Konzerte auf dem Klavier bis ans Ende seines erfolgreichen Lebens.

Es geschah bei seinem Konzert, daß in meinem Leben eine umwälzende Veränderung eintrat. Der Dirigent Efrem Kurtz stellte mich einer Dame vor. Ich war jung, und sie war schön. Ich war schüchtern, sie war gesprächig, weltgewandt und besaß die Erfahrung einer früheren Ehe. Ihr Mädchenname war Lyda Antik. Sie wurde meine Frau. Sie war sehr musikalisch, vital, ehrgeizig und besaß viel Charme. Mein Junggesellenstand verwandelte sich in ein stürmisches Eheleben, das nach neun kinderlosen Jahren mit einer friedlichen Scheidung endete. Dem Cello treu bleibend, heiratete meine ehemalige Frau später den berühmten französischen Cellisten Pierre Fournier.

In den Jahren 1927 bis 1929 wirbelte ich von einem Konzertsaal zum anderen; verlockt von den Angeboten und rasch steigenden Gagen, nahm ich immer mehr Solo-Engagements an, bis mir für das Orchester nur sehr wenig Zeit und gar keine mehr zum Unterrichten blieb. Das Orchester zeigte sich entgegenkommend und begrenzte meine Verpflichtungen auf zweimal zehn Furtwängler-Konzerte in Berlin und Frühjahrstourneen ins Ausland.

Diese Tourneen waren zwar anstrengend, aber reizvoll. Wenn das Orchester in Paris oder London ankam, ging etwas wie Eroberungsgeist von ihm aus, und Furtwängler, der Poet unter den Dirigenten, führte seine Armee zum Siege. Den größten Teil unserer Zeit verbrachten wir in der Eisenbahn. In jeder neuen Stadt gab es nur sehr kurze Proben, hauptsächlich wegen der Akustik und der Sitzordnung. Es waren bloß »Sitzproben«. Abende ohne Konzerte gab es nur ganz selten. Wann immer ich Zeit hatte, machte ich Spaziergänge, und je weniger ich die Sprache oder die Stadt kannte, desto größer war mein Interesse. Merkwürdig, welchen Reiz Gemälde auf mich ausübten. Da ich weder Ausbildung noch Fähigkeiten im Zeichnen besaß, konnte ich es mir nicht erklären. Ich durchstreifte Frankreich, Deutschland und die skandinavischen Länder auf der Suche nach Bildern. Ich wandte mehr Zeit und Geld auf, als ich mir leisten konnte, um Bilder zu erwerben. Und wenn ich einen Künstler kennenlernte, dessen Werke ich bewunderte, kannte mein Entzücken keine Grenzen.

Einmal ging ich in Paris an einem kleinen Laden vorbei und sah ein Bild, auf dem ein Huhn, aufgehängt an einer Kette, dargestellt war. Geschlachtet, und doch lebendig! Ich war ergriffen von den Farben und dem Ausdruck der Qual, als ob beide, Maler und Huhn, in gleicher Pein bluteten, beide unfähig zu entfliehen. Erregt betrat ich den Laden und kaufte das Bild für eine kleine Summe. Ob es ein Porträt oder eine Landschaft war, diesen Meister erkannte ich immer beim Anblick seiner Gemälde, und als ich ihm selbst später einmal vorgestellt wurde, wußte ich sofort, daß dieser ängstliche Mensch kein anderer als Soutine sein konnte.

In Deutschland waren es Kirchner, Jawlensky, Nolde und

Marc, die alle meinem Geschmack entsprachen, obwohl sie so verschieden voneinander waren. Unter den Malern, die ich kennenlernte, liebten Spiro, Kandinsky, Gluckmann und Klee die Musik. Aber keiner von ihnen konnte Musik mehr lieben, als ich ihre Malkunst bewunderte.

Bei einem unserer Pariser Besuche waren Furtwängler und ich froh, einmal Urlaub zu haben – er vom Dirigieren, ich vom Spielen im Orchester –, und wir bereiteten uns darauf vor, bei einem Empfang der Deutschen Gesandtschaft Sonaten und Variationen von Beethoven zu spielen. Furtwänglers Qualität als Pianist war bei Kammermusik ganz hervorragend. Er gab dabei, wie auch Gabrilowitsch, den Ton in seiner ganzen Fülle, und doch übertönte er nie seinen Streichinstrument-Partner, dem die Vorteile des Pedals oder des offenen Klavierdeckels nicht zur Verfügung standen.

Nach unserem Spiel in der Gesandtschaft sprachen uns viele der Gäste ihre Anerkennung aus, und manche äußerten auch ihre Ansichten über Musik. Da ich solches Gerede nicht liebe, war ich beinahe froh, nicht französisch zu sprechen. Sensiblere Menschen ließen mich bald in Ruhe, aber da war ein sehniger, schmächtiger Mann, der sehr beharrlich blieb. Ich verstand nicht, wovon er redete, doch sein ausdrucksvolles Gesicht machte mich neugierig, und ich wollte wissen, was er sagte. Nun gesellte sich Monsieur Painlevé, ein Mitglied des Französischen Kabinetts, zu uns; ich kannte ihn, und er sprach deutsch. Der magere Herr sprach weiter, und nach seinem letzten Satz, der wie eine Frage klang, schüttelte er mir die Hand und war plötzlich verschwunden.

»Wer war das? Was hat er gesagt?«

»Aus dem, was ich hörte«, sagte Painlevé, »entnahm ich, daß Maurice Ravel Gefallen an Ihrem Spiel fand.«

»Ravel!« rief ich aus.

»Ja, unser großer Komponist.«

»Wie lautete seine Frage? Fragte er nicht etwas, bevor er ging?« Ich wollte es unbedingt erfahren.

»Ja, es war eine Frage«, sagte Painlevé lächelnd. »Ravel fragte, warum Sie Ihr Talent an so abscheuliche Musik verschwenden, wie Sie heute abend spielten.«

»Abscheulich? Es war Beethoven!«

Beunruhigt dachte ich darüber nach, wie Ravel so etwas sagen konnte. Hätte er jedoch, wenn er Beethoven verehrte, wie Ravel komponieren können? Und galt dieselbe Frage nicht auch für andere Komponisten? Haben sie nicht besondere Ohren, ebenso wie Maler besondere Augen besitzen, die den unseren nicht unbedingt gleichen? Gegen Tolstojs Erklärung, Beethoven habe kein Talent, erhob Tschaikowskij entrüstet Einspruch: »Ein von allen anerkanntes Genie auf die Stufe seines eigenen Unvermögens herabzusetzen, ist das Kennzeichen aller beschränkter Menschen.« Doch beinahe im gleichen Atemzug sagte Tschaikowskij: »Ich spiele gern Bach, aber ich erkenne in ihm nicht, wie andere, ein großes Genie.« Und in sein Tagebuch schreibt er: »Händel hat für mich eine absolut viertrangige Bedeutung.« Oder wie Soutine einmal einigen Freunden zurief: »Ich muß Rosen malen! Ich brauche Rosen.« Er bekam sie. Tage später waren immer noch Rosen da, aber verwelkt in einer Vase. Auf der Leinwand waren Gladiolen. Seltsame Welt der Kunst! Als man Chagall fragte: »Warum fliegen Ihre Kühe?« antwortete er: »Ich weiß es nicht.« Oder als eine Gruppe junger Geiger an Fritz Kreisler mit der Frage herantrat: »Soll man diese Passage in der vierten Lage spielen?« antwortete er: »Ich weiß nicht, wo die vierte Lage ist.« All das haben die schöpferischen und die darstellenden Künstler gemeinsam. Einmal beschwor Furtwängler sein Orchester: »Meine Herren, diese Phrase muß so sein – sie muß – sie muß einfach so – bitte versuchen Sie es nochmals.« In der Pause sagte er dann zu mir: »Sehen Sie, wie wichtig es ist, daß der Dirigent seine Wünsche klar ausdrückt?« Merkwürdigerweise wußte das Orchester, was er wollte.

Ähnlich rätselhaft kann das Gefühl der Wissenschaftler für Dinge und Zeit sein. Albert Einstein, dessen glühende Liebe zur Musik ihn oft mit Musikern in Berührung brachte, lud mich einmal zum Abendessen ein. Als ich in seiner Berliner Wohnung in der Haberlandstraße eintraf, fragte er mich: »Haben Sie schon je eine japanische Geige gesehen?«

»Nein«, antwortete ich.

»Fein«, sagte er, »warten Sie nur eine Minute.« Einstein verschwand. Ich wartete fast zwei Stunden allein und hungrig in seiner Wohnung auf seine Rückkehr. Endlich kam er ganz außer Atem hereingestürmt. Ohne seinen Mantel abzulegen, reichte er mir die Geige. Das roh konstruierte Instrument war ziemlich reizlos. Während ich mir noch überlegte, was ich ihm sagen sollte, merkte ich, daß er das Interesse an der Geige wie auch an meiner Meinung verloren hatte. Erleichtert schlug ich vor, zum Essen in ein gutes Restaurant nebenan zu gehen. Er aß herzhaft, sprach von Musik und stellte mir Fragen, während ich natürlich keineswegs versuchte, seinen Wirkungskreis zu berühren.

Bevor wir uns verabschiedeten, fragte er mich noch, wie mir sein Geigenspiel vor einer Woche im Hause von Freunden gefallen habe. Ich erinnerte mich zu gut daran, zögerte aber mit einer Antwort. »Wie habe ich gespielt?« wiederholte er.

Ich sagte: »Oh, relativ gut!«

Mein größter Wunsch war es, Pablo Casals zu hören. Eines Tages erfüllte sich meine Sehnsucht beinahe, und ich lernte ihn kennen. Aber, Ironie des Schicksals, ich war es, der spielen mußte. Das war bei den von Mendelssohns, einem Haus voll von El Grecos, Rembrandts und Stradivaris. Francesco von Mendelssohn, der Sohn des Bankiers, ein begabter Cellist, rief an und fragte, ob er mich einladen dürfe; sie hätten einen Gast im Hause, der mich gern spielen hören wollte.

»Herr Casals«, man stellte mich einem kleinen, kahlköpfigen Mann mit einer Pfeife vor. Er sagte, er freue sich, junge Musiker wie Serkin und mich kennenzulernen. Rudolf Serkin, der steif neben mir stand, schien ebenso wie ich gegen seine Schüchternheit zu kämpfen. Rudi hatte schon vor meiner Ankunft gespielt, und jetzt wollte Casals uns zusammen hören. Die Noten von Beethovens D-Dur Sonate standen auf dem Flügel. »Warum spielen Sie nicht?« fragte Casals. Wir waren beide nervös und kannten einander kaum; unser Spiel war recht mäßig, und wir hörten irgendwo in der Mitte der Sonate auf.

»Bravo! Bravo! Wunderbar!« Casals applaudierte. Francesco brachte jetzt das Schumann Cellokonzert, das Casals hören wollte. Nie habe ich schlechter gespielt. Casals wünschte Bach. Erbittert kam ich seinem Wunsch nach – mein Spiel war nicht besser als bei dem Beethoven und dem Schumann.

»Herrlich! Großartig!« sagte Casals und umarmte mich.

Verwirrt ging ich nach Hause. Ich wußte, wie schlecht ich gespielt hatte, aber warum mußte er, der Meister, mich loben und umarmen? Diese offensichtliche Unaufrichtigkeit schmerzte mich mehr als irgend etwas anderes.

Um so größer war meine Verlegenheit und mein Entzücken, als ich Casals einige Jahre später in Paris wieder traf. Wir aßen zusammen, spielten Duette für zwei Celli, und ich spielte ihm bis spät in die Nacht hinein vor. Ermutigt durch seine große Wärme und sehr glücklich, gestand ich ihm, was ich damals in Berlin von seinem Lob gedacht hatte. Er reagierte darauf plötzlich sehr ärgerlich und ergriff sein Cello. »Hören Sie!« Er spielte eine Phrase aus der Beethoven-Sonate. »Haben Sie nicht diesen Fingersatz genommen? Aha, Sie nahmen ihn! Er war mir neu ... er war gut ... und hier, setzten Sie nicht bei dieser Passage mit einem Aufstrich ein, so?« er machte es mir vor. Er nahm den Schumann und den Bach durch und betonte dabei immer, was ich getan und was ihm gefallen hatte. »Und im übrigen«, sagte er leidenschaftlich, »überlassen Sie es den Unwissenden und Einfältigen, nur nach der Anzahl von Fehlern zu urteilen. Ich kann dankbar sein für einen einzigen Ton oder eine wundervolle Phrase, und auch Sie müssen es sein.« Ich verließ ihn mit dem Gefühl, in Gesellschaft eines großen Künstlers und Freundes gewesen zu sein.

Ich war Besitzer eines sogenannten Nansen-Passes, der vom Völkerbund geschaffen worden war für Menschen, die ihr eigenes Vaterland verloren hatten und nirgendwo anders erwünscht waren. Dieses eigenartige Dokument, das mir zugehörte, enthielt keinerlei Angaben über eine Nationalität, und Ort und Datum meiner Geburt waren so unleserlich, daß jedesmal, wenn ich in ein neues Land einreiste, die Beamten erörterten, ob ich überhaupt geboren sei. Als Oscar Wilde bei seiner Landung in New York befragt wurde, welcher Rasse er angehöre, schrieb er: »Menschlich.« Ein Wesen mit einem Nansen-Paß durfte beim Überschreiten einer Grenze nicht so geistreich sein. Ich versuchte bloß immer der Grenzpolizei klarzumachen, daß ich harmlos sei und das Land sofort nach meinen Konzerten wieder verlassen werde; erst nachdem ich die entsprechenden Papiere unterschrieben hatte, wurde ich jeweils widerstrebend hineingelassen. Der Hauptzweck des Nansen-Passes bestand darin, einem das Aufenthaltsrecht in einem Lande zu verschaffen, aber er bedeutete noch keine Arbeitserlaubnis. War ein Nansen-Individuum einmal in ein Land hineingelassen worden, gab es keinen Ort mehr, wohin man es abschieben konnte, und so blieb das betreffende Land mit ihm belastet. Die Visa für meine Engagements zu erhalten, war der Albtraum aller Konzertagenturen und Manager. Aber ich selbst hatte Achtung vor meinem ellenlangen Dokument mit den zahllosen Visa, Stempeln, Klauseln und Vorschriften. In der Tat, ich hatte meinen Nansen-Paß recht gern als Sinnbild von Rechtschaffenheit und Aufrichtigkeit. Rechtschaffen, weil kein Gauner oder Spion eine derartige schriftliche Unterlage für seine Tätigkeit wählen würde; und aufrichtig, weil ich wirklich kein Vaterland hatte und nur dort – zeitlich streng begrenzt – lebte, wo man mich als Musiker brauchte, und nicht länger, als man mich brauchte. Mit einem Nansen-Paß zu reisen, verlangte Geduld und Nachsicht, aber auch nicht wenig Sinn für Humor. Mit jahrelangem Training glaube ich, diese Fähigkeiten erworben zu haben.

Bei der Ankunft in einer Stadt von der Polizei in Empfang genommen zu werden und bewacht durch die Straßen in ihr Hauptquartier zu marschieren, dabei meinen Namen auf den Plakaten an den Mauern zu lesen, wurde mir zur Gewohnheit. Daß ich am Morgen ein Flüchtling und am Abend desselben Tages der Ehrengast der Regierung war, machte das Verfahren für mich amüsant.

Es war der Traum einiger meiner Nansen-Kollegen, für ihre Reisen zu einem bequemeren Paß zu »avancieren«. Einem von ihnen kam ein glücklicher Zufall zu Hilfe. Mein Freund Karpilowskij, ein Mitglied des Guarneri-Streichquartetts, traf eines schönen Tages beim Angeln an einem See in der Umgebung Berlins einen alten Chinesen und jammerte ihm von seiner illegalen Lage vor. Der Chinese war zufällig ein Mitglied seiner Gesandtschaft. Die Fische hatten angebissen, und ein gutes Mahl am Lagerfeuer besiegelte die Freundschaft zwischen den beiden. Noch einige gemeinsame Angelausflüge sowie noch etwas mehr gegenseitige Verständigung, und meinem Freund wurde ein chinesischer Paß verliehen. Liebevoll zeigte er sein schönes Dokument. »Meine Schwierigkeiten sind vorbei«, sagte er. Er lernte, seine Augen schräg zu stellen und seinen Namen mit nasalem Ton in einzelnen Silben auszusprechen. Kar-pi-low-skij; er meinte, es klänge chinesisch.

Auch Wladimir Horowitz und Nathan Milstein fanden eine wunderbare Gelegenheit, durch reiche Spenden für die Wohltätigkeit in Haiti Eigentümer von Pässen als Ehrenbürger dieses Landes zu werden. Sie brauchten keine Visa mehr, und ihre Bequemlichkeit war beinahe vollkommen. Nur »beinahe«, denn die Beamten zeigten sich verwundert über den leichten Unterschied in der Farbe und im Namen der beiden Künstler im Vergleich zu den Eingeborenen ihres Vaterlandes.

Ich weiß nicht, wie und wann Karpilowskij seinen chinesischen Paß los wurde, aber Milstein hatte bei seiner Ankunft in New York nur zwei Fragen zu beantworten: »Wo sind Sie geboren?« – »In Odessa.« – »Waren Sie je in Haiti?« – »Nein« – um in Ellis Island zu landen. Seine beunruhigten Agenten eilten ihm zu Hilfe. Horowitz wurde mit den gleichen Papieren wie Milstein auf dem nächsten Schiff erwartet, doch die Einwanderungsbehörden, gut vorbereitet, behandelten ihn wohlwollend.

Meine Begleiter in Europa mußten ordentliche Staatsbürger gleich welchen Landes sein, um mit mir reisen zu können. Herr Bensinov, der eben von Leningrad angekommen war, wurde mir für meine Konzerte in Spanien wärmstens empfohlen. Mit seinem Sowjet-Paß hatte er keine Schwierigkeiten, Visa zu erhalten. Er war ein äußerst netter Mensch und sehr hungrig. Nach unseren Proben gingen wir auf Tournee. In Paris stiegen wir um, und im Taxi zum andern Bahnhof sagte ich zu Bensinov: »Schade, daß wir keine Zeit haben, meinen hiesigen Agenten zu besuchen; er ist ein Fürst und sein Assistent ein Oberst, beide russische Emigranten.« Bensinov antwortete in seinem reinen Russisch: »Ein Fürst und ein Oberst – aber kein General?«

»Ich bin ein General«, sagte der Taxi-Chauffeur in ebenso gutem Russisch. »Mein Milchmann ist ein Admiral, ich kaufe Tabak bei einem Bankier, und mein Wäscher ist ein Großfürst.«

»In Rußland«, flüsterte Bensinov, »dachten wir, sie seien alle tot.«

Bensinov sprach keine andere Sprache als Russisch. Im Speisewagen brauchte er nichts zu sagen, denn es wurde uns ein feststehendes Menu serviert. Bensinov verschlang seine Suppe mit erstaunlicher Schnelligkeit, hielt dem Kellner seinen Teller hin und sagte: »Suppe.« Der Kellner brachte sie und dann von jedem weiteren Gang gleich eine zweite Portion. Zufrieden wartete Bensinov, nachdem er seine doppelte Mahlzeit verzehrt hatte, bis ich für drei Abendessen bezahlte. In unserem Abteil machte er dann ein Schläfchen, das dauerte, bis wir die spanische Grenze erreichten.

Unsere ersten Konzerte fanden in Algeciras und in Málaga statt, darauf folgte ein Konzert in Gibraltar, einem Ort, der nicht gerade als musikalisches Mekka galt. Der Konzertsaal war eine Art Klub, halbvoll von rauchenden, hustenden Menschen, die, wie ich annahm, zur Garnison der Festung gehörten. Es waren lauter Männer. Doch das Bemerkenswerteste bei diesem Konzert war der Flügel. Ein Mann, den ich für einen Bühnenarbeiter hielt, betrat mit uns, ohne daß wir ihn dazu einluden, das Podium, nahm neben Bensinov Platz und entpuppte sich als der wertvollste von uns Mitwirkenden. Er hob die steckengebliebenen Tasten wieder hoch, worin er eine erstaunliche Technik besaß. Niemals, auch nicht in den schnellsten Passagen, ließ er nur eine einzige Taste stecken. Der hingebungsvolle Tastenheber dankte dem Publikum, das nach ihm rief, für den Applaus und verbeugte sich mit uns zusammen. Nach dem Konzert zeigte er uns voll Stolz die Unterschriften im Innern des Flügels, unter denen sich Namen wie Paderewski, Cortot und andere befanden. »Ich hatte einige sehr schöne Konzerte mit allen diesen«, sagte er.

Die Konzerte in Spanien begannen zu sonderbaren Stunden. In Málaga war es um sechs Uhr zehn am Nachmittag. An einer Wand im Künstlerzimmer hingen Photographien von Musikern, die hier gespielt hatten. Unter den bekannten Gesichtern sah ich Schnabel; das Datum stammte von nur wenigen Monaten vorher. Ich fragte den Präsidenten der Musikgesellschaft, wie ihm Schnabels Konzert gefallen habe.

»Gefallen? Nach fünf Beethoven-Sonaten gab er noch die Diabelli-Variationen zu. Denken Sie nur, beinahe fünfzig Minuten Zugabe! Ich glaubte, man würde ihn umbringen.« Das erinnerte mich an ein Gespräch Schnabels mit einem Berichterstatter, der ihn gefragt hatte: »Wodurch unterscheidet sich Ihr Programm so wesentlich von dem anderer Pianisten?« Schnabel antwortete: »Meine Programme sind auch nach der Pause langweilig.«

Unser nächstes Konzert fand im Teatro Zarzuela in Madrid statt. Wir stiegen im Hotel Victoria ab. Der Angestellte am Empfang legte uns Fragebogen vor. Ich füllte sie rasch aus. Ich fühlte mich fiebrig, hatte Halsschmerzen und wollte so rasch wie möglich in mein Zimmer gelangen. Der Angestellte, der nur spanisch sprach, zeigte mit dem Finger auf eine unbeantwortete Frage, blickte mich an und fragte: »*Casado?*«

»Was heißt das?« wunderte sich Bensinov.

Ich sagte: »Das ist der Name eines spanischen Cellisten, Gaspar Cassadó.«

Der Angestellte wiederholte seine Frage lauter: »*Casado?*«

»Nein«, sagte ich, »Piatigorsky.«

»*Casado?*« Er schlug mit der Faust auf das Papier.

»Nein«, brüllte ich ihn an, »Cassadó ist kleingewachsen, ich bin groß, muß denn jeder mit einem Cello Cassadó sein? Ich bin Piatigorsky.«

Später entdeckte ich, daß *casado* »verheiratet« heißt.

Ich kannte Madrid nicht und hatte mich darauf gefreut, die fabelhafte Stadt kennenzulernen. Dies war mir nicht bestimmt. Ich hatte Grippe. Nach einer elend verbrachten Nacht rief ich wegen des Frühstücks nach dem Kellner. Und zwar wollte ich kein richtiges Frühstück, sondern bloß etwas Heißes zu trinken. Bensinov war früh aufgestanden und bereits unten im Speisesaal.

Der Kellner kam zu mir herein. Er war klein und blond, trug einen fleckigen Frack mit schwarzer Binde, und über seinem Arm hing eine große rote Serviette.

Ich sagte: »Limonade, sehr heiß, bitte.«

»Wie bitte?« fragte er.

»Oh, Sie sind Deutscher?« sagte ich erfreut. Endlich würde man mich verstehen.

»Nein, Schweizer«, sagte er, und seine Augen funkelten. Er sprang vorwärts, entfaltete seine Serviette, drehte sich seitwärts, stampfte mit dem Fuß und stürmte mit einem gellenden »Olé! Olé!« der Ecke zu, wo mein Cello stand. Dies kam alles so unerwartet, daß ich kein Wort herausbrachte. »Hier ist der Stier – hier der große Belmonte. Olé! Olé!« Er kniete nieder, ließ den angeblichen Stier vorbeijagen und führte eine »Veronica« auf.

Bensinov kam zurück. »Er ist verrückt«, sagte ich. »Tun Sie etwas!«

Meine Stimme war schwach und heiser. In diesem Augenblick sagte der Kellner, als ob er Russisch verstände, ganz ruhig: »Limonade? Sofort«, und verließ das Zimmer.

»Man bekommt hier ein fabelhaftes Frühstück«, sagte Bensinov träumerisch und schlief bald darauf auf der Couch ein.

Die beiden Tage vor dem Konzert waren für mich ein Albtraum. Bensinov nahm an Gewicht zu, und ich war wirklich sterbenskrank. Ich wurde so schwach, daß Bensinov mich rasieren und mir beim Anziehen für das Konzert helfen mußte. Er war sehr nett mit mir, und ich war ihm dankbar, daß er auch mein Cello trug und mich am Arm ins Teatro Zarzuela führte.

Wie ich überhaupt durch den ersten Teil des Programms kam, bleibt mir ein Rätsel. Ich spielte mit äußerster Anstrengung, und es war qualvoll. Die Pause sollte, wie es hier üblich war, beinahe ebenso lange dauern wie das Konzert selbst. Wir wurden aufgefordert, in die Königliche Loge zu kommen. Jemand verabreichte mir eine Pille, die im Mund wie heißes Petroleum brannte. Man half mir durch die langen Gänge und die Treppen hinauf zur Loge.

Die königliche Familie war sehr huldvoll. Ich versuchte zu lächeln, dankte für die Ehre und tat so, als ob ich zuhörte, was sie sagten. Meine Temperatur muß noch gestiegen sein, als mein Blick auf Bensinov fiel, der gerade einer Hofdame auf die

Schulter klopfte, oder war es die Königin? Er schien, als wäre er in seinem eigenen Familienkreis – glücklich und frei, und völlig ungerührt von den Zeichen und Einflüsterungen, die ihm der Präsident der Konzertgesellschaft zu machen versuchte.

Wir beendeten das Konzert, und ich wurde wieder zu Bett gebracht. Der Kellner kam mit heißer Limonade und sagte: »Mir hat Ihr Konzert gut gefallen, Ihre Stier-Geige und alles andere, aber mein Vetter, Don Fritz, hätte sich etwas mehr Handlung gewünscht – ein dummer Kerl.«

Ich bat ihn, einen Arzt zu rufen. Der Doktor kam, horchte mein Herz ab, schaute mir in den Hals und sagte etwas auf spanisch. Der Kellner übersetzte: »Er sagt, Sie werden sterben.«

»Ich weiß, aber wann?« Ich meinte, er scherze. Nach einer Unterredung mit dem Doktor sagte der Kellner: »Bald.« Der Arztbesuch war kurz. »Kein Rezept«, sagte der Kellner, »es wäre ungültig ohne einen Stempel vom Gesundheitsamt – dieses ist jetzt geschlossen, sonnabends auch, und übermorgen ist Sonntag . . .«

Ich gab Bensinov alles Geld, das ich besaß. »Laufen Sie zum Bahnhof. Kaufen Sie Fahrkarten nach Berlin, die besten Plätze, die Sie noch bekommen können.«

Es gelang ihm wahrhaftig. Jeder von uns war in einem Luxusschlafabteil untergebracht, und dazwischen hatten wir einen Salon.

Ich sagte die weitere Tournee ab. Bensinov packte meinen Koffer und half mir, zum Bahnhof zu gelangen. Ich war sehr krank, aber dankbar, mich auf dem Heimweg zu befinden.

»Es gibt keinen Speisewagen«, berichtete Bensinov traurig. »In der Eile der Abreise habe ich sehr wenig gegessen. Sind Sie nicht auch hungrig?« Ich stöhnte: »Nein.« Er verließ das Abteil, kam aber nach einer Weile zurück. »Unser Wagen wurde vom Speisewagen abgekoppelt.« Er war erschüttert. »Ich hätte einige von den Eßkörben kaufen sollen, die es am Bahnhof gibt. Die sind toll – gebratenes Huhn, Käse, Früchte und Wein.« Er schnalzte mit der Zunge.

Spät nachts kam er im Pyjama und barfuß zu mir herein und fragte, ob ich etwas brauche. »Wenn ich bloß schlafen könnte«, sagte er. Er horchte auf den Rhythmus des Zuges. »Hören Sie? Er bleibt stehen!« Rasch packte er etwas Geld vom Tisch und rannte hinaus. Ich hörte die Bremsen kreischen, und der Zug hielt. Aber kaum daß er stillstand, setzte er sich wieder in Bewegung und erhöhte seine Geschwindigkeit.

»Dahin sind Bensinovs Hühnchen«, dachte ich. Ich blickte zur

Tür in Erwartung, daß er eintrete. Ich wartete. »Vielleicht ist er draußen im Gang«, dachte ich. Beinahe fünfzehn Minuten vergingen ohne ein Zeichen von ihm. »Bensinov!« rief ich, »sind Sie im Badezimmer?« Keine Antwort.

Endlich kam er. Sein Gesicht war schwarz, sein Pyjama zerrissen, er umklammerte einen Eßkorb und grinste mich an. »Himmel, ich hab's geschafft!« sagte er. »Da war einer, der Essen verkaufte, aber gerade, als ich einen Korb erwischt hatte, hörte ich, wie sich der Zug in Bewegung setzte. Ich rannte wie verrückt und sprang auf die Stufen des letzten Waggons. Die Tür war geschlossen. Ich mußte auf den Stufen hängen bleiben. Hatte ich eine Angst!« Er saß auf meinem Bettrand und aß, während er sprach.

Ich weiß nicht wieso – entweder vom Zuschauen, wie er sein Huhn zerriß und hineinbiß, oder vom Lachen, vielleicht weil ich ihn heil zurück sah, oder waren es ein paar gute Schlucke Wein aus seiner Flasche? – aber ich fühlte mich nicht mehr krank.

Nervosität, die man empfindet, wenn man vor eine Zuhörerschaft tritt, hat in jeder Sprache ihren Namen. Auf deutsch heißt sie Lampenfieber, auf russisch *Wolnenje*, auf französisch *trac* und auf englisch *stage fright*. Manche Leute reden von »Schmetterlingen im Magen«, andere von »Ameisen, die ihnen über die Haut kriechen«, und wieder andere fühlen das »Herz bis zum Halse klopfen«. Jede Sprache und jedes Individuum hat eine andere Definition für diesen Zustand, doch was mich betrifft, so drückt das Wort »Folter« am besten mein Gefühl vor einem Konzert aus. Ich weiß, da ist ein leerer Sitz auf dem Podium, der auf mich wartet und sich in einen »elektrischen Stuhl« verwandeln wird, und daß ich trotz aller quälenden Angst auf ihn zuschreiten und gefaßt und bereit für die öffentliche Hinrichtung erscheinen werde. Sicherlich klingt dies dramatisch, jedenfalls zu dramatisch von einem, an dem das Urteil schon tausendmal vollzogen wurde und der immer noch bereit ist, darüber zu sprechen.

Keiner meiner Kollegen reagierte so wie ich, aber da sie selten gewillt waren, überhaupt davon zu reden, konnte ich nur beobachten und den Grad ihrer etwaigen Leiden und die Methoden, sich zu helfen, erraten. So viele leugneten, Lampenfieber zu haben, daß ich zeitweise den Verdacht hegte, dessen alleiniges Opfer zu sein. Zwar gab es Musiker, deren letzte Tätigkeit, bevor sie das Podium betraten, darin bestand, sich zu übergeben, und auch Schaljapin bildete sich vor jedem Auftritt ein, er habe die Stimme verloren. Jedoch viele meiner Freunde, die ihre Nervosität zugaben, waren der Meinung, sie gereiche ihnen zum künstlerischen Vorteil. Kreisler lachte, wenn ich von meinen Ängsten sprach, und versicherte mir, daß ihm solche Gefühle fremd seien. Es gibt Kollegen, die vor einem Konzert Beefsteaks verschlingen, und andere, die sich benehmen, als gingen sie im Frack zu einem Picknick. Als ich Iturbi darüber befragte, sah er mich nachdenklich an und legte seine Hand aufs Herz: »Es macht tack-tack-tack«, stieß er schrill hervor und ging weg. Seine Beschreibung war genauso gut wie irgendeine andere.

Nervosität kann ansteckend sein. Maestro Toscanini ging eines Tages im Künstlerzimmer, in dem ich übte, um mich für unser Konzert einzuspielen, auf und ab. Seine raschen Schritte, sein Brummen und Vor-sich-hin-Fluchen trugen wenig zur Stärkung meiner inneren Haltung bei. Ich gab mir Mühe, ihm keine Aufmerksamkeit zu schenken und mich auf meine Finger und mein Cello zu konzentrieren, aber wer konnte den Maestro übersehen? Für einen Augenblick hörte ich zu spielen auf. Toscanini blieb auch stehen. Er sah mich an und sagte: »Sie sind nichts wert; ich bin nichts wert«, holte tief Atem und begann von neuem auf und ab zu gehen. Ich übte weiter, wiederholte wie rasend Passagen und wünschte, ich wäre als kleines Kind gestorben. Nach einer Weile hörte ich wieder das schreckliche Urteil.

»Bitte, Maestro«, flehte ich ihn an. »Ich werde ein völliges Wrack sein.« Er wurde gerufen, das Konzert zu beginnen, und nach der kurzen Ouvertüre sagte er in den Kulissen zu mir: »Wir *sind* nichts wert, aber die andern sind schlechter. Kommen Sie, *caro*, gehen wir.«

Obwohl ich die genauen Gründe meines Lampenfiebers nicht feststellen konnte, war ich mir doch der vielen Zufälle und Gefahren bewußt, die mit dem Auftreten in der Öffentlichkeit verbunden sein können: Angst vor einer Gedächtnislücke; Uraufführung eines neuen Werkes oder Erstaufführung eines alten; Befürchtungen wegen schlechter Akustik oder einer unberechenbaren Zuhörerschaft; Angst vor dem Auftreten in »wichtigen« Städten, in denen man noch nie vorher gespielt oder wo das letzte Konzert besonders großen oder überhaupt keinen Erfolg gehabt hat; Angst, daß das Instrument nicht in Ordnung, das Wetter zu feucht oder zu trocken sei, oder noch schlimmer, die Furcht vor gerechter Strafe, weil man nicht genügend vorbereitet war. Das Drohen schlechter Kritiken, verschiedene Arten von Aberglauben oder auch nur die Sorge um eine einzige Note oder Passage können einen elend machen. Die Nervosität überfiel mich bei Proben, ja sogar, wenn ich allein zu Hause spielte, und wenn ich noch so pflichtgetreu geübt und mich vorbereitet hatte – gegen die immer vorhandene Unruhe vor der Aufführung gab es keine Arznei.

Kein Mensch kann voraussehen, was für Kleinigkeiten während des Konzerts darauf lauern, den Musiker von seiner Aufmerksamkeit abzulenken. Sogar bei einer so einfachen Sache wie dem Anbringen von neuen Manschettenknöpfen am Frackhemd ist Vorsicht geboten. Mich beschenkte einmal in Prag ein Japaner als Dank für meine Unterschrift auf einer Schallplatte mit einem Paar silberner Manschettenknöpfe. Sie waren mit einem Kettchen verbunden und auf beiden Seiten mit eingravierten japanischen Buchstaben verziert.

»Was bedeuten sie?« fragte ich.

»Etwas sehr, sehr Gutes. Bitte nehmen Sie sie.« Ich trug sie bei meinem nächsten Konzert. Sie sahen hübsch aus an meinen Manschetten. Das Konzert ging auch gut, nur als ich zu meiner leisesten Dolcissimo-Passage kam, klirrten die Manschettenknöpfe und störten sehr. Das Vibrato war die Ursache des Klirrens. Ich versuchte es ohne Vibrato, und der Ton wurde ausdruckslos und tot. Ich vibrierte wieder, und das Klirren störte die Musik. »Nie wieder«, sagte ich nach dem Konzert.

Als ich aber ein Jahr nachher, in London, meine gewöhnlichen Manschettenknöpfe zu Hause vergessen hatte, blieb mir keine andere Wahl, als die japanischen zu benützen. Ich spielte das Elgar-Konzert in der Queen's Hall und wollte während einer Passage mit einer raschen Bewegung einen hohen Ton greifen, blieb aber mit dem Manschettenknopf am Halsansatz des Cellos hängen, was sehr hinderlich war.

In Stockholm schnitt ich mich mit der scharfen Ecke genau desselben Manschettenknopfs in den Finger. Ich warf sie in den Papierkorb, aber zu Hause fand ich sie wieder in meiner Post. Ich besitze sie immer noch. Sie sind unverlierbar, und es gibt niemanden, den ich so schlecht leiden kann, daß ich sie ihm zum Geschenk machen würde.

Sogar gesunde Vergnügungen vor einem Konzert können verheerende Folgen haben. An einem Wintertag in Amsterdam, als alle Kanäle zugefroren waren und die ganze Bevölkerung Schlittschuh lief, ging ich traurig zur Probe. Nicht einmal Pierre Monteux und das großartige Concertgebouw-Orchester konnten meine Gedanken völlig vom Eislaufen ablenken.

Zu Mittag aß ich mit Freunden, deren schöne Tochter sehr gern Schlittschuh lief. Es fiel ihr nicht schwer, mich zu überreden, nach dem Mittagessen mit ihr zu kommen. Mit gemieteten Schlittschuhen an den Füßen jagte ich kühn davon, aber nach einigen Figuren fuhr ich in jemanden oder in etwas hinein und stürzte. Mit einem heftigen Schmerz in der Hand dachte ich an das Konzert am Abend und machte mir bittere Vorwürfe, doch zu spät.

Als das Konzert begann, war mein rechter Daumen rot und geschwollen, und ich war kaum imstande, den Bogen zu halten. Jedoch ich spielte. Verzweifelt bemühte ich mich, den Bogen nicht fallen zu lassen. Ich hielt ihn mit der Faust, und so brachte ich den ersten Satz des Dvořak-Konzerts zu Ende.

Wir begannen das Adagio. Der Schmerz wurde unerträglich, und ich konnte vor dem Schluß des schönen Satzes die Tränen nicht mehr zurückhalten – sie liefen mir über die Wangen. Es dauerte ungewöhnlich lange bis zum Finale. Und war es ein Wunder? Nach einer so rührenden Aufführung weinten viele mit mir zusammen. Es war ein »Triumph«, dessen Nachklänge mir noch lange, nachdem der Arzt den Gipsverband von meinem Daumen abgenommen hatte, zu Ohren kamen.

Die Reaktion des Publikums ist ein geheimnisvolles Phänomen. Hatte mein Spiel eine so günstige Aufnahme verdient? Ich bin der letzte, der dies beurteilen könnte, denn ich war nicht von der Musik, sondern einzig von Schmerz und Verzweiflung überwältigt gewesen. Ich kann jedoch nicht daran zweifeln, daß ich mit einem unverletzten Finger besser gespielt hätte. Ebenso sicher bin ich aber, daß der Widerhall beim Publikum weniger stark gewesen wäre.

Im Gegensatz zu Amsterdam, wo ich mich einer Fahrlässigkeit schuldig gemacht hatte, war ich in Wien die vernünftige Unschuld selbst. Gut ausgeruht und gut vorbereitet, freute ich mich darauf, unter der Leitung von Bruno Walter das Haydn-Konzert zu spielen. Wir hatten es schon oft zusammen aufgeführt, und die Probe mit den Philharmonikern hätte nicht glatter gehen können. Man hatte mir mitgeteilt, daß das Konzert Punkt sieben Uhr beginnen müsse. Es würde keine Ouvertüre gespielt werden, weil um sieben Uhr dreißig eine Mahler-Symphonie im Radio übertragen werden sollte. Auch so würde nach dem Haydn für den Chor und die Solisten nur knapp Zeit bleiben, um aufs Podium zu kommen. Obwohl ich es sonderbar fand, das Programm mit einem Cello-Konzert zu eröffnen, fügte ich mich.

Am Abend betraten wir Schlag sieben Uhr das Podium. Walter war ungeduldig und wollte beginnen, doch der Lärm der noch hereinkommenden Zuhörer sowie der schwache, aber andauernde Applaus hinderten ihn daran.

»Verbeugen Sie sich«, sagte er zu mir.

Ich sagte: »Nein, es gilt Ihnen.« Der Applaus wuchs an.

»Verbeugen wir uns zusammen«, drängte Walter, als noch mehr geklatscht wurde. Während ich wartete, fiel mir ein, daß sich in Wien ein hitziger Streit abgespielt hatte, wer zum Direktor der Staatsoper ernannt werden sollte. Viele waren für Bruno

Walter, und heute abend fand zweifellos eine Protestkundgebung statt, weil Clemens Krauss die Stelle erhalten hatte.

Als Bruno Walter endlich vor das Publikum trat, bereitete es ihm eine riesige Ovation. Nachdem er sich zu wiederholten Malen verbeugt hatte, ebbte der Applaus ab, so daß wir beginnen konnten.

Ich kann mich nicht erinnern, den Haydn je besser gespielt zu haben. Sogar die flotteren Tempi (wir mußten ja!) erschienen köstlich richtig. In derselben Sekunde, als wir das Haydn-Konzert zu Ende gespielt hatten, stürmten der Chor, die Solisten und die Mitglieder des vergrößerten Orchesters aufs Podium, und bevor mir noch bewußt wurde, was geschah, war die Mahler-Symphonie bereits im Gange, und ich befand mich im Künstlerzimmer. Keine Seele kam mich besuchen, und nach einer Weile spazierte ich langsam allein in mein Hotel zurück.

Ich fragte mich, was mir lieber war – der unbestrittene Erfolg jener beeinträchtigten Aufführung in Amsterdam oder ein sehr gut gespieltes Konzert in Wien, von dem ich allein begeistert war.

Unangenehme Zwischenfälle, die Schrecken aller Künstler, findet die Menge oft köstlich. Eine gerissene Saite oder ein der Hand entschlüpfter Bogen, der in den Saal fliegt, werden nicht verfehlen, Begeisterung hervorzurufen. Während eines Konzerts in Detroit sprang mir mein steifer Kragen auf. Da ich keine Zeit hatte, ihn wieder in Ordnung zu bringen, segelte ich mit zwei wie Flügel flatternden Kragenenden durch das Konzert. Die Wirkung war so ungeheuerlich, daß ich mir überlegte, ob ich den Trick gelegentlich wiederholen solle, indem ich meinen Kragen nicht ganz richtig zumachte, aber ich brachte es nicht wieder fertig.

Ein anderer, viel ernsterer Zwischenfall ereignete sich in Hamburg. Eine feierliche Stimmung herrschte vor der d-Moll-Suite von Bach, die ich im Begriffe war zu spielen. Unerklärlicherweise verließ mich mein Gedächtnis, und ich hatte das Stück nur bis zur ersten leeren D-Saite und nicht eine Note weiter im Kopf. Ich fuhr fort, mein Cello zu stimmen, die ganze Zeit hoffend, die Fortsetzung würde mir wieder einfallen. Aber je länger ich stimmte, desto weniger wußte ich, was dem d folgte. Ich mußte beginnen. Meine Finger würden automatisch weiterspielen, ich war dessen sicher. Entschlossen strich ich das d, hörte aber wieder auf und tat während einer peinlichen Stille so, als ob das Cello noch besser gestimmt werden müßte. Da es mir klar war, daß ich nicht ewig hier sitzen konnte, und da ich keine andere Wahl hatte, begann ich schließlich nochmals. Ich improvisierte, und klopfenden Herzens versuchte ich vorauszusehen, wie ich das Stück entwickeln und beenden könnte. Das Präludium wurde sehr lang, aber ich erreichte schließlich den Schlußakkord. Bei einem Blick in den Saal sah ich Professor Sakom und seine Celloschüler verwundert in ihre Noten starren. »Erstaunlich«, sagte Sakom nach dem Konzert zu mir, »diese Ausgabe des Präludiums kenne ich nicht. Höchst interessant. Ich würde sie sehr gern sehen.«

Am nächsten Morgen kam er zum Frühstück. »Die Kritiker und jedermann bewunderten Ihren Bach«, sagte er. Ich lachte und gestand ihm, daß es tatsächlich »mein« Bach war.

Ein seltsamer Beruf. Man kann körperlich und geistig in ausgezeichneter Form sein und doch nur eine mäßige Leistung vollbringen oder krank und unter ungünstigen Umständen sein Bestes geben. Das Klima ist für den reisenden Musiker weder mild noch beständig. Er wird oft gleichzeitig gelobt und getadelt, manchmal nach demselben Konzert. Er könnte in Buenos Aires eine Goldmine und in Chicago ein finanzielles Fiasko sein. Gerade das bringt den Künstler unter Umständen dazu, gewinnsüchtig zu werden. Jedoch wenn er noch so schlau und geschäftstüchtig ist, wird sich diese Gabe weder beim Komponieren noch beim Üben oder Konzertieren auswirken.

Die Geschicklichkeit des Künstlers in geschäftlichen Dingen wird oft außerordentlich raffiniert. Hier zwei Beispiele geradezu schöpferischer Einfälle:

In Paris arbeitete ich mit Igor Strawinsky an dem Cello-Arrangement seiner ›Pulcinella-Suite‹. Ich genoß unsere Zusammenkünfte so sehr, daß ich bedauerte, unser Werk, welches Strawinsky ›Italienische Suite‹ taufte, vollendet zu sehen. Bevor das Manuskript in Druck gegeben wurde, besuchte mich Strawinsky in New York. Er legte mir ein Papier vor und sagte: »Hier ist der Kontrakt zur Unterschrift für Sie. Doch bevor Sie unterzeichnen, möchte ich Ihnen die Bedingungen erklären.«

»Bedingungen? Aber lieber Igor Feodorowitsch, ich habe mit nichts gerechnet. Ich war über unsere Zusammenarbeit glücklich und freue mich, daß die ›Italienische Suite‹ veröffentlicht wird.«

»Nein, mein Freund, Sie haben ein Recht auf Tantiemen. Ich bestehe darauf. Die Frage ist, ob Sie mit meinem Vorschlag ›halb und halb‹ einverstanden sind. Wohlverstanden, die Hälfte für Sie, die Hälfte für mich.«

»Nein, wirklich!« protestierte ich und wollte nichts davon hören.

»Ich bin nicht überzeugt, daß Sie mich richtig verstehen. Darf ich nochmals wiederholen: halb und halb, die Hälfte für Sie, die Hälfte für mich. Sehen Sie, das ist so: ich bin der Komponist dieser Musik, deren Arrangeure wir beide sind. Als Komponist erhalte ich neunzig Prozent, als Arrangeure teilen wir die verbleibenden zehn Prozent in die Hälfte. Das macht fünfundneunzig Prozent für mich, fünf Prozent für Sie, das heißt halb und halb.« Schmunzelnd unterzeichnete ich den Vertrag. Seit damals halte ich mich von »halb und halb«-Geschäften fern, aber ich liebe weiterhin Strawinskys Musik und bewundere seine Rechenkunst.

Ein nicht minder trefflicher Einfall wurde ausgeklügelt, als Schnabel, Hubermann, Hindemith und ich planten, den hundertjährigen Geburtstag von Brahms mit einem Zyklus seiner Kammermusik für Klavier und Streicher in Hamburg und Berlin zu feiern. Wir einigten uns leicht über die Programme und Daten, und auch die Frage, wie die Gagen zu teilen seien, schien zunächst einfach. Für mich gab es keinen Zweifel, daß wir zu gleichen Teilen bezahlt würden, aber Hubermann und Schnabel schwiegen. Schließlich schlug Hubermann vor, daß man die Geldangelegenheit den Agenten überlasse. (Zweifellos war er sicher, daß er auf diese Art am besten wegkäme.) Schnabel jedoch bestand ärgerlich darauf, daß gewöhnliche Agenten aus dem Spiel zu bleiben hätten. Jeder verteidigte diplomatisch, aber heftig seine Ansichten. Gerade als sie an einem toten Punkt angelangt waren, spielte Schnabel seinen Trumpf aus.

»Meine Herren, wir vergeuden unsere Zeit. Die Gage sollte in fünfunddreißig gleiche Teile geteilt werden.«

»Warum fünfunddreißig!« rief Hubermann aus.

»Das ist ganz einfach«, sagte Schnabel. »Wir werden dreizehn Werke für Klavier und Streicher spielen: drei Trios, drei Quartette, drei Violinsonaten, zwei Bratschensonaten und zwei Cellosonaten, zusammen fünfunddreißig Instrumentalstimmen. Da alle dreizehn Werke mit Klavier sind, sollte ich dreizehn Fünfunddreißigstel der Gage erhalten. Dem Geiger werden die zwei Cello- und die zwei Bratschensonaten abgezogen, also bekommt er neun Fünfunddreißigstel. Das Cello erhält acht Fünfunddreißigstel und die Bratsche fünf Fünfunddreißigstel.« Vor Staunen blieb uns der Mund offen, aber wir mußten alle zustimmen. Zum Glück dehnte Schnabel seinen Scharfsinn nicht darauf aus, die einzelnen Noten zu zählen, in welchem Fall mein Anteil viel schlechter herausgekommen wäre.

Es gehört zur Praxis der Konzertagenten, dem Künstler auf seinem Zeitplan das Datum und die Stunden für Proben und Konzerte bekanntzugeben, ebenso die Gagen und die Komposition, die der Solist spielen soll. Aber andere Details, wie zum Beispiel der Name des Dirigenten oder das übrige Programm, werden selten überhaupt erwähnt. Als ich in Frankfurt am Main das Podium betrat und Richard Strauss erblickte, bekam ich einen Schock. Ihn hätte ich am wenigsten als Dirigenten erwartet. Ich glaubte, ich hätte mich geirrt und wäre in der falschen Stadt, aber als ich mich gerade zurückziehen wollte, rief er mich.

»Das Haydn-Konzert«, sagte er zum Orchester. Nach wenigen Takten unterbrach er und sagte: »Das Tutti ist zu lang. Es ist ein Konzert und keine Symphonie. Wir werden etwas streichen.« Er zählte die Anzahl der auszulassenden Takte. »Versuchen wir es.« Ich hörte mir diese unmögliche Kürzung an, wagte aber nicht, etwas dagegen zu sagen. Am Ende des ersten Satzes forderte mich Strauss auf, die ganze Kadenz zu spielen. Ich tat es. »Wer hat sie geschrieben?« fragte er.

»Es ist meine eigene«, sagte ich. Er murmelte etwas, das wie ein Kompliment klang. Nach der Kadenz im zweiten Satz fragte er voll Abscheu: »Wer schrieb denn das da?« Diese Kadenz stammte auch von mir, doch in meiner Verlegenheit erfand ich: »Emil Schmorg.«

»Schmorg? Diese Kadenz ist schrecklich. Ich werde Ihnen jetzt gleich eine andere schreiben. Meine Herren, Pause.«

Es war eine lange Pause. Strauss schrieb mit Bleistift in meine Stimme (ich besitze sie immer noch). Als wir wieder auf dem Podium waren, stellte Strauss die Noten vor mich hin, und nach einigen Takten des Orchesters, die zur Kadenz überleiteten, begann ich zu spielen. Da stand ein Rezitativ, nach dem ich, meinen Augen kaum trauend, das berühmte Thema aus ›Till Eulenspiegel‹ sah. Ich spielte es. Es erhob sich schallendes Gelächter. Als es sich gelegt hatte, sagte Strauss: »Der Schmorg ist mir lieber.«

Nach dem Haydn waren alle außer mir in bester Stimmung für den ›Don Quixote‹. Ich war sehr nervös. Ich hatte ihn wohl schon vorher gespielt, aber war es so, wie der Komponist es wünschte?

Nach der großen Solo-Variation in d-Moll herrschte tiefe Stille. Ich wagte nicht, zu Strauss aufzublicken. »Warum geht er nicht weiter zur nächsten Variation?« fragte ich mich ängstlich. Endlich sagte er: »Ich hörte meinen ›Don Quixote‹, wie ich ihn mir gedacht habe.« Es war ein großer Augenblick, dessen Wirkung andauerte, sogar als Strauss bei den Aufführungen während meiner langen Kadenzen im Haydn-Konzert auf seine Uhr blickte.

Strauss sprach mit Liebe von seinem ›Don Quixote‹. Er dirigierte ihn großartig. Anstelle seiner im allgemeinen zurückhaltenden Art traten hier Pathos, Humor und Leidenschaft; sein Sancho Pansa besaß genau den Charakter, den Cervantes ihm verliehen hatte. Die Zumutungen, die Strauss an das Bratschensolo stellte, waren schwer zu erfüllen, denn er verlangte vom Bratschisten, daß er nicht »schön« spiele, sondern stottere und kratze.

»Noch nie hat man von mir verlangt, daß ich häßlich und komisch spiele«, setzte sich der Musiker zur Wehr.

»Humor ist eine große Kunst«, antwortete Strauss.

Strauss versprach, mir ein Cello-Konzert zu komponieren. Er schrieb mir, er habe es nicht vergessen, er werde bald damit beginnen; doch die Jahre vergingen. Als ich ihn in Wien zum letztenmal sah, versicherte er es mir wieder. Dann kam Hitler und der Krieg – der große Verlust für die Cello-Literatur schien nicht mehr wichtig zu sein.

Vermittlung suchende russische Emigranten in Berlin kannten Mary Bran. Sie war eine energische, frei arbeitende Agentin, oft temperamentvoller als die von ihr vertretenen Künstler. Wir arbeiteten nicht zusammen, aber wir kannten einander und waren gute Freunde.

»Grischa, geliebter Schatz«, pflegte sie mich anzureden. »Ich habe eine dringende Angelegenheit mit dir zu besprechen.« Ich hörte zu. »Gibt es noch andere Agenten, die ihr Leben aufs Spiel setzen, um dein Cello zu retten? Weißt du noch?« Sie erinnerte sich mit Vergnügen an meine vor-philharmonische Zeit, als wir beide in der Pension Prager-Platz wohnten.

»Es brennt – schnell, mach' auf«, hatte sie eines Nachts gerufen und dabei an meine Tür gehämmert. Im Augenblick, als ich öffnete, war sie in mein Zimmer gestürmt. Ich sah sie nach meinem Cello schnappen und damit hinausjagen. »Folg' mir!« schrie sie. »Die Feuerleiter ist rechts.« Ich holte sie ein, und als wir auf der verlassenen Straße dem Haus gegenüberstanden und einander anblickten, sagte sie enttäuscht: »Falscher Alarm, glaube ich, obwohl ich schwören könnte, daß ich Rauch verspürte.«

»Es war jedenfalls ein schönes Rennen«, lachte ich.

Jetzt, nach mehreren Jahren, lachten wir wieder darüber. »Hör', geliebter Schatz«, sagte sie ernst. »Du stehst vor dem Wendepunkt deiner Karriere. Discher and Discher sind hier.« Offensichtlich erwartete sie, dies würde mir Eindruck machen, und ich gab mir Mühe, sie nicht zu enttäuschen.

»Wirklich?« sagte ich, obwohl ich nicht wußte, wer Discher and Discher waren.

»Ja, sie sind hier – alle beide. Es war ein glücklicher Zufall, daß ich sie gleich nach ihrer Ankunft aus den Vereinigten Staaten kennenlernte. Sie sind führende amerikanische Impresarios. Jeder weiß das. Kurz, wir dürfen keine Zeit verlieren. Du spielst unter Furtwängler ein Cello-Konzert. Ich muß zwei Karten für sie haben. Bitte versuch', drei zu bekommen. Für mich einen Platz in der Mitte zwischen ihnen.« Ich versprach ihr drei Karten.

Nach dem Konzert stellte sie mich im Künstlerzimmer der Philharmonie zwei würdigen, grauhaarigen Herren in den fünfziger Jahren vor. Sie trugen breitrandige Brillen und sprachen kein Wort.

»Ich verständige dich später«, Mary warf mir einen bedeutungsvollen Blick zu und ging mit Discher and Discher hinaus.

Einige Tage lang lief Mary zwischen den Dischers und mir geschäftig hin und her und berichtete mir über den Fortschritt der Vertragsverhandlungen. »Es ist bereits zu schön, um es zu sagen, aber ich bin noch an der Arbeit.« Sie war Feuer und Flamme.

Endlich kam der große Tag, und der Kontrakt lag vor mir. Er lautete für dreißig Aufführungen in den Vereinigten Staaten, mit ansehnlicher Gage sowie Bezahlung aller Ausgaben. »Die Dischers haben uns zu einer Feier eingeladen«, sagte Mary.

Wir trafen uns alle im Foyer des Hotels Esplanade und wurden zum Nachtessen zu einer festlich gedeckten Tafel geführt. Die beiden Herren sahen ebenso förmlich wie elegant aus. Sie trugen Smoking, und ihr feierliches Benehmen ließ den Anlaß noch wichtiger erscheinen. Niemand sprach vom Kontrakt oder über Einzelheiten der bevorstehenden Tournee. Erst nach einigen Gläsern Champagner fragte ich, was für Programme und mit welchen Orchestern ich zu spielen hätte.

»Das soll nicht Ihre Sorge sein«, sagte der ältere Mr. Discher.

»Sind die Programme nicht wichtig?«

»Eine Persönlichkeit – das ist wichtig«, antwortete er, »und Sie sind eine ziemlich starke.«

»Trinken wir auf Ihren Triumph«, schlug der jüngere Mr. Discher vor.

»Sollten Sie nicht mein Repertoire haben?« beharrte ich. »Ist Interesse für zeitgenössische Musik vorhanden?«

Die Dischers tauschten ein Lächeln aus. »Was immer Sie spielen, ist okay. Sie werden eine Sensation sein, kein bißchen weniger als der große Magno.«

»Magno? Wer war das?«

»Sie sind Europäer, wie ich sehe«, antwortete Mr. Discher lächelnd, »aber das macht nichts. Magno war erstaunlich, und etwas anderes.«

»Jawohl, anders«, stimmte der zweite Discher bei. Beide Herren gerieten in lebhafte Begeisterung. »Mit einer Persönlichkeit, wie Sie es sind, zu arbeiten, ist eine todsichere Sache. Sie werden die allergrößte Zugkraft für die Kassen im amerikanischen Schaugeschäft haben.«

»Schaugeschäft?« Meine Stimme kippte.

»Wir werden Piatigorsky groß herausbringen und aus ihm einen noch mächtigeren Magno machen.«

»Was taten Sie mit ihm?« fragte ich und verzichtete auf das Dessert. »Erzählen Sie.«

»Genau wie Sie war Magno für Amerika neu, aber wie bei Ihnen glaubten wir auf den ersten Blick an ihn. Wir verpflichteten ihn, machten die richtige Propaganda und verkauften ihn mit Dischers sprichwörtlichem Feldzug. Seine Premiere in New York ist jetzt historisch – unglaubhaft und unvergeßlich.

Zigarre gefällig? Nein? Also, das überfüllte Haus wartete mit Spannung. Langsam öffnete sich der Vorhang, aber die hellerleuchtete Bühne zeigte – nichts! Sie war leer. Stellen Sie sich vor, vollkommen leer. Ein großes, durchsichtiges Aquarium stieg wie durch Zauber von unterhalb der Bühne in die Höhe, an jeder Seite zwei Meerjungfrauen und dazu ein Neptun. Die Lichter erloschen, und man sah nur noch eine prächtige Schau vom Leben im Meere, Fische in allen Farben und Formen, Seesterne und alles Drum und Dran. Die Spannung im Zuschauerraum wuchs und steigerte sich immer mehr und mehr in unvorstellbarer Weise, bis als Höhepunkt Magno erschien, ein Riese in Ihrer Größe und Breite, und sich dem Aquarium näherte. Er stand davor und sagte – nichts! Der Ausdruck seines herrlichen Gesichts zeigte – nichts! Er stand bloß da wie die Statue eines Dämons oder wie ein Meeresgott, wie er in der Vaudeville-Zeitung beschrieben war. Die vier Gehilfen hoben das Aquarium langsam in die Höhe, und die Zuschauer hielten den Atem an, als Fische und Wasser in Magnos Hals zu fließen begannen. Man hörte die Steine rasseln und sah, wie die ganze Vegetation von dem riesenhaften Menschen verschlungen wurde. Als der Behälter leer war, geriet das ganze Haus in Aufruhr. Viele Leute fielen in Ohnmacht. Die Menge –«

Es würgte mich. »Mir wird schlecht«, sagte ich und lief hinaus.

Eine Stunde später kam Mary Bran zu mir. Sie weinte beinahe. »Es ist eine Katastrophe. Du kannst dir nicht vorstellen, wie mir zumut ist. Es sind Vaudeville-Agenten – nein, wahrscheinlich sind sie Kundenfänger für eine Abnormitätenschau. Mich schaudert es. Was hatten sie mit dir vor?! Sie verlangen Schadenersatz für den Vertragsbruch.« Ich bezahlte, und so endete meine erste Aussicht auf eine Amerika-Tournee.

Ich war froh, daß ich nicht für Discher and Discher meine Stellung aufgegeben hatte, und freute mich auf das nächste Konzert in der Philharmonie. Rachmaninov war auf dem Spielplan.

Vor der Ankunft des Komponisten arbeitete Furtwängler an dessen drittem Klavierkonzert mit dem Orchester und bemühte sich hauptsächlich, die vielen kleinen Striche in der Partitur – offensichtlich von Rachmaninov selbst hineingeschrieben – abzuklären.

Am Konzerttag saß der Komponist im Saal in der ersten Reihe und hörte sich die Probe an. Sein zerfurchtes Gesicht wirkte müde und bekümmert. Mit seinen langen Fingern fuhr er sich über das kurzgeschorene Haar und das Gesicht, als ob er sich erfrischen oder etwas Quälendes wegwischen wollte. Nicht ein einziges Mal blickte er zum Orchester, aber häufig auf seine Uhr.

Er stand auf. Er war mager und sehr groß; jetzt betrat er das Podium. Furtwängler, der eine Symphonie probte, nicht beachtend, setzte er sich an den Flügel, sah auf seine Uhr und schlug ein paar dröhnende Akkorde an. Verblüfft unterbrach Furtwängler seine Probe. Er blickte zu Rachmaninov, der ihm seine Uhr zeigte und sagte: »Meine Probe war auf zehn Uhr dreißig angesetzt.«

Ohne weitere Verständigung begann die Probe für das Klavierkonzert. Nach ungefähr fünf Minuten schritt Rachmaninov zum Dirigentenpult und begann zu dirigieren. Das Orchester hatte zwei Dirigenten, den bestürzten Furtwängler und den auf russisch fluchenden Rachmaninov. Sogar als er zum Klavier zurückkehrte, hielt die Spannung bis zum Schluß der langen, unangenehmen Probe an. Auch beim Konzert gab es immer noch Unstimmigkeiten, doch die beiden außergewöhnlichen Künstler brachten trotz allem eine aufregend schöne und besonders einheitliche Aufführung zustande.

Zu Ehren Rachmaninovs bereitete Frau Louise Wolff einen Empfang vor und bat mich, seine Sonate zu spielen. Mein Freund, der Pianist Karl Szreter, übte fieberhaft. Kein Wunder, denn Rachmaninov war sein Idol. Gut vorbereitet und voll Interesse sahen wir die musikalische Elite sich im Hause von Frau Wolff versammeln. Rachmaninov nahm, wenige Schritte von Szreter und mir entfernt, Platz. Er sah aus, als fühle er sich in eine Falle geraten oder gezwungen, eine Prüfung zu bestehen.

Wir spielten die Sonate gut. Sie hatte spontanen Applaus. Rachmaninov reichte mir die Hand und sagte in seinem aristokratischen Russisch einige beifällige Worte. (Merkwürdigerweise hatte er das gleiche gutturale R wie Lenin.) Szreter, der neben mir stand, wurde völlig übersehen.

»Ich bleibe noch drei Tage in Berlin, bitte besuchen Sie mich«, und auf Szreter zeigend, »aber ohne ihn.«

Ich ging nicht zu Rachmaninov, verbrachte aber viele Stunden mit Szreter, um ihm zu helfen, sich von dem Vorfall zu erholen. Einige Jahre später traf ich Rachmaninov in New York und erzählte ihm mit leisem Vorwurf, daß Szreter gestorben sei. Sergej Wassiljewitsch antwortete, als hätte er eine gute Nachricht erhalten: »Schön, ich wünsche ihm ein Königreich im Himmel.«

Unerklärlicherweise klang das Wort »schön« nicht zynisch, und das »Königreich im Himmel« hatte einen religiösen Beiklang und schien aufrichtig gemeint. Als ich seinen schwierigen Charakter näher kennenlernte, verstand ich mit der Zeit seine abstoßende Strenge, sein mißtrauisches Wesen, seine Vorurteile und seine äußerliche Trockenheit besser, alles Narben, die von hart ausgefochtenen inneren Kämpfen herstammten. Vielleicht war seine Haltung durch die Abneigung verursacht, sein tiefstes Inneres zu zeigen, das einzig der Musik vorbehalten blieb. Ich hörte von andern, daß er selten lachte, aber als ich ihm einmal einen Witz erzählte, brach er in so heftiges Gelächter aus, daß mir angst wurde.

Noch einmal erschreckte er mich, nämlich als er mit mir in Luzern, bekleidet mit einer Regenkapuze, wie ein Gespenst am Steuer seines Rennbootes saß und, im Zickzack herumrasend, den friedlichen See in einen wilden Strudel verwandelte. Als wollte er das Vertrauen seines Gastes auf die Probe stellen, fuhr er geradewegs auf das Ufer los und wich erst im allerletzten Moment mit einer scharfen Wendung aus. Ein Lächeln erschien auf seinem nassen Gesicht. »Sie bekommen nicht leicht Angst«, sagte er. »Sie hätten andere Musiker sehen sollen. Ich mag Sie gern.« Ich hatte ihn mehr als gern. Ich hegte tiefste Bewunderung für ihn, und er hörte nie auf, mich zu faszinieren. Aber ich machte nie wieder eine Fahrt in seinem Boot mit ihm.

Als ich eines Tages aus der Philharmonie kam, lief ich Tols in die Arme. Er lächelte mich breit an und sah in einem gut geschnittenen Anzug recht wohlhabend aus.

»Das ist ein schöner Anzug, den Sie da tragen«, sagte ich, »ich habe genau den gleichen.«

»Sie hatten«, erwiderte er. »Sie besaßen auch einen grauen und einen braunen, für alle drei spreche ich Ihnen mein Kompliment und meinen Dank aus. Ich hoffe, Sie sind mir nicht böse ... ich habe Ihren Geschmack immer bewundert.«

Ich war böse, aber ich konnte nichts machen. Ich konnte Tols selten widerstehen. Dieses Mal war er knapp an Geld, außerdem brauchte er einen Arzt, der einer weiblichen Bekanntschaft von ihm in einer ziemlich heiklen Situation beistehen sollte. Doch was immer sein Begehren war, nichts überraschte mich. Nach den Erfahrungen in der Vergangenheit war es das beste, was ich tun konnte, seine Wünsche zu erfüllen. Diesmal war der Erfolg größer, als ich erwartet hatte – ich sah Tols während sehr langer Zeit nicht mehr, was mich hoffen ließ, er hätte einen Nachfolger für mich gefunden.

Tols besaß eine Menge natürlicher Begabungen, doch jede davon war mikroskopisch klein. Dazu kamen zahlreiche winzige Mängel. Alles zusammen ergab eine schillernde Erscheinung. In Anerkennung seiner Hilfe hatte ich zuerst seine guten Eigenschaften höher eingeschätzt, als sie es verdienten, und bei späteren Gelegenheiten, wenn er mir beigestanden war, seine Fehler verkleinert; doch bis mir bewußt wurde, daß bloß Unzulänglichkeiten übrig blieben, und zwar keineswegs mikroskopisch kleine, war es zu spät. Ich hatte mich bereits in meiner eigenen Dankbarkeit verfangen. Tols war eine Quelle nie endenden Ärgers. Man mußte ihm aus dem Gefängnis heraushelfen und ihn in ferne Länder schicken, ihm dann telegraphisch Geld für die Rückkehr anweisen, nur damit er wieder irgendwohin gesandt oder verbannt werden konnte. Der schöne, gesunde Mensch las leicht Krankheiten auf, aber ob sie tropisch, venerisch oder gastrisch waren, er behielt sie nie lang. Er war vielseitig und wechselte in rascher Folge seine Beschäftigungen – Leiter einer chinesischen Wäscherei, Veterinär, Masseur, Reporter, Impresario, und in einer besseren Periode war er sogar Mitbesitzer eines Nachtklubs. In den Gefängnissen lebte er als freier Gast, und wenn er draußen war, gelang es ihm, die meisten Dinge umsonst zu bekommen. Während der Jahre, in denen ich ihn kannte, besaß er Pässe sieben verschiedener Länder; den letzten hatte er von Honduras. Man hielt ihn auch einmal für einen Spion, aber ich konnte mir nicht vorstellen, für welches Land, und in Frankreich geriet er in den Verdacht, mit Rauschgift zu handeln. Als ich ihn zum letztenmal sah, war er so fröhlich wie immer. Er stellte mir eine Frau als seine Braut vor. Was mit seiner eigenen Frau geschehen war, erwähnte er nicht. Ich lud ihn mit seiner Braut zum Mittagessen ein, doch die beiden sind nicht erschienen. Ich habe ihn nie wiedergesehen.

Viel später hörte ich, daß er gestorben sei, die Todesursache ist mir jedoch nicht bekannt. Wahrscheinlich gibt es nicht viele, die diesen lebenshungrigen, korrupten, gutherzigen Menschen vermissen. Mir hat er geholfen, wenn ich Hilfe brauchte, und er brachte mich oft zum Lachen, wenn mir zum Weinen war. Ohne Tols ist die Welt nicht dieselbe, und mir fehlte er.

Bei der Rückkehr von einer Konzerttournee nach Berlin bekam ich Blinddarmentzündung und wurde eiligst zur Operation ins Krankenhaus gebracht. Das erste Mahl, das man mir, als ich aus dem Operationssaal kam, verabreichte, bestand aus Frankfurtern mit Kartoffelsalat. Die Tatsache, daß es mir ausgezeichnet schmeckte, versprach eine wundersame Wiederherstellung, aber einige Stunden danach glaubte ich, ich müsse sterben. Am nächsten Tag klopfte mir der Chirurg auf den Bauch und sagte voll des Lobes: »Das ist ein braver Soldat!« Ich weiß nicht mehr genau, was geschah, außer daß ich sehr krank wurde. Die nachfolgenden Komplikationen hielten mich während vieler Wochen im Krankenhaus fest.

Ich befolgte irgend jemandes Rat und reiste in eine anthroposophische Klinik, wo ich mich vollständig erholen sollte. Es war mir nicht recht klar, was Anthroposophie bedeutete, doch mit anthroposophisch gezüchtetem Gemüse als Nahrung und versehen mit anthroposophischen Büchern, ließ ich mich in einer angenehmen Gegend nieder. Da stand ein Gebäude, das aussah wie ein Tempel. Es hieß Goetheanum. Das Sinnbild war Goethe, der Lehrer dieser Wissenschaft war die Natur, die ihrerseits, wie ich verstand, vom Menschen etwas zu lernen hatte. Ich sah Patienten im Goetheanum tanzen. Jede Geste und jede Bewegung sollte einen Buchstaben oder ein Wort darstellen. Einer erklärte mir, daß Beine und Arme der Darsteller ein ausreichendes Vokabular besäßen, um Goethes Faust aufzuführen, ohne daß ein einziges Wort gesprochen würde. All das schien mir recht seltsam.

Ich befolgte die Verordnungen meines Arztes. Ich las Artikel über Anthroposophie und träumte dabei von russischem Essen. Eines Tages ging ich einkaufen und kehrte mit Wurst, Heringen, Borschtsch, Sauerkraut und einem Sortiment geräucherter Fische zurück. Es war Abendessenszeit, und ich schob die anthroposophischen Gräser beiseite und feierte mein privates Fest. Die anderen Patienten warfen begehrliche Blicke nach meinem Tisch. Einige von ihnen gesellten sich zu mir und bedienten sich auch mit meinen empörend profanen Speisen.

Während ich in der Klinik war, erhielt ich viele Briefe und entwickelte mich auch zu einem guten Briefschreiber. Ich schrieb sogar an Stefan Zweig, den ich nicht persönlich kannte, dem ich aber gern meine hohe Achtung für seine Werke ausdrücken wollte. Er antwortete mir sofort. Er schrieb, daß meine Annahme, ihn nicht zu kennen, unrichtig sei, denn er habe in Wien meinem Konzert beigewohnt und wir seien einander vorgestellt worden. Zwischen uns entwickelte sich eine Korrespondenz, und wir trafen einander dann gelegentlich in Salzburg, London, Wien und an anderen Orten.

Vollkommen hergestellt und wieder in Berlin, stürzte ich mich in die Konzerttätigkeit. Ich spielte viele zeitgenössische Werke, manche davon klangen wie Grieg. Aber ich spielte auch Werke von Anton Webern, die nur wenigen verständlich waren, deren Aufführung mir aber Freude machte. Es gab Durchschnittsprogramme mit Bach, Beethoven, Brahms, und andere Programme, die aus zu Recht vergessener Musik, aber auch aus vernachlässigten Meisterwerken bestanden; zu letzteren gehörte ›Schelomo‹ von Ernest Bloch, das ich mit den Philharmonikern uraufführte.

Auch merkwürdige Programme gab es mit ungewöhnlichen Zusammenstellungen der Instrumente. Eine dieser Ideen stammte von meinem lieben Freund Joska Szigéti. Sein Einfall war, wie meistens bei ihm, anregend und kühn. Ich hatte Szigéti gern und bewunderte seine aufrichtige Kunst; ich freute mich auf unsere gemeinsamen Konzerte in Berlin und Frankfurt. Auf dem Programm standen: Duo für Geige und Cello von Kodály, Partita für Violine Solo von Bach, die Suite für Cello allein von Max Reger und die Sonate für Violine und Cello von Ravel. Unsere Proben waren angenehm, doch es gab eine Spannung, weil Szigéti, nicht gewöhnt, aus Noten zu spielen, sich durch das notwendige rasche Umblättern beim Ravel gestört fühlte. Ich muß zugeben, daß dieses Umblättern, häufig an den ungünstigsten Stellen, ein Problem war. Szigéti half sich jedoch auf unglaublich praktische Weise. Er verschaffte sich für das Konzert mehrere zusätzliche Ausgaben der Ravel-Sonate. Alle diese Noten stellte er auf einer Reihe von Ständern auf, und anstatt umzublättern, »spazierte« er einfach von einem Notenpult zum nächsten durch das ganze Werk.

Wenn ich nicht selbst spielte, besuchte ich die Konzerte anderer Künstler. Ich ging sogar in Chorkonzerte und Liederabende, Veranstaltungen, bei denen es eine Seltenheit war, einen anderen Virtuosen im Publikum zu treffen. Wenn Mussorgskij deutsche Sänger wie Karl Erb und Maria Ivogrün gehört hätte, um nur zwei zu nennen, hätte er nicht behauptet, daß alle deutschen Sänger wie Gockelhähne sängen.

Ich wartete gespannt auf den Violinabend von Heifetz. Ich hatte ihn noch nie gehört, aber obschon ich nur um zwei Jahre jünger war als er, hatte der Name Heifetz seit meiner frühen Kindheit in Rußland für mich sagenhaften Klang. Um sein Konzert nicht zu versäumen, mußte ich das meine in Hamburg verschieben. Dies war nicht leicht, aber wohl der Mühe wert. Welch eine überlegene Beherrschung des Instruments! Es schien, als habe er seine olympischen Höhen erreicht – oder vielmehr, er sei dorthin entrückt worden – durch andere als menschliche Kräfte. Er stand da wie aus Marmor gemeißelt, aber ich mußte aufhören, seine Vollkommenheit zu bewundern, und mit geschlossenen Augen dem überirdisch schönen Klang seiner Geige lauschen.

Heifetz besuchte auch eines meiner Konzerte, und als wir uns trennten, hoffte ich, unsere Wege würden sich nicht nur bald wieder kreuzen, sondern uns zu einem gemeinsamen Schicksal zusammenführen, und wir würden Zeit haben, Freunde zu werden und miteinander zu musizieren.

(Wir haben uns nicht nur wiedergetroffen, sondern unsere freundschaftlichen Beziehungen sowie unsere gemeinsame musikalische Tätigkeit, verteilt über die vergangenen fünfunddreißig Jahre, haben so viel Bedeutung, daß sie umfangreichen Bericht verdienen. Jedoch will ich, um den Zusammenhang meines Buches nicht zu unterbrechen, der Versuchung widerstehen, mehr aufzuzeichnen, als eine ungefähre Skizze: Von uns zusammen wurden über dreißig Werke auf Schallplatten aufgenommen, wir gaben Unterricht und wir filmten gemeinsam. Wir verbrachten unzählige Stunden zusammen, in denen wir Kammermusik spielten, auch Ping-Pong und Gin-Rummy – letzteres ohne »Küsse« und »um die Ecke gehen«, wenn man versteht, was ich meine. Wir begründeten die ›Heifetz-Piatigorsky-Konzerte‹, die wir bis heute noch fortsetzen. Und während einer gewissen Zeit, als wir mit Artur Rubinstein spielten, trugen wir den zweifelhaften Titel *The Million Dollar Trio*, der uns vom ›Life‹-Magazin nach einer Reihe von Konzerten in Ravinia verliehen worden war.)

Jacques Thibaud kam in die Stadt und brachte wie immer köstliche Geschichten für seine Freunde mit. Sein Talent zu improvisieren ließ die alten, oft wiederholten Erzählungen immer wieder neu erscheinen. Seine Besuche bedeuteten kurze Nächte und häusliche Kammermusik. Die musikliebende Welt kannte seine erlesene Kunst, doch ich wünschte, jemand würde für die Nachwelt seine Anekdoten und Streiche niederschreiben. Geistreich und elegant wie er war, hätte er nicht gezögert, sich dieser Tugenden für kurze Zeit zu enthalten, um einen vielversprechenden, sogar leicht bösen Scherz zu inszenieren.

Bei jenem Besuch Thibauds aber war er es, dem unbeabsichtigt Unterhaltung geboten wurde, und zwar bei einem Kammermusikabend, in welchem der Pianist Edwin Fischer, der korpulente Kontrabassist Gödike und ich mitwirkten. Gödike hatte sich offenbar verspätet, und wir alle warteten auf ihn mit dem Forellenquintett, bis er endlich erschien. Der Mann mit dem riesigen Umfang war in Berlin schon immer ein Original gewesen, aber wie er jetzt im Frack, durchnäßt, mit klappernden Zähnen vor uns stand, bot er einen unvergeßlichen Anblick. Sprachlos starrte er zuerst auf den kleinen Teich, der sich zu seinen Füßen bildete. Dann sagte er schließlich: »Diese beiden Strolche, die mich überfallen wollten, als ich die Brücke überquerte, sind schuld. Aber ich schlug sie mit ihren Köpfen gegeneinander und warf sie in den Fluß. Dann mußte ich sie wieder herausziehen, um den Schurken das Leben zu retten.« Zitternd verlangte er einen Schluck Cognac. Er trank drei oder vier.

Er hatte keine Zeit, sich umzuziehen oder seinen Frack zu trocknen, und stimmte auf dem Podium sein Instrument; als wir zum Spielen bereit saßen, zeigte sein breites Grinsen an, daß er sich wohl fühlte. Es schien ihm besser und besser zu gehen, je weiter wir das Quintett spielten, bis er schließlich nicht mehr imstande war, seine gute Laune zu verbergen, und zu uns und zum Publikum zu sprechen begann. Wir unterbrachen unser Spiel. Da verstummte auch das Gelächter, das sich allgemein erhoben hatte, und Gödike hörte mit seinen Späßen auf. Die plötzlich eingetretene Stille machte ihn nüchtern, und als wir das Quintett nochmals begannen, kam es zu einer guten Aufführung. Nachher sagte Gödike mit Tränen in den Augen: »Ich hätte die beiden Kerle lieber ertrinken lassen sollen, als Schubert zu beleidigen.«

Wir verbrachten einige angenehme Tage mit Jacques, und ich mußte ihm versprechen, mir Wanda Landowska anzuhören. Er nannte es ein Verbrechen, daß ich es noch nie getan hatte. Ich ging in ihr Konzert, in welchem sie das Haydn-Konzert spielte. Sie schritt, in eine Art Priestergewand gekleidet, über das Podium auf ihr Cembalo zu, als wäre es ein Altar. Bevor sie zu spielen begann, herrschte feierliche Stimmung. Aber ihre Aufführung war wunderbar einfach und so vorbildlich, wie es von einer wahrhaft großen Künstlerin zu erwarten war.

Nach vier Saisons mit den Berliner Philharmonikern sah ich mich von mehr und mehr Konzertverpflichtungen in Anspruch genommen, so daß es mir nicht länger möglich war, im Orchester zu bleiben, und wir mußten voneinander scheiden. Ich glaube, daß meine Kollegen den Abschied ebenso tief empfanden wie ich, aber Furtwängler und ich hatten viele gemeinsame Konzerte auf unserem Plan, so daß die Orchestermusiker und ich hofften, einander fast ebensooft zu sehen wie bisher.

Herr Blanke, ein alter Geiger, sprach mir bewegt sein Bedauern aus, mich scheiden zu sehen, ohne mich je spielen gehört zu haben.

»Aber ich sehe Sie seit vielen Jahren im Orchester«, sagte ich.

»Ich hörte nie zu. Seit meinem Nervenzusammenbruch vor zehn Jahren habe ich aufgehört, Musik zu hören. Die Ärzte haben es mir verboten. Sie machten mich aufmerksam, daß dies die einzige Möglichkeit sei, die Krankheit zu überstehen. Am Anfang war es schwer, doch nach und nach brachte ich es fertig, nicht zu hören, was ich oder die andern spielen, und seit ich mich für die Stimme des Dirigenten völlig taub machte, habe ich keine Beschwerden mehr und fühle mich ›wunderbar‹.«

Es war ein geschäftiger Vormittag. Ich telephonierte herum und schrieb Entschuldigungsbriefe, doch es glich einem Versuch, Irreparables wiederherzustellen. Um die Gastfreundschaft vieler Leute zu erwidern, hatte ich wochenlang im voraus vierzig Personen zu einem Nachtessen eingeladen. Die Einladungen waren ausgesandt, die Speisen und Weine bestimmt, Lieferanten und Bedienung bestellt, und ich hatte in meinem Kalender angezeichnet: »Zu Hause.« Befriedigt über meine Tüchtigkeit und mich bereits als guter Gastgeber fühlend, war ich auf Konzerttournee gegangen.

Kurz nach meiner Rückkehr nach Berlin sah ich in meinem Kalender das »Zu Hause« stehen, und entzückt über den freien Abend, ging ich zuerst ins Kino, um einen Mörderfilm anzuschauen, in welchem mein Freund Peter Lorre spielte; nachher machte ich einen langen Spaziergang und aß unterwegs ein belegtes Brot in einer Bierstube. Zufrieden mit der so angenehm verbrachten Zeit, kam ich gemütlich zur Straße zurück, in der ich wohnte. Es war etwas nach zehn Uhr. Die Straße war ruhig, ich sah Licht in den Fenstern, und wie erfreut war ich, ganz unerwartet einer Gruppe von Freunden in die Arme zu laufen.

»Was machen Sie zu dieser Stunde in meiner Nachbarschaft? Wie reizend!« Meine herzliche Begrüßung wurde irgendwie gezwungen erwidert. Kurz darauf traf ich noch mehr Bekannte, und als ich stehenblieb, um sie zu begrüßen, kamen wieder andere auf mich zu. »Ah, Herr Doktor, wie geht's! Oh, Frau Professor! Hans! Frieda!« Ich war entzückt, so viele Freunde zu treffen, und Verwunderung über eine Reihe solcher Zufälle tauchte erst in mir auf, als ich bei meinem Haus angelangt war und den Bürgermeister von Berlin, den ich nur »offiziell« kannte, aus meiner Wohnung herauskommen sah.

»Wer sind Sie?« fragte mich ein verblüffter Bediensteter, als ich meine Wohnung betrat. Ich erklärte ihm, daß ich der Gastgeber sei und die ganze Einladung vergessen hatte. »Ein verrücktes Haus«, brummte er, »noch nie so eine Arbeit gehabt. Eine schöne Abendgesellschaft! Ein Durcheinander! Immer noch sind vier Leute da, die Salat und Gebäck verlangen.« Ich eilte ins Eßzimmer. Am Tisch saßen Furtwängler, seine Sekretärin, Fräulein Geißmar, und ein älteres Ehepaar, an dessen

Namen ich mich nicht erinnern kann. Sie begrüßten mich ohne den geringsten Vorwurf, und ich setzte mich zu ihnen. Furtwängler beriet mit mir über die Programme für die nächste Saison, Fräulein Geißmar machte Notizen, und das ältere Paar aß Käse mit Crackers. Dies waren die einzigen Menschen, die ich am nächsten Morgen nicht um Verzeihung bitten mußte.

Nachdem ich damit fertig war, mich überall zu entschuldigen, aber immer noch einen unangenehmen Nachgeschmack verspürte, wartete ich auf einen Besucher. Es war Alexander Merowitsch, der vor kurzem zusammen mit dem Pianisten Wladimir Horowitz und dem Geiger Nathan Milstein aus Sowjetrußland angekommen war – alle drei kannte ich noch nicht. Merowitsch war ein Mann in den Dreißigern, sehr sorgfältig gekleidet und in seiner Gesamterscheinung ein russischer Gutsbesitzer alten Schlages. Als Einführung gab er mir gemächlich eine Beschreibung seines bisherigen Lebens. Er war Musikstudent gewesen, politischer Wissenschaftler, Nationalökonom, Kultur-Organisator, und zuletzt entwickelte er vor mir ausführlich seine Philosophie über die Aufgaben der Kunst.

»Ich übernahm die Verantwortung, die Karrieren zweier großer Meister ihres Instruments zu leiten, und ich wünsche Sie als Dritten dazu. Ich kann Ihnen, wie den beiden andern, meine Tatkraft, meine Erfahrung, ja mein ganzes Leben zur Verfügung stellen.«

Überrascht über einen solchen Antrag, sagte ich: »Das ist sehr nett von Ihnen, wirklich, aber ...«

»Ich weiß«, sagte er lächelnd, »ich muß es Ihnen erklären. Horowitz und Milstein vertrauten mir, als ihrem persönlichen Agenten, schon in Rußland ohne Bedingungen ihre Laufbahn an. Wir glauben aneinander, und unser einziger Vertrag ist ihr Genie gegen meine Managerbegabung; mit diesem gegenseitigen Versprechen kamen wir hierher. Meine Verpflichtung besteht darin, sie vor den Fallen ihres Berufs zu schützen und ihnen zu helfen, der Welt ihre Kunst zu offenbaren.« Er holte tief Atem, stand auf und ging langsam im Zimmer auf und ab. »Die ganze Welt wird meinen fanatischen Glauben an sie teilen. Es wird nicht lange dauern. Ich vergleiche nicht gern, aber sogar wenn ich es wollte – nun, was kann ich sagen? Sie sind große Künstler. Sie sind wunderbare Menschen, und sie sind wie Sie in ihren Zwanzigern. Ich weiß, unsere Leben werden sich miteinander verbinden.«

Am nächsten Tag lernte ich Horowitz kennen. Er war zart,

poetisch und hatte Ähnlichkeit mit dem jungen Chopin, von dem ein Stich in meinem Zimmer hing. »Ich war noch nie in Deutschland«, sagte er. »Zu Hause machte man uns Angst mit der ›Deutschen Gründlichkeit‹. Man nannte die Deutschen ›Tiefseetaucher‹«, sagte er ein wenig ironisch. Er biß an seinen Nägeln, während er Merowitsch zuhörte.

»Ich wollte, Nathan wäre hier«, sagte Merowitsch. »Zur Zeit befindet er sich auf seiner ersten Tournee, in Spanien. Er hat ungeheuren Erfolg. Ich wette, dieser Teufelskerl spricht bereits spanisch.« Er erzählte von Nathans Klugheit und seinem Selbstvertrauen; er erwähnte auch die Schwester von Horowitz, die in Rußland Nathans Begleiterin gewesen war.

Horowitz blickte zum Klavier und ging darauf zu. »Darf ich?« sagte er fragend. Es ist eine merkwürdige Erscheinung bei manchen Künstlern, daß man von ihnen, noch bevor sie ihr Instrument überhaupt berühren, schon ein Wunder erwartet. Horowitz gehörte zu diesen Künstlern. Er prüfte das Instrument zuerst zögernd, doch viele Stunden später lauschte ich immer noch auf sein Spiel, das von unvergleichlicher Kraft und Poesie war.

Am nächsten und übernächsten Tag kamen wir wieder zusammen. Ich hörte ihm zu, wir spielten miteinander, und wir sprachen von Musik, von ihren vielen Aspekten und Problemen und waren uns darüber einig, daß diese nicht mit Worten oder Theorien, sondern bloß durch Erfahrung gelöst werden konnten.

Horowitz oder Wolodja, wie wir ihn nannten, reiste nach Hamburg, und Milstein kam an. Nach zwei Minuten nannte er mich Grischa und ich ihn Nathantschik. Beim Anblick seiner raschen Bewegungen seiner lebhaften Augen und glänzenden schwarzen Haare, seiner kräftigen mittelgroßen Gestalt dachte man an ewige Jugend. Man brauchte nicht lange, um festzustellen, daß er mit beiden Füßen auf dem Boden stand und jeder Lage gewachsen war.

Anders als Wolodja, der beim Üben ein Stück vom Anfang bis zum Ende spielte, ging Nathan das ganze Violin-Repertoire durch, indem er aus jedem Stück kleine Teile spielte und dabei zeigte, wie klug und geschickt er jede Schwierigkeit lösen konnte. Dazwischen sprach er von der spanischen Volkswirtschaft und unterstrich seine Meinung mit einem oder zwei Sätzen auf spanisch. Ich war sicher, er würde morgen beginnen, deutsch zu sprechen, aber vorläufig mißfiel ihm noch die deutsche Pedanterie, und er fand Gefallen an allem Romanischen. Er war so spontan und arglos, daß man nur sehr ungern an dem, was er sagte, etwas auszusetzen fand. An seiner außerordentlichen geigerischen Begabung konnte natürlich niemand zweifeln. Die Geige gehörte nicht weniger zu seinem Körper als seine Augen und Beine. Es gibt Geiger, die auch Flötisten oder Cellisten sein könnten, die ebensogut als Musikhistoriker oder Dirigenten ein Betätigungsfeld fänden, und so fort, doch Nathan konnte nur das sein, was er war, ein wundervoller Geiger.

Unter der Leitung von Merowitsch, den man Sascha nannte, wurden wir alle schnell Freunde, und ich vereinigte mich mit Horowitz und Milstein zu einem Trio, das als »Die drei Musketiere« bekannt werden sollte. Während der langen Zusammenkünfte mit Sascha wurde mir enthüllt, welche drastische Veränderung ich in meinem Berufsleben zu erwarten hatte. Es würde kein Hauptquartier, keine Gage, keine Garantie, keine konzentrische Tätigkeit in einer einzigen Stadt oder in einem bestimmten Land geben. Ich mußte für Konzert-Engagements überall zur Verfügung stehen. Ich hatte meine beinahe vergessene »Entwurzelung« wieder auf mich zu nehmen und die ganze weite Welt zu meiner Heimat zu machen.

Und doch verwandelte Saschas Begabung, mit welcher er den »Feldherrenplan« für meine Zukunft entwarf, die Unbestimmtheit und Unsicherheit in ein aufregendes Wagnis und gab mir das Gefühl, den richtigen Weg zu beschreiten. Sascha sprach von der Dringlichkeit, die Agenten zu vermenschlichen und die ungesunde Schablone des Konzert-»Geschäfts« zu ändern, indem man Methoden fände, die dem Leben der Künstler mehr schöpferische Kraft verliehen. Bevor er Berlin verließ, sprach er von schwebenden Verhandlungen über Engagements für mich in Europa und erwähnte die Möglichkeit von Konzerten in Südamerika, Afrika und in den Vereinigten Staaten.

Merowitsch konzentrierte Milsteins künstlerische Tätigkeit auf Länder der spanischen Sprache, was Nathan bis nach Havanna bringen würde, ohne die Vereinigten Staaten zu berühren. Sascha erklärte, dies würde ihm die Reife verleihen, nachher andere Länder zu besuchen und in der Zwischenzeit seine finanzielle Lage ebenso wie seine geistige Verfassung in guter Form erhalten. Mit Wolodja reiste Merowitsch in Europa herum und begleitete ihn auf seiner ersten Amerika-Tournee.

In seinen Briefen berichtete Sascha hell begeistert von Amerika und von Wolodjas Erfolgen. Sir Thomas Beecham, schrieb er, habe es unternommen, das Tschaikowskij-Klavierkonzert auswendig zu dirigieren, und obwohl Beecham damit gelegentlich sein Orchester und den Solisten auseinanderbrachte, sei Wolodjas Debut in New York ein ausdrucksvoller Erfolg gewesen.

Ich war oft mit meinen Freunden, den Cellisten-Kollegen, beisammen. Wir trafen einander in privatem Kreise, musizierten, diskutierten über Musik und besuchten gegenseitig unsere Konzerte. Cassadó, Eisenberg, Feuermann, Földesy, Garbusowa, Mainardi, Maréchal – sie alle besaßen künstlerische Qualitäten, die mich begeisterten. Cassadó und Mainardi komponierten mit Erfolg für ihre Instrumente und widmeten mir einige ihrer Stücke.

Es gab eine Zeit, in der ich oft mit Arnold Földesy, dem ungarischen Cellisten, zusammenkam. Er war unzuverlässig, überschwenglich und nicht sehr gebildet, aber die Meisterschaft auf seinem Instrument fesselte mich. Die ganze Erscheinung dieses Mannes, das Glasauge im verhärmten Gesicht, seine fürstliche Freigebigkeit, sein Cello, das auf dem Stachel nur ungefähr zwei Zentimeter entfernt vom Fußboden auflag, alles war so ungewöhnlich wie sein Künstlertum.

»Kommen Sie herein, seien Sie nicht schüchtern«, rief er, als ich ihn mit seinem Cello, nackt übend, antraf, während ihm seine Frau den Kopf massierte. Dann brachte sie ein Becken mit heißem Wasser für sein Fußbad, und er reichte mir sein Cello. Ich liebte sein Instrument. Er sagte, es sei ein frühes Stradivari, aber dann meinte er wieder, es könnte ein Amati sein. Er machte mich auf einen bösen Sprung hinten am Stimmstock aufmerksam und sagte, dies sei der schlimmste »Krebs« für ein Instrument, aber mir gefielen der Klang und das Aussehen des Cellos dennoch, und der Krebs machte meine Gefühle für dieses Instrument nur noch zärtlicher.

Eines Abends, nachdem Földesy mit dem Philharmonischen Orchester gespielt hatte, bei dem er mein Vorgänger als Konzertmeister gewesen war, nahm ich an einem Empfang zu seinen Ehren teil. Er kam als letzter an. Im Moment als er den eleganten Salon betrat, sahen die erstaunte Gastgeberin und die Gäste, wie er sich umblickte und direkt auf mich zukam.

»Was für eine Menschenansammlung!« brummte er. »Lassen wir doch diese langweiligen Leute und gehen wir ein Bier trinken und etwas essen.« Er packte mich bei der Hand und führte mich hinaus.

»Das hätten Sie nicht tun sollen.«

»Zum Teufel, ich paßte dort sowieso nicht hin und außerdem, meine Frau war nicht einmal eingeladen. Sie blieb zu Hause, um Paprikagulasch zu kochen. So etwas Gutes haben Sie noch nie gegessen.«

Er hatte recht. Es war ein Traum von einem Gulasch. Wir aßen und unterhielten uns stundenlang miteinander.

»Arnold hält sich für Kaiser Franz Joseph oder so etwas Ähnliches«, sagte Frau Földesy, als ihr Mann für einen Augenblick das Zimmer verließ. »Er beschenkte einen Freund mit einem Klavier, gab meine Ohrringe der Braut von irgend jemandem und seinen Frack einem ungarischen Oberkellner. Er gäbe auch –« sie unterbrach sich, als Arnold zurückkam.

Er beklagte sich oft über sein Cello und konnte nicht verstehen, daß es mir so gut gefiel. Eines Tages verkündete er, er habe endlich ein Instrument gefunden, das ihn befriedige, und beschlossen, seines loszuwerden. Es befände sich zum Verkauf beim Instrumentenhändler Emil Hermann. Ich erwarb es und konzertierte während vieler Jahre damit. Und noch lange nachdem Földesy sich zurückgezogen hatte und wieder in Budapest lebte, verfolgte mich der Gedanke, daß er sein Instrument nur verleumdet hatte, um es mir leichter zu machen, es zu kaufen.

Mit seinem Cello ging ich nach Wien und begann dort mein langjähriges Verhältnis mit dem Doppelkonzert von Brahms. In Wien spielte ich es mit Erika Morini, dann in Budapest mit Bronislaw Hubermann, in Mannheim mit Kulenkampff, mit Henry Holst in Berlin, dazwischen probte ich es mit Thibaud und Szigéti und führte es in Görlitz mit Carl Flesch auf. Dies war bei den von Furtwängler geleiteten Musikfestspielen, wo Flesch ein bemerkenswertes Beispiel seiner Demut gab. Als ich bei der öffentlichen Probe meine Kadenz am Anfang des ersten Satzes beendet hatte und Flesch die seine begann, unterbrach ihn Furtwängler. »Bitte fangen Sie leiser an.« Flesch begann nochmals.

»Es ist zu langsam«, sagte Furtwängler, laut genug, daß ein großer Teil des Publikums es hören konnte. Flesch begann unbeirrt immer wieder von neuem und wurde wieder unterbrochen. Er bemühte sich, Furtwängler zufriedenzustellen, bis dieser schließlich achselzuckend mit dem Doppelkonzert fortfuhr.

Nach der außerordentlich erfolgreichen Aufführung entschuldigte sich Furtwängler bei Flesch, und dieser sagte: »Man kann immer lernen, sei es von einem Genie, sei es von einem anmaßenden Menschen.«

Ich setzte meine Tournee mit einer Reihe von Cello-Abenden

fort und spielte in London mit Orchester in der riesigen Albert Hall: dort fiel mir auf, daß der Orchesterklang, wenn er massig war, den Saal nicht »füllen« konnte, während die Pianissimi leicht und durchsichtig, mühelos durch den Raum schwebten.

Von London ging ich nach Paris, wo ich mein erstes Konzert mit Horowitz geben sollte. Er war ein Star in Paris und zog riesige Zuhörerscharen an. Wir verbrachten viel Zeit mit Proben, auch trafen wir Prokofieff, Igor Markewitsch, Nikolas Nabokov und andere Musiker und lernten eine Reihe interessanter Menschen in den beinahe Proust'schen Salons der Prinzessin de Polignac und der Gräfin de Noailles kennen.

Eines Nachmittags erschien dort ein unerwarteter Gast. Wie aus dem Nichts tauchte plötzlich Francis Poulenc auf, sagte »Allô, Allô«, trabte direkt zum Flügel, spielte ein heiteres, kurzes Stück, und lief dann mit Winken und Kußhänden wieder hinaus; alles schmunzelte über dieses kurze Auftreten, Spielen und wieder Abtreten.

Das Programm von Horowitz und mir bestand aus Klavier- und Cellosonaten von Beethoven und Brahms, einer Cello-Suite von Bach und einer Klaviersonate von Mozart. Horowitz, zwar auf höchstem künstlerischem Niveau in der Kammermusik, war ein anderer, als sein lärmendes Publikum von ihm erwartete.

Nach der köstlichen Klaviersonate von Mozart wurden Rufe nach einer Zugabe laut. »Was soll ich tun? Was soll ich tun? Es ist ein Kammermusik-Konzert«, jammerte er zwischen seinen Verbeugungen.

»Zum Teufel«, sagte ich, ihm auf die Schulter klopfend. »Gib ihnen doch, was sie verlangen.«

Er tat es wirklich. Chopins Mazurkas und Polonaisen, Liszt und Dohnanyi ließen Brahms, Beethoven, Bach und Mozart als »Vorspiele« vergessen.

Apropos Zugaben, Horowitz spielte einige Jahre nachher bei seinem Klavierabend in Paris auf Verlangen des Publikums seine hervorragende Carmen-Phantasie. Als er nach vorne trat, um sich zu verbeugen, hörte er eine Stimme von der Galerie: »*Monsieur Horowitz, un peu de Tosca, s'il vous plaît!*«

# »Auch kleine Dinge können kostbar sein«

In Crans sur Sierre, einem kleinen Schweizer Kurort, den Sascha für unseren Sommerurlaub gewählt hatte, gab es keine gewaltigen Schneeberge mit unbezwingbaren Gipfeln. Die Hotels und Chalets lagen über ein liebliches Tal ausgebreitet, das von allen Seiten, so weit ich schauen konnte, von sanften Hügeln umgeben war; eine köstliche Augenweide. Ich wußte, es würde ein wundervoller Sommer sein.

Aber schon nach wenigen Tagen begann Sascha, uns an die Tourneen der kommenden Saison zu erinnern. Er fragte nach den Programmen und besprach mit uns die Reisepläne. All das rief in mir das Gefühl hervor, daß die Zeit drängte und ich nicht genügend vorbereitet sei.

Ich zählte dreiundachtzig Konzerte auf meinem Reiseplan. Ich freute mich auf die Konzerte mit Symphonie-Orchestern und auf einen Kammermusikabend mit Béla Bartók, aber der Gedanke an die Solo-Abende, die den Hauptteil meiner Tournee bildeten, machte mir angst. Ich mußte mich an meine ziemlich neue Rolle als Virtuose gewöhnen und lernen, dem zu entsprechen, was von mir erwartet wurde. »Undankbare« Musikwerke sollten vermieden werden. Und während ich, wie bisher, meine Arbeit an anerkannt guter Musik täglich fortsetzte, sah ich mich gezwungen, ein nur wenig bekanntes Gebiet zu betreten; ich mußte mich jetzt mit »effektvollen«, kurzen Stücken befassen, die rasch zu spielen waren und noch rascher klingen sollten, und dazu mit allen möglichen Transkriptionen für Zugaben. Um mich in den richtigen Geist einzuleben, erwarb ich mir eine nette Kollektion von Insekten: ›Die Biene‹ von Schubert (nicht Franz Schubert), ›Mosquitos‹ von Fairchild, ›Hummelflug‹ von Rimskij-Korsakov, ›Papillons‹ von Fauré und eine ganze Reihe von »Tarantellas«.

So sehr mir während meiner Studienzeit jede Art von Akrobatik auf dem Cello Spaß gemacht hatte, jetzt bedeutete sie mir eine Belastung. Natürlich zwang mich niemand, Stücke, die mir nicht gefielen, in mein Repertoire aufzunehmen. Ich selbst wollte mich eben nicht widersetzen, sondern lieber Kompromisse machen und die gestellten Forderungen erfüllen. Ohne Überzeugung war der Kampf jedoch nicht zu gewinnen. Wie aber sollte ich Geschmack an meinen »Tarantellas« finden?

Zu Hilfe kam mir die Erinnerung an den bemerkenswerten Jongleur Rastelli, den ich in Berlin gesehen hatte. Dieser elegante junge Mann warf Bälle in die Luft und ließ sie Wunder vollbringen, als wären sie lebendige Wesen. Entzückt und ungläubig hatte ich sie beobachtet, wie sie in allen möglichen Kombinationen und Rhythmen herumflogen, auf Rastellis Nasenspitze fielen und dort stehenblieben oder seine bewegungslose, graziöse Gestalt, wie von unsichtbarer Macht getrieben, umkreisten. Wenn er sich aber bewegte, tat er es wie der beste klassische Tänzer. Mit dieser unwahrscheinlichen Geschicklichkeit erzählte er keine tiefgründigen Geschichten. Vielleicht würde er es gar nicht wollen, wenn er es könnte. Doch hatte man ihn sagen hören: »Diese Bälle sind meine Stradivari, meine Malerpinsel und meine Schriftstellerfeder.« An Rastelli denkend, lehrte ich meine »Insekten« fliegen und summen und führte meinen Freunden eine meiner »Taranteln« vor.

Nathan sagte: »Das ist ein gefälliges kleines Ding, aber was würde dein Freund Schnabel dazu sagen?«

»Ja, was würde er sagen?« lachte Wolodja.

»Einmal sagte er zu mir«, antwortete ich, »ich spiele gern Bingo, und ich liebe Kathedralen, aber ich hasse das Bingospiel in einer Kathedrale.«

»Das ist gut«, kicherte Wolodja. »Ich sagte auch einmal etwas Kluges zu Schnabel. Beim Konzert Grischas mit ihm fragte ich ihn, ob er auch Chopin und Liszt spiele. ›Nein‹, antwortete er, ›aber wenn ich einmal alles von Mozart, Schubert, Beethoven, Schumann und Brahms gespielt haben werde, spiele ich vielleicht auch Chopin und Liszt.‹ Wißt ihr, was ich erwiderte? Ich sagte: ›Ich mache es genau umgekehrt.‹«

Obwohl Nathan einen riesigen Konzertplan hatte, zeigte er im Gegensatz zu Wolodja und mir keine Spur von Unruhe. Er genügte sich selbst, war gelassen und immer adrett; seine Freunde, seine Umgebung, seine erlesenen Cashmere-Pullover, alles war dazu da, sein Vergnügen zu steigern. Er war ein teilnehmender Zuhörer, und wenn ich mich gelegentlich zu Ausbrüchen und hitzigen Reden hinreißen ließ, ermunterte er mich scherzhaft: »Nur zu, Grischa, noch etwas Leidenschaft!«

Die langwierigen Ausführungen von Merowitsch über den Verfall der menschlichen Sittlichkeit und über das Labyrinth der russischen Seele fanden ebenfalls ein fröhliches Ende, sobald Nathan ihn zu seiner Leichtigkeit und Kürze beglückwünschte.

Nathan und ich wohnten in einem Hotel, aber Wolodja hatte

ein Haus, in dem wir uns oft aufhielten. Wir spielten zusammen und diskutierten über Programme, die nach unserer aller Meinung äußerst schwer zusammenzustellen waren. Bei diesen Besprechungen wurden alle Möglichkeiten bis ins letzte erwogen. Sascha übernahm in allem eine leitende Rolle. Wir hörten auf seinen Rat, und wenn wir auch allein heimlich seine Vorschläge prüften und kritisierten, geschah es doch nur, um sie am Ende anzunehmen.

Ein eifriges Interesse an Wolodjas und Nathans Arbeit lenkte mich oft von meiner eigenen ab. Nathans Tür war immer für mich offen, und ich fand ihn nur selten ohne seine Geige in den Händen. Niemand konnte ihn stören, solange er die Geige in der Hand hielt. Im Gegenteil, solche Besucher regten ihn zu neuen Ideen an, die ihm zu seinem Entzücken unvermittelt in den Sinn kamen. Ich überraschte ihn nie beim Üben von Skalen oder Übungen. Er machte tatsächlich nicht den Eindruck, als ob er überhaupt je übte. Er spielte gerade nur auf oder mit seiner Fiedel. Gelegentlich imitierte er andere Geiger, doch als ich ihn einmal bat, einen darzustellen, den er besonders bewunderte, sagte er: »Das ist gefährlich, denn wenn es mir gelänge, so zu spielen wie er, würde ich nie mehr so spielen wollen wie ich.«

Nathan kam auch zu mir herein, wenn ich übte, aber ungeduldig, wenn er untätig zuhören mußte, nahm er mir dann mein Cello aus der Hand, um seine Einfälle zu erläutern. Als ich anfing, bei meinen Besuchen dasselbe mit seiner Geige zu tun, vereinbarten wir, daß keiner ohne sein Instrument beim andern erscheine.

Obwohl zwischen meinen Freunden und mir nur einige Monate Altersunterschied bestand – ich war der älteste, Wolodja der nächste und Nathan der jüngste –, hatte ich das Gefühl, schon viel länger gelebt zu haben als sie. Beruflich hatte ich schon viele Leben hinter mir, während meiner Freunde Gebiet und Bestimmung seit ihrer Kindheit einzig das Leben eines Virtuosen war. Ohne die Erfahrungen in Orchestern, Opern, Operetten, Kammermusik, im Unterricht, Spielen in Gasthäusern, in Kinos und bei Hochzeiten konnten sie für meine Bedenken beim Ergreifen einer rein solistischen Laufbahn nicht das nötige Verständnis aufbringen. In dieser Beziehung war ich der jüngste.

Nathan und Wolodja traten zu gleicher Zeit in mein Leben, doch hätten sie nicht verschiedenartiger sein können, wenn ihr Erscheinen Jahrhunderte auseinander gelegen wäre. Nathan war immer ganz da; Wolodja mußte man erst finden. Ich liebte es, den einen zu beobachten und den andern zu suchen. Wolodja war kompliziert und nicht leicht zu fassen, und die Suche nach ihm hing von dem Licht ab, in welchem er gesehen werden wollte oder sich selbst zu sehen wünschte. Er machte es einem nicht leicht.

Aber als Künstler war Wolodja ein Meister im Darbieten von Musik in ihrer unverkennbaren, wahren Größe. Er arbeitete beharrlich, mit peinlicher Sorgfalt an jeder Note und jeder Phrase, bis alles in eine einzige, ganze Form eingepaßt war. Sein Instinkt war unfehlbar, und sein Spiel besaß eine Art von Spontaneität, die wirkte, als ob es nicht anders sein könnte und eben erst entstünde, ohne Absicht oder vorherige Arbeit.

Wolodja zeigte mir Manuskripte seiner Kompositionen aus seiner Jugend – Musik für Klavier, eine Violinsonate, ein unvollendetes Stück für Cello und Bruchstücke anderer Werke. Alles verriet echte Begabung zum Komponieren.

Der Sommer neigte sich seinem Ende zu, und bald sollten wir in alle Windrichtungen auseinandergehen. Ich mußte als erster scheiden. Noch einmal kam ich, wieder mit Horowitz und Milstein, auf Urlaub in die Schweiz, diesmal nach Sils Maria. In jenem Sommer verlobte sich Horowitz mit Wanda Toscanini, und damals traf ich auch zum erstenmal die Familie Menuhin. Bei diesem allerersten Zusammensein ging ich einmal mit den beiden kleinen Schwestern Yehudis spazieren. Ich wußte nicht recht, wie ich die Konversation beginnen sollte, und als ich gerade eine reizende Bemerkung in bester Kindersprache machen wollte, fragte mich Yaltah, die jüngere, was ich von Schopenhauer hielte. Und bevor ich noch Atem holen konnte, führte mir Hephzibah ihre sprachliche Gewandtheit vor, indem sie Dostojewskij auf russisch, Goethe auf deutsch und Pascal auf französisch zitierte. Als Zugabe sagte sie noch etwas in hebräisch auf. Ich erfuhr, daß Yehudi und seine Schwestern jeden Tag in einer andern Sprache miteinander redeten. Ich liebte meine drei jungen Freunde, die mich neben vielen andern bewundernswerten Dingen lehrten, nie den Versuch zu machen, auch ein kleines Kind nur wie ein Baby zu behandeln.

Mit Harold Holt traf ich in London zusammen. Er hatte den Beruf eines Konzertagenten eher als spannenden Zeitvertreib denn als etwas anderes gewählt. Von Musik verstand er ebensowenig wie von den Diamantminen, welche die Vermögensquelle seiner Eltern waren. Er war ein beleibter, gemütlicher Mann und glaubte, daß alle Künstler auf interessante Art und Weise verrückt seien. Er besaß eine ansehnliche Sammlung von Geschichten über sie. Gegen meinen Willen hatte ich das Gefühl, daß meine Persönlichkeit seine Ansichten bestärkte.

Ich hatte ihn und seine beiden unverheirateten Schwestern, Hilda und Mattie, gern. Die feierlichen Nachtessen mit seinen Eltern, dem freundlichen Vater und der juwelengeschmückten Mutter, machten mir immer Vergnügen. Harolds Eltern waren mit seiner »Beschäftigung« aus irgendeinem Grund nicht zufrieden. Ich fragte mich, warum, denn seine Stellung als Leiter einer führenden Konzertagentur Englands sprach dafür, daß er die richtige Aufgabe gewählt hatte.

Die meisten meiner Konzerte in England spielte ich mit Ivor Newton, einem ausgezeichneten Pianisten und dem liebsten aller Freunde. Außer seiner Anwesenheit gab es nichts Sonniges auf unserer Tournee in die englischen Provinzstädte. Abscheuliches Essen zu unverschiebbaren Zeiten, Feuchtigkeit und Kälte in den Hotels, wo man nachts alle paar Stunden aufstehen mußte, um Münzen in den Heizkörper zu werfen, die Presse-Empfänge und die Reiseschwierigkeiten mit dem Cello, das man wiegen lassen mußte und nur auf eine besondere Fahrkarte mit in den Zug nehmen durfte – all dies und noch mehr konnte jedoch mein Vergnügen, in Ivors und Harolds Gesellschaft zu sein, nicht beeinträchtigen.

Wir gaben in vielen Städten Konzerte, aber ich glaube, es war in Bristol, wo ich mitten in einer Bach-Suite erschreckende Geräusche hörte, die meine Konzentration derart störten, daß ich gezwungen war, vom Podium abzutreten. ›Ich habe Halluzinationen – ich schnappe über‹, dachte ich, einer Panik nahe.

»Was ist geschehen?« Harold und Ivor blickten mich besorgt an.

Was ich auf dem Podium gehört hatte, war so unwahrscheinlich und phantastisch, daß ich fürchtete, für wahnsinnig gehalten zu werden, doch nach einigem Zögern sagte ich: »Ich hörte ganz nahe bei mir – ich weiß nicht woher es kam – nun, was würdet Ihr dazu sagen, wenn ich euch erzählte, daß ich Tiger, Elefanten und Löwen gehört habe?«

Harold brach in Gelächter aus. »Ich vergaß, es Ihnen zu sagen. Morgen findet hier eine Tier-Schau statt. Man hat die Tiere für heute nacht unter der Bühne untergebracht.« Glücklich darüber, daß mit mir alles in Ordnung war, setzte ich das Konzert fort und wurde durch die brüllenden Tiere kaum noch gestört.

Bevor ich nach Deutschland abreiste, verbrachte ich in London einige Stunden bei Nikolas Medtner. Ich hatte ihn seit meiner Jugend in Moskau bewundert, wo der schüchterne, bescheidene Mann mit seiner edlen Kunst einer der beliebtesten Musiker war. Sein Bruder, der Geiger, sagte einmal zu mir: »Er ist eine Ewigkeit und hält sich nur für einen Tag.« In seiner bescheidenen Londoner Wohnung sprach er zögernd, als ob er etwas sagen wollte, aber nicht konnte. Er ging ans Klavier und spielte einige Seiten aus einem Manuskript.

Er hörte zu spielen auf. Er sah einsam und verloren aus. »Niemand will wirklich meine Musik«, sagte er. Er hätte Rußland nicht verlassen sollen, dachte ich voll Schwermut, als ich von dem wundervollen Menschen Abschied nahm.

Nach Konzerten in Düsseldorf, Köln, Essen, Dresden und Leipzig, alle mit Orchester, hatte ich ein paar freie Tage in Berlin. Ich verbrachte die Zeit damit, alte Freunde zu besuchen und in Konzerte zu gehen.

Eines davon war der Gitarrenabend von Andrés Segovia, den ich noch nie gehört hatte. Dieser erlesene Künstler verwandelte sein intimes Instrument in ein Miniatur-Orchester mit vielen Schattierungen in Farbe und Timbre. Sogar die Glissandi, welche, der Bünde wegen, unerwünschte Noten hörbar machten, beeinträchtigten nicht mein Vergnügen. Überrascht über solche Meisterschaft, blieb ich im Saal, solange er für das begeisterte Publikum spielte. Gerade bevor er das letzte Stück, das mit einem Pianissimo aufhörte, beendete, ertönte ein lautes, krachendes Geräusch. Erschrocken blickte Segovia auf seine Gitarre und eilte hinaus.

Ich ging zu ihm ins Künstlerzimmer. Er wirkte schwerfälliger als auf der Bühne, und seine fleischigen Hände fühlten sich so massiv an, daß es verwunderlich war, wie sie so zarte Töne hervorbringen konnten. »Meine Gitarre, meine Gitarre«, wiederholte er dauernd, als wäre es das einzige Wort, das er kannte.

Später erzählte mir Segovia, daß sein Freund, der die Gitarre gebaut hatte, in derselben Minute in Madrid starb, in welcher die Gitarre beim Konzert in Berlin gesprungen war.

Es war eine freudige Überraschung, Sascha zu sehen, wenn auch bloß für ein paar Stunden. Er brachte mir gute Nachrichten – einen Vertrag für die Saison 1929/30 in den Vereinigten Staaten. Er frohlockte. »Die Nachfrage nach euch dreien ist phantastisch. Manche Dummköpfe behaupten, wir hätten Glück, als ob ihr kein Talent hättet und als ob eure Konzerte nicht mit Blut und Schweiß geplant und ausgearbeitet worden wären. Aber ich muß zugeben, so etwas wie ›Glück‹ gibt es auch«, und er lachte. »Hören Sie nur, was Nathan in Wien passiert ist. Sein Einführungsabend im kleinen Musikvereinssaal fiel mit dem Violinabend von Adolf Busch am gleichen Tag im großen Saal desselben Gebäudes zusammen. Es war keine wirkliche Konkurrenz, denn Nathan war in Wien noch völlig unbekannt, während das Busch-Konzert ausverkauft war.«

Langsam, als wollte er sein Vergnügen verlängern, erzählte Merowitsch weiter: »Der Saal war leer, aber Sie kennen ja Nathan. Bevor er auftrat, war seine einzige Reaktion: ›In einem leeren Saal klingt meine Geige am besten.‹ Genau in diesem Moment hörte man eine Menge Leute hereinkommen und lärmend den Saal füllen. Nathan wartete erstaunt, bis sich das überzahlreiche Publikum gesetzt hatte. Alle Plätze waren an Leute verkauft worden, die zum Busch-Konzert gekommen waren, das im letzten Moment abgesagt wurde. Nathan hat Wien nicht verlassen, bevor er nicht im großen Musikvereinssaal vor einer zahlreichen Zuhörerschaft mehrere Konzerte gegeben hatte. Morgen, wenn Sie in Wien sind, werden Sie darüber hören.«

Nach meiner Ankunft in Wien rief ich als erstes Otto Schulhof an, mit dem ich am gleichen Abend mein Konzert geben sollte. Er war ein bemerkenswerter Mann, der es wie nur wenige verstand, sein Klavier mit dem Cello in Einklang zu bringen. Als absoluter Berufsmensch spielte er mit jedem, überall und alles für seine Gage. Aber dieser Charakter kam in seiner großen Sensibilität als Künstler nicht zum Ausdruck, und dadurch wurde das Musizieren mit ihm zur Freude.

Ich war entsetzt zu hören, daß Schulhof nicht in der Stadt war und daß ich durch ein verhängnisvolles Mißverständnis keinen Begleiter hatte.

»Dies wird mich ruinieren. Das Konzert darf nicht abgesagt werden«, beschwor mich der Agent.

Einige Stunden später rief er mich an: »Da ist ein Amerikaner, Richard Hageman. Kennen Sie ihn?«

»Ich kenne seine Lieder«, sagte ich. »Er ist Komponist. Warum?«

»Er ist bereit, Sie zu begleiten.«

Kurz nachher trat ein großer Mann mit Brille in mein Zimmer.

»Mein Name ist Hageman.«

Der große Herr legte seinen Mantel ab und stand bereits im Frack da. »Was spielen wir heute abend?« fragte er mit gewinnendem Lächeln. Ich reichte ihm eine Mappe voll Noten. Er sah sie durch. »Die Beethoven-Variationen habe ich einmal gespielt – auch die Strauss-Sonate, aber es ist schon lange her«, sagte er. »Gibt es etwas Besonderes, das Sie in diesen Werken machen?«

»Nein, ich spiele sie geradeso, wie sie geschrieben sind«, sagte ich und gab mir Mühe, ruhig zu erscheinen. Schon unter normalen Umständen war ich vor einem Konzert ungeheuer nervös. Jetzt konnte ich mich kaum noch beherrschen. Kein Wunder. Einen Cello-Abend in Wien zu geben, mit einem Mann, den ich noch nie zuvor gesehen hatte!

Während ich mich ankleidete, blätterte Hageman weiter in den Noten – in der Boccherini- und der Debussy-Sonate und den anderen Stücken. Es gab keine Fragen, und als ich fertig angezogen war, wurde die tiefe Stille nur durch den Kellner unterbrochen, der uns Tee und belegte Brote brachte.

Der große Konzerthaussaal war nahe vom Hotel, und wir beschlossen, zu Fuß hinzugehen.

»Das ist ja, was ich brauche«, sagte Hageman und ging im Künstlerzimmer sofort ans Klavier. »Ich kann üben, während Sie den Bach spielen, wie lange dauert die Suite?«

»Ich weiß es nicht, aber ich werde keine einzige Wiederholung auslassen.«

Bald darauf trat ich mit einem Pianisten aufs Podium, mit dem ich noch nie den geringsten musikalischen Kontakt gehabt hatte.

Das Wunder geschah. Von der ersten Note an war es, als hätten wir seit Jahren zusammen gespielt. Ein solches Vorausfühlen und Einverständnis kann selten durch viele Proben und Worte erzielt werden. Das große Erlebnis war einzigartig, auch in anderer Beziehung, denn obschon ich mich in den darauffolgenden Jahren der Freundschaft Richards erfreute – wir haben nie wieder zusammen gespielt.

Ich freute mich auf Holland. Ich liebte dort die Kanäle, die Museen, die wunderbaren Frühstücksmahlzeiten und natürlich die Menschen, die dazu erzogen waren, gute Musik zu hören, und ernste Programme wünschten. Ich war auch entzückt, wieder mit van der Pas zu spielen – einem guten Musiker und freundlichen Menschen. Er begleitete viele der Künstler, die als Gäste kamen, und spielte oft mit Emanuel Feuermann.

»Wissen Sie«, sagte van der Pas zu mir, »Feuermann hielt mich zum besten. Er sprach holländisch – ein merkwürdiges Holländisch. Es dauerte eine Weile, bis ich herausfand, daß es Jiddisch war.«

Drei verschiedene Programme, die wir abwechselnd in zwölf Konzerten spielten, wurden gut aufgenommen. Als die Tournee in Holland beendet und ich im Begriffe war, nach Frankreich abzureisen, wo ich in Paris, Lyon und Marseille zu spielen hatte, traf ich im Foyer des Amstel Hotels Anna Pawlowa. Sie hatte auch ihre Tournee beendet und sah müde aus. Wir sprachen von den geistigen Anstrengungen der Künstler, die mit den körperlichen verbunden sind, und sie sagte: »Manchmal wünschte ich, es blieben einem nur die geistigen.« Sie nahm mir das Versprechen ab, für sie in London den »Schwan« zu spielen. Sie starb, bevor ich mein Wort halten konnte.

In Marseille spielte ich mit Orchester. Ich kam pünktlich zur Probe, fand aber nur eine Handvoll Musiker vor.

»Das macht nichts«, sagte Georges Sébastian, der Dirigent, ruhig. »Sie werden schon kommen.« Ich folgte ihm aufs Podium. Er stellte mich den wenigen anwesenden Herren vor und sagte: »Cello-Konzert, bitte«, und zu mir gewendet flüsterte er: »Wir müssen so tun, als wären wir bereit. Dann werden sie sich beeilen. Es wirkt immer.« Tatsächlich sah ich Musiker von allen Seiten auf ihre Plätze eilen. Sie begrüßten einander und begannen zu stimmen. In ungefähr fünfzehn Minuten war eine gute Hälfte des Orchesters versammelt.

»Konzert, bitte.« Sébastian klopfte aufs Pult, und ich hörte etwas, was offenbar das Cello-Konzert sein sollte. Es war so komisch, ich konnte nicht umhin zu lachen. Endlich war das Orchester vollzählig, der Konzertmeister kam als letzter an. Er erklärte: »Mein Barbierladen war voll, ich konnte meine ständigen Kunden nicht abweisen.« Es war ein Jammer, daß diese guten Musiker nicht mit ihrem Beruf ihr Leben verdienen konnten.

Nach dem übermäßigen Genuß von Bouillabaisse war es nur logisch, daß ich mich eilends nach Vichy begab, aber ich kam nicht dorthin, um Mineralwasser zu trinken, sondern um unter Sir Thomas Beecham das Schumann-Konzert zu spielen. Ich hatte es unter ihm schon bei anderen Gelegenheiten gespielt und ihn als Musiker bewundert, und ich bedauerte nur, daß mein schwaches Englisch mir nicht gestattete, mich auch seines berühmten Reichtums an Geist zu erfreuen.

Die Probe ging sehr gut, und ich wäre am Abend in bester Form zum Konzert erschienen, wäre dieser Hotelpage nicht gewesen. Er schnappte, als ich gerade das Hotel verlassen wollte und einen Moment nicht aufpaßte, mein Cello, und radelte damit, bevor ich noch ein Wort herausbringen konnte, in voller Geschwindigkeit zum Konzertsaal. Ich lief schreiend hinter ihm her und sah das Cello von einer Seite zur andern schaukeln, bis das Fahrrad meinen Blicken entschwand. Als ich außer Atem den Pagen beim Bühneneingang einholte, schien er über seine gut vollbrachte Arbeit sehr befriedigt.

Fünfzehn Minuten später war ich mit Sir Thomas auf dem Podium. Er dirigierte den Schumann mit Gusto und in anregender Stimmung. Diese hielt sogar an, als ich bemerkte, wie sich Sir Thomas von einer Seite zur andern wiegte. Es lenkte mich ab und führte meine Gedanken für einen Augenblick zum Hotelpagen zurück. Aber ich war froh, daß die Aufführung nicht darunter litt.

Nach dem Konzert machten wir einander Komplimente.

»Großartiges Spielen«, sagte Sir Thomas.

»Feines Radfahren«, sagte ich. Er blickte mich erstaunt an, sagte aber nichts.

Nach einer langen, ereignislosen Überfahrt erwachten die Reisenden plötzlich aus ihrer Teilnahmslosigkeit und zeigten bei ihrer Ankunft in New York dieselbe Unruhe wie bei ihrer Abfahrt von Hamburg.

»Die Freiheitsstatue – hurrah!« Ich sah eine Gruppe von Amerikanern aufs Deck stürmen.

»Diese Amerikaner« – der deutsche Steward schüttelte den Kopf – »als ob sie die Statue nicht schon hundertmal gesehen hätten.«

Das Lotsenboot brachte Post, Zeitungen und Einwanderungsbeamte an Bord. Die Betriebsamkeit wuchs. Ich erhielt Willkommensgrüße von der Columbia Concerts Corporation und von einigen Freunden.

»Sind der russische Cellist?« fragte mich ein Mann mit einer Kamera. Augenblicklich war ich von anderen mit Kameras und Notizbüchern umgeben. Sie stellten Fragen und die Apparate klickten. Die häufigste Frage lautete: »Wie gefällt Ihnen Amerika?«

»Es ist mein erster Besuch, und ich habe noch keine Eindrücke.«

Am nächsten Tag zeigte mir Arthur Judson in der Columbia Concerts Corporation Zeitungsausschnitte: *Russian Cellist not sure if he likes America.* »Ein schöner Anfang«, meinte er.

Das Büro war ganz anders als die meiner europäischen Agenten, welche nur einen oder zwei Räume besaßen. Hier gab es besondere Abteilungen: für Transport, Verkauf, Außenvertretung, für Solistenabende, Programme, Vorspielen, Reklame und für die sogenannten *Community Concerts.* Überall saßen Sekretärinnen und Empfangsdamen, es gab Büros von Vizepräsidenten, und natürlich das Büro des Präsidenten, Mr. Judson. Während ich von Zimmer zu Zimmer ging, lernte ich viele Herren und Damen kennen, mit denen ich während der kommenden zwanzig Jahre in Verbindung bleiben sollte. Alle waren freundlich, doch über dem ganzen Unternehmen lag etwas Unpersönliches, genau wie Merowitsch mir vorausgesagt hatte. Dies war einer der Gründe, weshalb er seinen drei Künstlern als persönlicher Vertreter dienen wollte.

Ruth O'Neill und Ada Cooper, enge Mitarbeiterinnen von Mr. Judson, waren außerordentlich liebenswürdig, aber sie sprachen langsam und gebrauchten einfache Worte, als redeten sie zu einem Kind. Diese Art haben sie nie ganz geändert. Ich weiß nicht, was sie zu dieser beinahe mütterlichen Betreuung für mich bewog, aber sie gefiel mir recht gut, und ich schätzte ihre Freundschaft, die viele Jahre andauerte, außerordentlich.

Ich wohnte im Ritz Tower als Gast von Mr. und Mrs. Boris Said, meinen Freunden aus Berlin und Karlsbad. Sonja liebte Musik, und Boris, ein Finanz- und Ölmann, sprach gern von seinen großen Geschäften. Ihre luxuriöse Wohnung im dreißigsten Stock bot einen märchenhaften Blick über das nächtliche New York. Es gab viele Fenster, die meine Gastgeber bei jedem Wetter offen hielten und nur unter der Bedingung schließen wollten, daß ich aufhöre zu rauchen. Ich entschied mich für die Kälte.

»Boris liebt alles, was gesund ist«, erklärte Sonja. »Er ist so selbstsicher und stark.« Ich hatte auch den Eindruck, daß er sein Schicksal fest in Händen hielt und daß sein Rat, den er anderen gab, unfehlbar war. Er bot ein Bild der Sicherheit, und sein Leben wie seine Ehe schienen – übereinstimmend mit seinen gut vorgezeichneten Plänen – zu ewiger Blüte bestimmt.

Einige Jahre später saß Sonja am Steuer ihres Wagens und wunderte sich, warum Boris so still war. Er war tot.

Eines der ersten Dinge, um die man sich kümmern mußte, war, einen Pianisten für meine Tournee zu finden. Meine beiden befreundeten Damen bei der Columbia stellten eine Liste verschiedener Begleiter für mich auf. In den wenigen Tagen, die ich übrig hatte, mußte ich mich der unangenehmen Aufgabe unterziehen, Pianisten auszuprobieren, anstatt mir mehr von New York anzuschauen. Einen sensiblen Musiker und zugleich angenehmen Reisekameraden zu finden, war nicht leicht. Da gab es einen Pianisten, der nur das Violin-, einen anderen, der nur das Opernrepertoire kannte. Nur zwei hatten überhaupt schon mit Cello gespielt, aber einer hatte schwarze Zähne und einen unangenehmen Geruch, und der andere schnaufte beim Atmen, so daß es hörbar war, wenn ich leise spielte. Von einem vorzüglichen Musiker war ich begeistert, aber er trug zwei Krawatten gleichzeitig, und an dem Sonntag, an dem wir einander kennenlernten, behauptete er steif und fest, es wäre Dienstag.

Schließlich kam Valentin Pawlowskij, ein begabter russischer Pianist, der zwar noch nicht lange in Amerika war, aber versicherte, er spreche englisch und kenne das Land gut. Wir probten und formten uns zu einem befriedigenden Ensemble. Er war groß, blond, jung und wirkte eher wie ein Playboy, der gerade nochmals Ferien machen wollte, als wie ein Musiker, der auf Tournee ging.

Das erste Konzert sollte am 5. November 1929 in Oberlin, Ohio, stattfinden. Als wir einen Tag vorher am Grand Central Terminal von New York in den Zug stiegen, begann ich mich zu fragen, ob Pawlowskij das Land wirklich so gut kannte, wie er sagte. Er sah verwirrter aus als ich, wußte nicht, wo der Zug zu finden war, und konnte die Fahrkarten nicht entziffern. Es wurde mir bewußt, daß ich ihn bis jetzt noch nicht hatte englisch sprechen hören. Die Träger, Schaffner und Kellner fanden sich mit unserer Zeichensprache und unserem russisch-englischen Jargon ab, ebenso wie die meisten anderen Leute auf unserer Tournee.

Der erste Kontakt mit einer amerikanischen College-Hörerschaft war ermutigend. Pawlowskij spielte bewundernswert, und mit Ausnahme eines Unfalls ging das Programm sehr gut vorbei. Zu Beginn eines ziemlich langen Scherzos von einem Komponisten namens Feltzer blätterte Pawlowskij mehrere Seiten auf einmal um. Ich machte den Sprung mit, und ehe wir uns versahen, war das Stück beendet. Wegen dieser humorvollen Kürze verlangte das entzückte Publikum eine Wiederholung.

»Spielen wir es nochmals, aber diesmal richtig«, sagte ich zu Pawlowskij. Dasselbe Stück, nun endlos in die Länge gezogen, erhielt bloß lauwarmen Applaus. Wir spielten den Feltzer nie wieder.

Eine Stadt folgte der andern, jede mit einer Hauptstraße, einem Drugstore und in jeder ein überheiztes Hotel, wo eine Gideon-Bibel auf dem Nachttisch und Palmolive-Seife im Badezimmer lag. An freien Tagen gingen wir ins Kino. Am Morgen nach den Konzerten lasen wir die Kritiken. Pawlowskij, der meistens vorlas, unterbrach, sobald er zu dem Wörtchen *but* kam. Er sagte, seine Erfahrung habe ihn gelehrt, daß Kritiken mit »aber« nicht wert seien, übersetzt oder aufbewahrt zu werden.

Er unterhielt mich mit Erzählungen von seinem Vater, der ein Spieler gewesen war und einmal sein Klavier und sein Haus verspielt hatte, ja sogar auf seine Frau wettete. Er erzählte mir seine eigenen Liebesgeschichten aus der Gegenwart und der Vergangenheit; sein Reichtum an Unterhaltungsstoff schien beinahe unerschöpflich. Sein richtiger Name, sagte er, sei Karjetnikov, und er wisse selbst nicht, warum er ihn in Pawlowskij geändert habe. Er sprach vom abgrundtiefen Baikal-See in seiner sibirischen Heimat und erzählte von seinem weißen Schweinchen, das er als Kind mit ins Bett genommen habe und das eines Tages als Nachtessen serviert wurde. Er sagte, er habe immer das Innere der Dinge sehen wollen. »Ich schlitzte Kissen und Matratzen auf, zerbrach Uhren und Spielzeug; und da gab es auch ein Kätzchen; ich besaß ein Taschenmesser...«

Mein erstes Konzert mit Orchester fand in Philadelphia statt, unter der Leitung von Leopold Stokowski. Was für ein Orchester! Welch ein süßer Klang! Mit Musikern von solchem Format und mit ihrer Begeisterung wurde die Probe zu einer Freude. Es war schön, Boris Kutzen wiederzusehen, dem ich seit der Berliner Zeit im Café Ruscho nicht mehr begegnet war und der jetzt als Mitglied des Philadelphia-Orchesters spielte und eine Frau und zwei Kinder hatte. Da traf ich auch Fabian Sewitzkij wieder, den ich vom Bolschoj-Theater in Moskau her kannte: wie sein Onkel Serge Kussewitzki spielte er Kontrabaß und wurde später Dirigent.

Leopold Stokowski galt in Amerika als Halbgott, und sein Ruhm hatte sich durch herrliche Schallplatten über ganz Europa ausgebreitet. Als Förderer und Meister zeitgenössischer Musik hatte er weitgehenden Einfluß, und seine Erfolge als Dirigent waren außerordentlich. Sein Drang nach Originalität rief oft Streit hervor, bei dem er sich aber in seinem Element zu fühlen schien. Er verstand es ausgezeichnet, sich ins richtige Licht zu setzen, und sein Geschmack und seine Begabung haben mit Erfolg seinen Manierismus in einen eigenen persönlichen Stil gewandelt. In seinem Orchester bestand eine andere Sitzordnung als in den übrigen Orchestern, und es gab eine Zeit, da wurde jeder seiner Geiger abwechlungsweise Konzertmeister. Einem Gerücht zufolge hatte er ein System erfunden, nach dem er jedem einzelnen Musiker eine Leistungsnote gab, doch dies mußte wieder fallengelassen werden. Stokowskis melodische Stimme hatte einen besonderen Akzent, dessen Ursprung unmöglich festzustellen war, und seine Unterschrift ließ an eine phantastische, von niemandem je gesehene Zeichnung denken. Sein Haar war so ungewöhnlich dicht, daß man sich nicht vorstellen konnte, es wachse und gedeihe auf einem normalen Haupt. Er dirigierte ohne Stab, und seine Streicher vermieden auf seinen Befehl, entgegen allen Regeln und Gebräuchen, die Einheitlichkeit des Bogenstrichs. Wenn einer hinunterstrich, bewegte sich seines Nachbars Bogen nach aufwärts. Seine Art, das

Podium zu betreten, war mir neu. Das Orchester wartete und beobachtete ihn, in völliger Bereitschaft. Knapp eine Sekunde bevor er sein Pult erreichte, begann die Aufführung. Aber wie auch immer seine Absonderlichkeiten waren, sein Orchester spielte wundervoll mit ihm.

Nach meinem Cello-Konzert setzte ich mich in den Saal, um die ›Pathétique‹ von Tschaikowskij zu hören. Stokowskis merkwürdigen Auftritt versäumte ich gerade, wurde aber dafür nach dem dritten Satz durch seine unerwartete Ansprache entschädigt.

Man applaudierte. Stokowski drehte sich um und brachte das Publikum zum Schweigen. Er sprach von den schlechten Manieren, zwischen den einzelnen Sätzen zu klatschen, und von den Musikern, die sich bemühten, schöne Töne hervorzubringen und dafür mit dem schrecklichen Geräusch des Händeklatschens belohnt würden. Nachdem er das Publikum aufgefordert hatte, sich jeglichen Applauses überhaupt zu enthalten, setzte er die Symphonie fort.

»Ich liebe Applaus«, sagte ich beim Nachtessen. »Sie nicht?«

»O ja, natürlich«, antwortete Stokowski.

»Warum sagten Sie dann, Applaus sei schrecklich?«

»Hm ... ja ... die Zeitungen werden es morgen erklären.«

Und so war es. In den Kritiken gab es keine »Aber«, kaum etwas über die Symphonie oder mein Cello-Konzert – nur Stokowskis Rede.

Ich traf Pawlowskij in St. Louis, wo wir zwei Cello-Abende mit dem gleichen Programm zu geben hatten. Die strenge Kälte, gegen die mein Cello empfindlich war, bewirkte, daß der Steg niedriger und die Stimmung des Instruments tiefer wurde, wodurch der Klang fast unhörbar war. Der arme Pawlowskij berührte kaum seine Tasten, um mein schmerzlich flüsterndes Cello nicht zu übertönen. Dem Publikum, das mich zum erstenmal hörte, gefiel offensichtlich mein Miniatur-Ton, und es benahm sich nicht so, als ob es etwas vermißte.

Früh am nächsten Morgen war ich beim Geigenbauer. Schon das bloße Wechseln einer Saite am Konzerttag konnte mich aus der Fassung bringen, und um mich an einen neuen Steg zu gewöhnen, brauchte ich Tage. Der neue, sehr hohe Steg veränderte nun den Ton meines Cellos völlig. »Muß ich wieder so spielen, als ob ich auf Eiern ginge?« fragte Pawlowskij vor dem Konzert.

»Um Himmels willen, nein. Mein Cello weigert sich, anders als *fortissimo* zu spielen.«

Im selben Saal und mit demselben Programm dröhnte unsere Musik nun durch das ganze Konzert.

Ein Kritiker kam ins Künstlerzimmer. Er sah mich aufmerksam an und sagte, er habe sich gefragt, ob ich derselbe Mensch sei, der gestern gespielt habe. »Großartig«, sagte er bewundernd. »Ein und derselbe Künstler, aber was für eine verschiedenartige Auffassung! Ich weiß nicht, welche mir besser gefällt. Welche ziehen Sie vor?«

»Keine«, sagte ich.

Je kleiner die Stadt war, desto mehr Züge, Autobusse und Taxis brauchten wir, um sie zu erreichen. Wenn wir dann schließlich zu einer unmenschlichen Zeit am Ziel anlangten, fiel es uns schwer, zu glauben, daß in einer so verlassenen Gegend jemand auf einen Cello-Abend wartete. Und doch befand sich jedesmal eine riesige Anzahl von Zuhörern im Konzertsaal. Dies war das Publikum der sogenannten »Community Concerts«, einer Organisation, welche Künstler engagierte und im ganzen Land eine Serie von Konzerten zu mäßigen Abonnementpreisen veranstaltete. Es wurden keine Einzelkarten verkauft. Wie andere Geschäftsunternehmungen waren diese Konzerte auf »Massenbetrieb« eingestellt. Viele Künstler fanden die ganze Organisation nicht gut. Diejenigen, die schon einen Namen hatten, erhoben Einspruch gegen die einheitlich gehaltenen Gagen, die erheblich kleiner waren als die Honorare für sogenannte »direkte« Engagements. Die weniger bekannten Künstler beklagten sich darüber, daß diese Konzerte ihnen zwar Gelegenheit boten, öffentlich zu spielen und etwas zu verdienen, ihrer Karriere jedoch nicht förderlich seien. Das Publikum war vorhanden, unabhängig davon, wer spielte, und selten wurde ein Künstler zum zweitenmal engagiert. Mir schien es fraglich, ob die überhebliche Meinung der Veranstalter, man müsse Programme aus bekannter, leicht verständlicher Musik zusammenstellen, richtig sei. Aber dann wieder dachte ich, daß ohne diese Veranstalter eine große Anzahl ländlicher Gemeinden überhaupt keine Musik zu hören bekäme. Und was mein Instrument betrifft, war ich für die Gelegenheit dankbar, es vielen vorzustellen, die noch nie zuvor ein Cello gehört hatten.

In keinem Land hätte ich aufmerksamere Zuhörer gefunden, und im Gegensatz zur Überzeugung der Direktion gab es keinen Beweis dafür, daß die schlechteren Stücke der Programme vorgezogen würden. Jedoch entsprach es der Wahrheit, daß viele gern Musik hörten, die ihnen bekannt war. Auf allen andern

Gebieten verspürt die Mehrzahl der Menschen einen Drang nach Neuem. Sie würden nicht zweimal dasselbe Buch lesen oder sich zweimal denselben Film ansehen, ja nicht einmal dieselbe Speise hintereinander essen, aber bei Musik scheinen sie den Wunsch zu haben, dieselben Stücke immer wieder zu hören, ihr ganzes Leben lang. Agenten und Musiker tun ihnen den Gefallen. Doch wie dem auch sei, dies war nicht das Problem eines Cellisten, denn was immer ich in kleineren Städten spielte – Brahms, Beethoven oder Prokofieff –, die Leute hörten es wahrscheinlich zum erstenmal. Man riet mir, den Titel »Sonate« zu vermeiden, denn er würde mit etwas Langem, Langweiligem in Zusammenhang gebracht werden. Das Problem wurde gelöst, indem wir die Sätze einer Sonate als »Gruppe« bezeichneten.

Als wir erfreut wieder in unserem »trauten Heim« des Pullmanwagens saßen, zeigte mir Pawlowskij im Vertrag für die nächste Stadt eine Klausel, die lautete, wir müßten einen Tag vor dem Konzert dort eintreffen. Sobald wir die Stadt erreicht hatten und im Hotel waren, läutete das Telephon. Eine barsche Stimme mit deutschem Akzent fragte, ob ich es sei und ob ich morgen nach dem Konzert gerne Bier hätte. Ich sagte »ja«. Das war der Präsident der Musikgesellschaft.

»Was für ein ödes Nest«, berichtete Pawlowskij. »Der Mensch da unten sagt, es gebe hier nichts als eine Brauerei, ein neues Postamt und ein Kino.« Wir gingen die Straßen entlang und sahen auf dem Kinoplakat stehen: »Nur für Erwachsene.« Wir gingen hinein. Es war ein Aufklärungsfilm und handelte vom Elend der Syphilitiker, die keine ärztliche Hilfe suchten, weil sie sich schämten, von ihrer Krankheit zu sprechen. Ein Mann neben mir rülpste und roch nach Schnaps und Vicks. Wir verließen das Lokal.

Am nächsten Tag saßen Pawlowskij und ich, beide starke Raucher, vor dem Konzert im Künstlerzimmer und qualmten. Irgend jemand, der sich als Mitglied des Direktoriums vorstellte, öffnete das Fenster und sagte: »Wenn Sie von dieser Gesellschaft wieder engagiert werden wollen, darf der Präsident niemals erfahren, daß Sie Raucher sind.« Er blickte nach der Tür, als fürchtete er, jemand könnte ihn belauschen, und flüsterte: »Er haßt Raucher, aber er besitzt eine Brauerei, und ich gebe Ihnen den freundschaftlichen Rat, gern Bier zu trinken.« Ich dankte ihm und fragte, ob er wisse, warum es nötig war, daß wir einen ganzen Tag vor dem Konzert hier ankamen.

»Der Präsident kann in der Nacht vor einem Konzert nicht schlafen, wenn er nicht sicher ist, daß die Künstler schon in der Stadt sind.« Während ich übte, kam ein großer Mann herein. Er schnupperte in der Luft herum.

»Hm – gute Luft. Nichtraucher? Das ist gut«, sagte er. »Raucher sind schlimmer als Rauschgiftsüchtige, die nur sich selbst, aber nicht andere töten. Die Raucher tun beides.«

Nach der letzten Zugabe verbarrikadierte sich Pawlowskij, der Glückspilz, in der Herrentoilette und rauchte, während ich Autogramme gab.

Beim Nachtessen mit dem Präsidenten und seiner Frau sang ich das Lob des Biers. Beim nächsten Glas sagte der Präsident: »Sie sind einer der großartigsten Nichtraucher und Biertrinker, den ich je unter Künstlern kennengelernt habe.«

Zehn Jahre hintereinander wurde ich wieder engagiert. Ich wurde nie beim Rauchen erwischt, und ich lobte das Bier. Der Tod des Präsidenten war das Ende meiner Karriere in jener Stadt.

Wieder in New York, stand ich eines Tages dem großen Orchester und Mengelberg gegenüber. Carnegie Hall, der Dirigent und das New Yorker Philharmonische Orchester waren mir, mit Ausnahme meiner Freunde und Kollegen Alfred Wallenstein und Michael Piastro, fremd. Die Probe begann, ohne daß ich, wie üblich, dem Orchester vorgestellt wurde. Mengelberg, ein Mann von schwerer Statur, mit einem riesigen Kopf, brüllte seine Anweisungen ins Orchester, das zu laut spielte und deshalb seine Stimme nicht hörte. Er nahm das Tempo viel langsamer, als in der Partitur angegeben war, er unterbrach, begann wieder, unterbrach nochmals, und das Orchester spielte lauter und langsamer, je weiter er fortfuhr. Ich wartete auf eine Gelegenheit, mich mit dem Dirigenten zu verständigen. Endlich konnte ich eine kurze Unterbrechung benützen und bat ihn leise, ein schnelleres Tempo zu nehmen.

Er antwortete laut: »Ich habe dieses Cello-Konzert mit dem Komponisten selbst studiert, und das Tempo, welches ich nehme, ist das richtige.«

Seine nörgelnde Stimme vermischte sich dauernd mit dem Klang des Orchesters. Ich stand auf, damit er mich wenigstens sehe und ich ihn vielleicht zum Zuhören veranlassen könnte, aber er gab mir ein Zeichen, mich zu setzen, und ließ das Orchester noch einmal von vorne beginnen. Er klopfte mit dem Taktstock, sang und sprach, und das Tempo wurde immer langsamer. Als unter diesen Umständen nach einem langen Tutti endlich mein Einsatz kam, spielte ich aus Protest schneller, als ich normalerweise gespielt hätte. Er unterbrach mich: »Sie spielen zu schnell.«

»Nein, Sie sind zu langsam.«

»Es muß gespielt werden, wie ich dirigiere.«

Ich ging hinaus. Die Orchestermusiker applaudierten. Mir war schrecklich zumute. Da erschien, wie aus dem Nichts, Judson. »Es hat nicht den Anschein, als könnten wir uns verständigen«, sagte ich. Auf Judson schien das keinen Eindruck zu machen, er erklärte mir, dies sei Mengelbergs letzte Saison mit dem Philharmonischen Orchester und der Dirigent habe es im Leben nicht leicht gehabt. Er erwähnte auch lächelnd, daß Mengelberg seine musikalischen Informationen indirekt durch einen Urgroßneffen Beethovens oder eine Großtante vom Urenkel Bachs erhalten habe. »Sie sehen, er hat sich alles genau erklären lassen; während andere ihre Anleitung bloß aus gedruckten Partituren erhalten, besitzt er, der Schumann, Brahms, Wagner, Dvořak und andere persönlich gekannt hat, gewichtigere Autorität, auf die man sich stützen kann.«

Ich weiß nicht, was Judson zu Mengelberg gesagt hat, aber wir kamen überein, es noch einmal zu versuchen. Nun sah ich mich auf dem Podium einem ganz anderen Menschen gegenüber: rücksichtsvoll, hilfsbereit und dazu ein vorzüglicher Dirigent. Das Cello-Konzert kam an diesem und am nächsten Abend zu sehr guten Aufführungen. Doch einige Minuten vor dem dritten Konzert kündigte Judson an, daß Mengelberg erkrankt sei und Hans Lange, der zweite Konzertmeister des Orchesters, ihn vertreten werde.

»Ohne Probe?«

»Machen Sie sich keine Sorgen«, sagte Judson vertrauensvoll. Dieses Konzert war das beste von allen dreien.

(Ich traf Mengelberg wieder, auf eigenem Boden mit seinem Concertgebouw-Orchester in Holland. Wir spielten in Amsterdam, den Haag und in Haarlem im besten Einvernehmen und scherzten über unsere schlechte Laune in New York.)

Von Küste zu Küste traf man in jedem größeren Orchester Russen. Sie gehörten gewöhnlich zu den Streichern; bei den Holzbläsern waren es Franzosen und beim Blech Deutsche. Russische Sinnlichkeit, französische Eleganz und deutsche Kraft, hie und da in Verbindung mit der Ausbildung und der Kultur anderer Nationalitäten, formten das amerikanische Orchester zu einer Einheit einzigartiger Qualität. Wenn ich mit diesen Musikern spielte, spielte ich gleichzeitig für sie, und der Grad meiner Befriedigung über eine Aufführung war von der Wirkung auf das Orchester abhängig. Bei den Proben wandte ich gelegentlich dem leeren Saal den Rücken zu und blickte ins Orchester. Ich wollte sehen, zu wem ich »sprach«, und dachte, unser persönliches, musikalisches Kennenlernen würde dadurch beschleunigt, daß wir einander anblickten. Dieses Vorgehen war zuweilen gewagt. Manchmal erhaschten meine Augen auf irgendeinem Gesicht einen Ausdruck derartiger Langeweile, daß es mir lieber gewesen wäre, in den leeren Saal zu schauen. Ich wußte, daß sich in den meisten Orchestern mindestens ein Mitglied befand, das gegen Musik allergisch war. Diesen Musiker zu entdecken war unangenehm.

Im Philharmonischen Orchester von Los Angeles schien es keine solchen Leute zu geben. Der Dirigent war Artur Rodzinskij, und unsere Probe ging glatt, beinahe geschäftlich voran, doch verblüffte mich die außergewöhnliche Reaktion des Orchesters. Stampfend, rufend und klatschend blieben die Musiker auf dem Podium und wollten es nicht verlassen. Von ihnen umgeben, spielte ich für sie während der Pause und nach beendeter Probe bis spät in den Nachmittag hinein. Bevor ich aber noch in mein Hotel zurückkam, sah ich zu meinem Erstaunen bereits einen Bericht über diese Probe auf dem Titelblatt einer Zeitung.

Das Konzert, nur einige Stunden später, bildete den Höhepunkt dieses ungewöhnlichen Tages. Der interessanteste Moment war, als Mr. Clark, ein reicher Gönner, der offenbar als einziger den Unterhalt des Philharmonischen Orchesters von Los Angeles aufbrachte, nach dem ›Don Quixote‹ und dem Dvořak-Konzert mein Cello aufs Podium trug und darauf bestand, daß ich das Verlangen des Publikums nach Zugaben erfüllte. Satz auf Satz aus verschiedenen Bach-Suiten folgte, und das letzte Orchesterstück, das auf dem Programm stand, wurde gar nicht mehr gespielt.

»Haben Sie überall so viel Erfolg?« fragte Rodzinskij.

»Einmal ist verwirrend genug.«

Ich kannte Rodzinskij aus der Zeit, in der ich nach Warschau kam. Ich war erfreut, ihn wiederzusehen und zu erfahren, daß er ein bedeutender Dirigent geworden war.

Ich besuchte auch Filmstudios in Hollywood und lernte mehrere Filmstars kennen. Als ich Clark Gable in wilden Szenen spielen sah, fragte ich ihn, worum es sich handle. Er wußte es nicht. Er erzählte mir, er habe in einer vorhergehenden Szene eine Frau geküßt, und morgen würde er ein Schiff in Brand setzen, aber erst wenn der Film zusammengesetzt sei, würde er herausfinden, warum. Joan Crawford machte mir so großen Eindruck, daß ich das Studio sehr spät verließ und beinahe meinen Zug nach San Francisco versäumt hätte. Ich war entzückt von Kalifornien und begab mich mit Bedauern über meinen kurzen Besuch dort auf die Rückreise nach dem Osten, wo ich andere Verpflichtungen zu erfüllen hatte.

Ein Konzert folgte dem andern. Oft kam ich gegen Abend in einer Stadt an und verließ sie wieder, ohne sie bei Tageslicht gesehen zu haben. Ich wollte, dies wäre auch in einer Universitätsstadt (ich glaube, es war Madison, Wisconsin) so gewesen, wo ich übernachtet hatte und, vom großartigen Anblick eines Sees verlockt, meine Abreise bis zum späten Nachmittag verschob. Der See war fest zugefroren, und einer der Studenten lud mich zu einer Fahrt mit einem »Segelschlitten« ein. Pawlowskij sagte nach einem mißtrauischen Blick auf das Ding, es sei ihm zu kalt und zu windig und er würde lieber ein zweites Frühstück mit einer Studentin einnehmen als sich mit diesem verrückten Apparat einlassen. Ich hatte vorher noch nicht einmal davon gehört, daß es so etwas gäbe, aber ich war neugierig und konnte nicht erwarten, zu sehen, wie es funktionierte.

Im Augenblick, da ich hineinkletterte, warf mich ein starker Stoß flach auf den Bauch. Ich klammerte mich mit beiden Händen irgendwo an, als der Schlitten mit einem Ruck vor- und seitwärts stürmte, alles zugleich, mit schwindelerregender Schnelligkeit. Ein schneidender Wind blies mir um die Ohren, ins Gesicht und durch den ganzen Körper. Das unglaubliche Tempo, mit dem wir abgefahren waren, steigerte sich noch zu einer rasenden Fahrt in riesigen Sprüngen. Mit geschlossenen Augen hatte ich das aufregende Gefühl, auf dem Rücken einer Hexe zum Jüngsten Gericht zu reiten.

Glücklicherweise nimmt jeder Alptraum ein Ende, so auch diese Fahrt. Erschöpft konnte ich weder ein Wort herausbringen noch die Dauer dieser Feuerprobe abschätzen, noch mich erinnern, wie mein Pilot ausgesehen oder was er gesagt hatte. Nach der Bestandsaufnahme meiner erlittenen Verletzungen verließ ich die Stadt leicht hinkend, mit einigen Quetschungen, einem steifen Hals und einer verfärbten Nase.

Ich gab in verschiedenen Städten Cello-Abende, und als ich Chicago erreichte, waren alle sichtbaren Male von Madison verschwunden. Ich freute mich darauf, Dr. Fredrick Stock kennenzulernen und unter seiner Leitung mit dem Chicago Symphony Orchestra zu spielen. Wir wurden sofort Freunde. Eine solche Verbindung zwischen zwei Musikern entsteht nicht im Augenblick, sondern ist vielmehr ein seit Jahren bestehendes Band, das durch die gleiche Einstellung zur Musik gepflegt wurde. Unsere Beziehungen als Musiker und Freunde blieben während aller folgenden Jahre bestehen, und wir ließen keine Saison in Chicago vorübergehen, ohne miteinander zu musizieren. Außer bekannten Werken spielten wir Stocks eigenes Cello-Konzert und das hier noch unbekannte Cello-Konzert von Hindemith.

Chicago, wiewohl damals wegen seines Gangstertums berüchtigt, wurde für mich ein Ort edler Freundschaften und herzlicher Beziehungen. Das Haus des berühmten Hals- und Nasenspezialisten Dr. Maurice Cottle, der sich als Amateurgeiger betätigte, und seiner Frau, der namhaften Pianistin Gita Gradowa, war das Heim aller »fahrenden« Musiker, die sich in der Stadt aufhielten, und anderer, die von weit herreisten, um nur einen Abend in diesem gastlichen Haus zu verbringen. Man wußte nie genau, wen man dort treffen würde – Toscanini, Elman, Rubinstein, Prokofieff, Heifetz, Horowitz –, aber man konnte damit rechnen, daß genügend Kollegen für ein Kammermusikfest anwesend sein würden. Und wenn eine Erkältung zu heilen oder eine Operation auszuführen war, dann sorgte Dr. Cottle wundervoll für alles, und überdies kostenlos.

»Piatigorsky, der auf seinem Cello den Dnjepr überquert hat, wird in unserer Stadt auftreten«, sah ich oft in der Zeitung stehen. Dieses alberne Märchen, von der Propaganda erfunden, bedurfte auch noch der Erklärungen. »Was benutzten Sie als Ruder? Ihren Bogen? Hat das Cello keine Löcher?« wollten verschiedene Reporter wissen. Wenn ich diese sinnlose Geschichte lachend ableugnete, wurden neue erfunden.

In einer Stadt fand ich in meinem Zimmer wartende Photographen vor. »Es ist spät, ich habe knapp Zeit, mich für das Konzert umzuziehen.«

»Wir wollen nur ein Bild von Ihnen mit dem Cello. Es dauert bloß eine Sekunde.« Ich nahm schnell mein Cello aus dem Kasten. »Ist es dasselbe, auf dem Sie den Fluß überquerten?«

»Hm – ja –«, ohne damit Zeit zu verlieren, eine normale Pose einzunehmen, hob ich das Cello unter mein Kinn.

Dieses Bild grüßte mich an vielen Orten, und ich mußte manchen besorgten Müttern Erklärungen geben, weil sie sich über die Anstrengungen ihrer Kinder beklagten, die versuchten, das Cello so zu halten, wie sie es von mir in der Zeitung sahen.

Miss Dorle Jarmel, die Leiterin der Reklame-Abteilung der Columbia Concerts Corporation, eine außergewöhnlich intelligente Person, mit der ich mich rasch befreundete, kannte meine Meinung über das Abdrucken der »Superlative« aus den Kritiken, insbesondere der hohen Titel, die man mir verlieh: »Der König des Cellos« oder »Der Fürst«; aber Miss Jarmel sagte, diese große Demokratie wollte nicht auf ihre zeitweisen Monarchen, ihre gewählten Tomaten-Königinnen, Zucker-Zaren und andere Hoheiten verzichten.

Einmal, als ich nach einem Konzert im Begriffe war, nach Hause zu gehen, sah ich eine Gruppe junger Leute sich miteinander beraten. Da ich müde war, wollte ich das Autogrammgeben rasch erledigen. Der Anführer der Gruppe kam auf mich zu: »Ist es wahr, daß Sie der größte Cellist der Welt sind?«

»Nein«, sagte ich.

»Er ist es nicht. Er hat es selbst gesagt«, verkündete er den andern, und sie eilten hinaus.

Ich fand die Leichtigkeit, mit der die Menschen hier Freundschaften schlossen, ungewöhnlich. »Nennen Sie mich Bill«, schlug mir ein Mann vor, von dessen Existenz ich einige Minuten zuvor noch nichts gewußt hatte; seine Frau nannte mich »darling«, und ein anderer Bürger, dem ich überhaupt nicht vorgestellt worden war, behauptete, ich sei ein fabelhafter Bursche. Mir gefiel die freundliche Vertraulichkeit und die Direktheit der Leute recht gut. Die Alte Welt faßte diese Einfachheit oft zu Unrecht als Mangel an Feingefühl und althergebrachter Kultur auf, für welche Europa sich anmaßte, das Patent zu besitzen. Europas Vorwurf an Amerika ist der an ein Kind, das sich zu einem Riesen entwickelt hat. Dieses Kind, im Begriffe, aus seinen Kleidern herauszuwachsen, scheint sich denen gegenüber unangenehm aufzuführen, für die es seine Ehrfurcht nie verloren hat, aber deren abgetragenes Gewand es flicken muß.

Mein Verbrauch an menschlicher Gesellschaft war ganz unausgeglichen. An Konzerttagen sah ich zu viele Menschen. An freien Tagen oder in der Bahn war ich meistens allein. Wie alle Musiker auf Tournee übte ich nur unregelmäßig, ich las, erforschte neue Gegenden oder schrieb aus Langeweile Limericks, die sich nie zu reimen schienen. Und natürlich, wann immer es möglich war, schloß ich neue Freundschaften oder traf mich mit alten Freunden, wie zum Beispiel mit Mischakov, der sich nicht verändert hatte, außer, daß er jetzt zu mir englisch sprach.

In Buffalo begegnete ich einem Mann, der sagte, er habe mich in Warschau spielen hören. »Sie spielten das Boccherini-Konzert in B-Dur«, sagte er.

Es war mir nie angenehm, von diesem Werk zu hören, das von anderen Leuten als von Boccherini arrangiert, orchestriert und harmonisiert worden war. Viele Cellisten, auch ich gehöre dazu, verzierten das Konzert mit eigenen Kadenzen, von denen manche länger sind als die einzelnen Sätze. Die große Nachfrage nach diesem Konzert war um so verwunderlicher, je mehr man die ungeheure Produktion dieses Komponisten in Betracht zog, die unbekannt blieb, während das meistgespielte und am häufigsten aufgenommene Werk zweifelhafter Herkunft war. Als mir dies bewußt wurde und ich nicht imstande war, die Original-Partitur ausfindig zu machen, hörte ich mit der Zeit auf, dieses Konzert zu spielen, und war niemals damit einverstanden, es auf Schallplatten aufnehmen zu lassen.

»Erinnern Sie sich an jenes Konzert?« fragte der Mann. Ich sagte: »Ja, aber hauptsächlich wegen der glücklichen Gesichter von Artur Rubinstein und dessen damaliger Braut Nela, die sich im Publikum befanden.« Der Mann lachte. »Ich kannte ihn gut«, sagte er. »Auf seinen Tourneen reiste *Pan* Rubinstein mit seiner eigenen kleinen Zuhörerschaft, unter der ich das einzige männliche Wesen war.«

Mein nächstes Engagement hatte ich in Detroit. Es war schön, Ossip Gabrilowitsch wiederzusehen und seine Frau und seine Tochter Nina kennenzulernen. Eine Überraschung für mich war die Anwesenheit Alexander Glasunovs, der im selben Konzert seine Symphonie dirigieren sollte, in welchem ich als Solist, begleitet von Gabrilowitsch, spielte. Glasunov war alt und schwach, besaß aber eine rührende Liebe zu den Menschen, die hier noch stärker als in Rußland zum Ausdruck kam. Er war zwar ein unaufdringlicher Dirigent, phlegmatisch und unklar, doch die Orchester in Rußland liebten und achteten ihn und scheuten für ihn keine Anstrengung. Dort, ebenso wie jetzt in Detroit, gaben die Musiker für ihn ihr Bestes, was seine Fähigkeiten, es zu fordern, überstieg.

Wir waren alle drei mit dem Konzert zufrieden und blieben bis spät in die Nacht zusammen. Glasunov sprach mit müder Stimme und sprang in abgerissenen Sätzen von einem Thema zum andern. »Ihr Orchester, sehr gut. Holzbläser und Streicher, gute Musiker. Ja, Paris gefällt mir. Schöne russische Kirche. Russische Restaurants. Ja, Franzosen freundlich, kultiviert. Nettes, kleines russisches Konservatorium. Ginge gern nach Finnland, gelegentlich.«

Ich hörte zu und meine Gedanken wanderten weit zurück zu der Zeit, als ich im Alter von zehn oder zwölf Jahren im Metropol-Restaurant in Moskau spielte. Dort hatte ich Glasunov zum erstenmal gesehen. Er aß allein, und ich spielte seinen ›Chant du ménestrel‹ und die ›Sérenade espagnole‹. Er hatte mich eingeladen, mich zu ihm zu setzen, und wie ein Vater zu mir gesprochen. Wenn ich ihn jetzt ansah, wünschte ich, ich könnte etwas für ihn tun, etwas Ermutigendes oder Zärtliches, wie für ein hilfloses Kind.

Zum letztenmal sah ich ihn einige Jahre später in Paris. Er

hatte eine junge Frau geheiratet, sah aber noch älter aus als damals in Detroit und ebenso hilfsbedürftig.

Schließlich kam ich, nachdem ich das ganze Land durchquert hatte, zurück, um in New York meinen Cello-Abend zu geben. Milstein, Horowitz und ich waren wieder beisammen, tauschten unsere Eindrücke aus und hörten Merowitsch zu, der Pläne für unsere Zukunft machte.

»Ihr werdet nächstes und übernächstes Jahr und noch viele kommende Jahre hier sein«, sagte er. »Wir werden auch in allen großen Städten der Welt unsere eigenen Abonnementskonzerte geben. Das Leben eines Virtuosen sollte so beständig und fruchtbar sein wie das der Philharmonischen Gesellschaften, die Kriege und Krisen überdauern und in ihrem fortwährenden Dienst an der Musik Überlieferungen aufbauen. Wir werden die beste Musik in allen Formen darbieten, und wir werden nach unserer Wahl andere Virtuosen einladen, die dann später unsere Nachfolger sein werden«, prophezeite er.

Am Abend gingen Horowitz, Milstein und ich zu Rachmaninov. Nathan mit seiner Geige, ich mit meinem Cello. Wolodja (Rachmaninov nannte ihn Gorowetz) brachte die Noten von Rachmaninovs Trio mit. Wir hatten dieses Werk für ein Konzert in New York geprobt und wollten es dem Komponisten vorspielen. Schüchtern und viele Entschuldigungen vorbringend, bat Horowitz den Komponisten, mit uns statt seiner zu spielen. Nathan erklärte, es seien keine Kritiker anwesend und also sei gar nichts zu riskieren, was Rachmaninov zum Lachen brachte, doch er lehnte kategorisch ab zu spielen. Wir begannen, und ich glaube, wir spielten gut. Die wenigen Zuhörer, Rachmaninov, seine Frau und seine beiden Töchter, reagierten mehr als beifällig. »Was für hübsche Musik!« riefen die Damen aus. »Von wem ist sie?«

»Von mir«, sagte Rachmaninov schuldbewußt.

»Sergej Wassiljewitsch«, begann Milstein, »warum schreiben Sie nichts für Geige?«

»Warum sollte ich, da es ein Cello gibt?«

Zwei Tage nachher besuchte ich Leopold Godowskij. Der liebenswerte alte Mann war nicht mehr als Pianist tätig und lebte, wie es seinem Ansehen als geistreichem Menschen entsprach; er unterhielt seine Freunde und spielte seine sehr geschickten, langfädigen Transkriptionen. Seine behenden Finger schnappten mit blitzartiger Geschwindigkeit, als genügten ihnen die vorhandenen Schwierigkeiten nicht, nach noch mehr Tasten, als es möglich schien. Es war beinahe unhörbar, aber faszinierend anzuschauen. Sein Schwiegersohn, David Saperton, spielte auch etwas von Godowskij – zu meiner Überraschung noch schneller und noch leiser. Ich spielte mit Godowskij sein ›Larghetto lamentoso‹, ein gesangliches Stück, das ich immer gern gehabt hatte. Dessen langsames Tempo wirkte befreiend.

Der Clerk in meinem Hotel nahm die Gewohnheit an, mir meine Post persönlich zu übergeben und sich über seine Verpflichtung hinaus um mein Wohlergehen zu bemühen. Er bot mir Theaterkarten an, bestellte meine Mahlzeiten und machte mich mit Leuten bekannt, von denen er glaubte, sie seien interessant oder nützlich für mich. Er war mir lästig, und ich spielte sogar mit dem Gedanken, in ein anderes Hotel zu übersiedeln, um seinen Dienstfertigkeiten zu entfliehen.

Ich gab mein Konzert in der Carnegie Hall. Die Reise von der Hölle zum Himmel und wieder zurück zur Erde war vollendet, und nach einem Essen mit Freunden kehrte ich, immer noch in Hochstimmung, ins Hotel zurück.

»Gratuliere, Donnerwetter, was für ein Erfolg!« grüßte mich der Clerk. »Ich habe ein Salamibrot und kaltes Bier in Ihrem Zimmer bereitgestellt. Gelegentlich müssen Sie sich Harlem ansehen. Ich werde eine Führung für Sie veranstalten. Kennen Sie es? Nein? Das *müssen* Sie sehen. Negerviertel. Sehr spannend.«

Ich ließ das Cello in meinem Zimmer, schlich hinter dem Clerk auf die Straße hinaus und nahm ein Taxi nach Harlem – allein. Bald fand ich mich in einer andern Welt, exotisch und seltsam. Ich hörte aus einer Kellerbar Jazzklänge und ging durch eine dunkle Straße dort hinein. Es war gedrängt voll. Als einziger Weißer sah ich der tanzenden Menge zu. Da gab es zwei Holzblasinstrumente, wie ich sie noch nie gesehen hatte, ein Klavier, eine Trommel, einen Kontrabaß, und davor stand ein dicker Trompeter. Die Band spielte leise eine Melodie. Während sie weiterspielte, wurde der Ton stärker und die Melodie kürzer, bis man zum Schluß den Trompeter nur noch einen einzigen Ton blasen hörte. Der pulsierende Schlag des gezupften Kontrabasses trieb die Trompete an, und die kurzen, erregten Schreie vom Tanzboden machten den Ton intensiv und beharrlich. Wie ein unwiderstehlicher Ruf zu einem unheimlichen Ritual stachelte die fanatische Band die besessene Menge zu noch hitzigeren Schreien an. Die Kellner ließen ihre Tabletts fallen und beteiligten sich beim durchdringenden Ton der Trompete an einem wilden, rasenden Tanz.

Außerstande, mich in dieser leidenschaftlichen Atmosphäre zu beherrschen, befand ich mich plötzlich auch auf der Tanzfläche und nahm, wie magnetisiert, an dem verhexten Ritual teil. Ich schlug mit den Füßen aus und schüttelte meinen Körper in den sonderbarsten Kreisbewegungen, als gehörte ich zu den Mitgliedern eines wilden Völkerstammes. Ich war mir selbst unwahrscheinlich fremd, in meinem eigenen Dschungel verloren. Umkreist von sich krampfhaft bewegenden Körpern und betäubt von der Trompete, tanzte ich solange, bis ich mich keuchend auf der Straße befand. Erschöpft kehrte ich ins Hotel zurück, noch beschämt und verwirrt durch mein Benehmen.

»Furtwängler hätte mich tanzen sehen sollen«, dachte ich. Da wir beide nicht tanzen konnten, hatten Furtwängler und ich einmal beschlossen, Unterricht zu nehmen. Unter fremdem Namen traten wir in eine Tanzschule ein. Nach der dritten Stunde sagte der Lehrer, wir seien offenbar unmusikalisch, deshalb sollten wir lieber einen Einzelkurs nehmen. Da gaben wir es ganz auf.

Der Hotel-Clerk wiederholte dauernd sein Anerbieten, mir Harlem zu zeigen, und als ich schließlich annahm, versprach er, sofort das Nötige zu veranlassen.

»Alles ist vorbereitet«, verkündete er eines Tages. »Ich habe in der besten Nachtklub-Vorstellung Plätze bestellt, *joint-floor show* und alles – nun, Sie werden ja sehen«, er rieb sich die Hände. »Nehmen Sie kein Geld mit. Sie werden alles per Scheck bezahlen.«

Der Clerk und seine Frau, Wolodja, Nathan, Sascha und einige andere kamen mit in den Nachtklub. Das dunkle Lokal mit elektrischen Kerzen auf den Tischen war vorwiegend mit weißem Publikum besetzt. Es gab nichts, was meinem ersten Besuch in Harlem ähnlich war. Bei einem mittelmäßig guten Essen mit schlechtem Wein erschien uns das Warten auf das Programm noch länger. Als es begann, war es so konventionell wie irgendeine Negervorstellung, die irgendwo stattfand. Mir war es nicht langweilig, aber Wolodja kaute an seinen Nägeln, und Nathan sprach mit Sascha über seine kommende Tournee in Europa. Die Frau des Clerks stellte Vergleiche an zwischen ihrem stumpfsinnigen Leben und dem einer Künstlergattin. Sie machte kokette Augen, und von Zeit zu Zeit spürte ich, wie ihr Fuß unter dem Tisch den meinen berührte. Als ich Wolodja gähnen sah, sagte ich dem Clerk, es sei spät und er solle die Rechnung verlangen.

»Ich habe alles bezahlt, mit Trinkgeld und allem«, sagte er.

»Wieviel war es?« fragte ich und zog einen Blankoscheck heraus.

»Geben Sie ihn mir, ich werde ihn ausfüllen. Ihre Orthographie, seien Sie mir nicht böse, daß ich es sage, ist bekanntlich etwas komisch.« Ich unterschrieb den Scheck, und die Gesellschaft ging auseinander.

Eines der wenigen Konzerte, die noch zu geben waren, fand in der Schola Cantorum statt. Es gehörte zu einer Serie, die in großen Privathäusern von New York abgehalten wurden. Alles war schlecht an diesem Abend – die Akustik, das zu lange Programm, mein Spiel, der schwache Applaus in Handschuhen; dann hasteten wir aufs Podium zurück, um eine Zugabe zu spielen – zu spät, der Raum war leer. »Unglaublich«, sagte Pawlowskij voll Bewunderung, »wie schnell ältere Damen rennen können.«

Als ich ins Hotel zurückkam, traf ich Milstein. Er sah auf meinen Frack und berührte mein noch feuchtes Hemd. »Wo hast du gespielt?«

»Schola Cantorum.«

»Was für eine Art Konzert ist das?«

»Eine Art musikalische – weißt du – gesellschaftliche Veranstaltung.«

»Wie war es?«

»Anstrengend. Stell' dir vor, nach einem langen Programm noch acht Zugaben.«

Dies machte Eindruck auf Nathan. Eine Woche später, am Tag unserer Abreise, sah ich Nathan in seiner Arbeitstracht. »Du hattest ein Konzert? Wo?«

»Ist ja gleich.« Er war schlecht gelaunt, was bei ihm so selten vorkam, wie daß ich nicht wußte, wo er gespielt hatte. Er sah mich forschend an. »Wie viele Zugaben, sagtest du, hast du gespielt?«

»Wo? Wovon sprichst du?«

»Du weißt es – Schola Cantorum. Ich habe soeben dort gespielt.«

»Gar keine Zugabe«, sagte ich und brach in Gelächter aus.

»Ich habe mein ganzes Zugaben-Archiv hingeschleppt«, sagte Nathan, wieder in seiner gewohnten Laune. »Nachdem ich von dir erfahren hatte, was zu erwarten war, beeilte ich mich nicht, und als ich zurück aufs Podium kam, war kein Publikum mehr da, keine Beleuchtung mehr, und sogar die Stühle waren bereits weggetragen worden.« Er sah nach der Uhr. »Und jetzt muß ich packen, bevor du dir noch etwas Neues ausdenkst.«

Ich hatte auch noch nicht gepackt und ging in mein Zimmer. Dort wartete Merowitsch auf mich. Er war außer sich. »Wie konnten Sie das tun?! Es ist schrecklich. Sie haben Schecks ausgestellt, die wegen ungenügender Deckung zurückkamen.«

»Lächerlich! Ich hatte eine Menge Geld auf der Bank.«

»Nein! Zeigen Sie mir Ihre entwerteten Schecks. Was ist das?« Merowitsch wies auf eine hohe vierstellige Zahl. Ich sah meine Unterschrift. Es war jener Scheck, den der Hotel-Clerk mir in Harlem ausfüllen half.

Der Mann gab den Diebstahl zu. Merowitsch drohte mit Gefängnis, aber der Clerk versprach, das Geld zurückzuerstatten. Ich ließ es darauf ankommen, daß er gelegentlich zurückzahlen werde, gab ihm in der Aufregung der Abreise noch ein Trinkgeld und reichte ihm aus Versehen die Hand.

So endete meine erste Amerika-Tournee – ohne Geld, mit Schulden, aber mit wundervollen Erlebnissen.

Wahrscheinlich stehen alle Menschen, die andere begleiten, um ihnen »Gute Reise« zu wünschen, vor dem gleichen Problem, nämlich was sie mit der Wartezeit anfangen sollen. Natürlich kommt es darauf an, wie lange es noch bis zum endgültigen Abschied dauert. Kein Zweifel, je kürzer, desto besser. Für längeres Warten gibt es keine Lösung. Fröhlich zu sein ist geradezu taktlos, und Tränen ziemen sich bloß für Mütter und Liebende. Das übliche Gerede von »etwas von sich hören lassen« und »gut auf sich acht geben« ist langweilig und kann nicht allzulange ausgedehnt werden. Es bleibt einem jedoch selten etwas anderes übrig, und bei meiner Abreise versprachen wir alle, einander zu schreiben und Leib und Seele wunderbar zu pflegen. Ich umarmte einen Menschen, der es am wenigsten von mir erwartet hatte; dies regte ihn zu einem nicht enden wollenden Witz an.

Schließlich verließen alle meine Freunde das Schiff, und die letzten winkenden Passagiere auf dem Deck zerstreuten sich. Ich stand lange und sah New York meinen Augen entschwinden und den North River sich immer mehr verbreitern, bis er kein Fluß mehr war. Sonst war ich bei Abreisen oft niedergeschlagen, aber diesmal fühlte ich nichts davon, als ich zu dem Land zurückblickte, in das ich wiederkehren und zu dem ich gehören wollte.

In der Kabine fand ich meine dickbauchige Aktenmappe, in die ich alle meine Papiere hineingestopft hatte. Ich breitete die seit langem angesammelte Korrespondenz sowie Programme und Rechnungen auf meinem Bett aus. Ich sah die Rechnungen durch: 20 Prozent Provision für die Columbia Concerts Corporation, 10 Prozent für Wolff und Sachs und nach Abzug dieser beiden Posten 15 Prozent für meinen persönlichen Agenten. Rechnungen für Vervielfältigungen, für Photos, für alle Arten Plakate, für eine Kritikensammlung (ein wahres literarisches Juwel), für Pressedienst, Schaufenster-Reklame und für Voranzeigen. Die Abrechnung für den Cello-Abend in New York war zwei Seiten lang. Ironischerweise waren daran blendende Kritiken geheftet. Ich hatte sie früher gelesen, als sie noch hübsch und frisch waren. Jetzt fand ich sie abgestanden und wandte mich wieder den Rechnungen zu. Pullman, Eisenbahn, Musikzeitschriften, Überfahrten, Schiffspassagen, Begleitergagen... Ich warf noch einen raschen Blick auf einen Stoß unbezahlter und bezahlter Rechnungen, und mit dem tröstlichen Gedanken, daß das arme Europa meinen Geldbeutel bald wieder auffüllen werde, steckte ich alles in die Mappe zurück und begab mich zu einem Spaziergang mit Nathan auf das Deck.

Ich besaß keinen Photoapparat, keine Auswahl von Hüten und Anzügen, keine Landkarten, keine Reisehandbücher oder andere den Touristen kennzeichnende Ausrüstung. Ich hatte nur das unbedingt Nötige bei mir und reiste mit einem einzigen Koffer, mit einer Aktenmappe und natürlich mit dem Cello. Und in auffallendem Gegensatz zu den Touristen trug ich während der ganzen Überfahrt ein und denselben Anzug. Die geschäftigen Menschen packten ein und aus, reservierten und arrangierten, berieten mit den Stewards und Oberkellnern und suchten einen Vierten zum Bridge. Sie schickten Telegramme und Blumen, schrieben Karten und Briefe, und vor allem zogen sie sich an und um und sorgten für Gepflegtheit vor und nach jedem festlichen Anlaß. Und zur körperlichen Ertüchtigung spielten sie *shufflebord*. Ich dagegen entfaltete meine eigene Betriebsamkeit, aber auf andere Weise. Wegen der feuchten Meeresluft packte ich mein Cello ein und wieder aus, bald in seidene Säcke, bald in wollene Tücher, ich pflegte die faserig gewordenen Saiten, reinigte das Griffbrett mit Speichel und polierte das ganze Cello mit einer nach besonderem Rezept hergestellten Reinigungscreme. Und damit es sich nicht erkälte, ließ ich es nie lange unbekleidet. Nach kurzem Üben legte ich es in die Hülle zurück, wickelte es in Decken auf meinem Bett ein und verließ meine Kabine erst, nachdem ich es mit Kissen zugedeckt und einen Zettel für den Steward darauf gelegt hatte, daß er es nicht berühren dürfe.

Nathan Milstein hielt sich während dieser Überfahrt, ebenso wie auf vielen folgenden, zu allen Tages- und Nachtstunden auf dem Deck auf. Er beaufsichtigte die Reise und stand Wache, bereit, sein Leben zu retten, sollte sich die Notwendigkeit dazu ergeben. Er hielt alle Arten von Beförderung für unsicher, jedoch merkwürdigerweise war derselbe Nathan völlig ruhig und entspannt, als ich ihn auf meiner ersten Alleinfahrt in meinem Auto als meinen ersten Fahrgast mitnahm.

Das Wetter war schön, doch während jener Überfahrt mußte ich auf Bridgespielen mit Nathan, ja sogar auf Deckpromenaden mit einer hübschen Italienerin verzichten, und zwar zugunsten der morosen Gesellschaft von Schönbergs und Schnabels Kompositionen, deren Partituren in meiner Kabine lagen. Schönberg hatte mir sein Cello-Konzert, das auf Musik von Monn basierte, gegeben und mich gefragt, ob ich es spielen wollte. Nichts war mit lieber als das. Ich hatte schon daran gearbeitet, aber im Gegensatz zu seinen anderen, reizvolleren Werken gab mir dieses Rätsel auf, und ich mußte mich immer wieder damit beschäftigen. Ich hoffte, daß ich vielleicht am Ende dieser Reise besser verstehen würde, was einen Meister von Schönbergs Größe dazu bewog, sich auf Monn zu stützen.

Ich kam nicht gut mit der Arbeit voran, auch nicht mit der Sonate für Cello Solo von Schnabel, die mir der Komponist übergeben hatte. Schnabel beriet sich mit mir, als er sie schrieb, aber diese bizarre Musik faszinierte mich nur mit Schnabels »obligater« Redebegleitung. Er sprach großartig über seine musikalischen Einfälle, doch hier, mitten im Ozean und ohne seine außerordentliche Redegewandtheit, seine Gebärden und seine Darstellungen auf dem Klavier war das Werk viel weniger überzeugend. Ich sparte keine Mühe, doch ich fürchte, Schönberg und Schnabel, meine beiden von mir als Musiker höchst bewunderten Freunde, waren enttäuscht über mein ungenügendes Einfühlungsvermögen oder, sagen wir, über das Eingeständnis meines, wie ich hoffte, nur vorübergehenden Mangels an fortschrittlichem Geist.

Ich war froh, daß mich meine Tournee auch nach Italien führte, und meinem Cello hörte ich es am Klang an, daß es froh war, wieder in seinem Heimatland zu sein. Ich liebte Italien, seine Menschen und seine Kunst. Ich wollte dort nichts versäumen, und die bescheidenen Gagen hielten mich nicht davon ab, meine Agentin Clara Camus zu veranlassen, mich auch in den kleinsten Orten spielen zu lassen. Meinem feurigen jungen italienischen Begleiter, Vincento Vitali, lag am Geld noch weniger als mir. Obwohl er ganz arm war, wollte er für alle unsere Mahlzeiten bezahlen, und man mußte ihn zwingen, seine schwerverdiente Gage für die Konzerte anzunehmen. Er strahlte vor Freude, wenn ich sein Spiel lobte, und die geringste kritische Bemerkung konnte ihn beinahe zum Weinen bringen.

Nach vielen Konzerten war die Tournee beendet. Noch warm von der italienischen Sonne, suchte ich durch Regen und Nebel meinen Weg zu den Studios der Gramophone Company in London. Der Aufnahmeraum war voll von Herren vom Londoner Philharmonischen Orchester. Sie stimmten geräuschvoll ihre Instrumente und unterhielten sich mit lebhaften Gebärden. In Italien war eine solche Aufregung eine gewohnte, alltägliche Erscheinung, die dort durch beinahe alles hervorgerufen werden konnte. Hier aber waren diese Meister der Selbstbeherrschung nur durch völlig belanglose Dinge zu erschüttern. Tatsächlich stand, nach ihrer echten Erregung zu urteilen, keinerlei Katastrophe bevor. Denn einer solchen begegnet ein Engländer gefaßt. Nur wenn er seine Handschuhe oder seinen Schirm verliert, ist er imstande, einen Koller zu kriegen.

Der Dirigent, John Barbirolli, teilte mir mit, daß uns nicht mehr als insgesamt vierzig Minuten für die Probe und die Aufnahme des Schumann-Konzerts zur Verfügung standen. Die Tonmeister von His Master's Voice erklärten, es werde keine Unterbrechungen geben und das ganze Konzert müsse vom Anfang bis zum Ende ohne Pause aufgenommen werden. Barbirolli, der selbst Cellist war und das Konzert gut kannte, zweifelte daran, daß es möglich sein würde. »In der Tat, es wäre ein Wunder«, sagte der Tonmeister. »Es ist der erste Versuch, ein Konzert im ganzen aufzunehmen, anstatt wie sonst nach jeder Vier-Minuten-Seite eine Pause zu machen.«

»Wie werden Sie die Unterbrechungen vermeiden können?« fragte ich.

»Bevor die eine Seite fertig gespielt ist, wird die Aufnahme der nächsten bereits von einem andern Apparat begonnen.« Es war kaum Zeit, Tempi oder sonst etwas zu besprechen, und zum Proben überhaupt nicht. Barbirolli erklärte dem Orchester die ungewöhnliche Situation, und beinahe im gleichen Moment erschien das rote Lichtzeichen »Achtung Aufnahme«. Es herrschte gespannte, ängstliche Ruhe. Die Aufnahme begann. Was war es? Gegenseitiges Mitgefühl, die Schönheit der Musik oder Glück? Ich weiß es nicht. Wahrscheinlich wußte es niemand, während das Konzert mit angespannter Konzentration, Satz für Satz, fehlerlos bis zum letzten Akkord gespielt wurde. Genau in diesem Moment ertönte laut die Stimme des ersten Oboisten, Leon Goossens: »Bravo!« Dann verschwand das rote Licht. Das »Bravo!« war auf der Platte.

»Es tut mir leid«, sagte Goossens.

»Das soll es nicht«, sagte ich. »Das ist das aufrichtigste ›Bravo‹, das ich je hören werde.«

»Wir können diese Stimme nicht löschen«, sagte der Tonmeister. »Bitte versuchen Sie die letzte Seite noch einmal.« Als wir wieder spielten, gab es einen Krach von einem zu Boden fallenden Fagott, und jede folgende Wiederholung wurde entweder durch ein Niesen, Husten oder einen Kratzer auf meinem Cello unterbrochen, solange bis keine Zeit für einen neuen Versuch mehr übrigblieb. Der Gramophone Company gelang es nur teilweise, Mr. Goossens Stimme auf der Platte zu löschen, und sein »Bravo!« erfreut mich bis zum heutigen Tag.

Mir gefielen in London gar viele Dinge. Die Taxis, in denen ich meine Beine ausstrecken und mein Cello aufstellen konnte, und die Hotelangestellten, die den angenehmen Eindruck erweckten, aus bloßem Respekt und nicht für das Trinkgeld Dienste zu erweisen. Mir schmeckte das Frühstück und der Nachmittagstee, und mir gefielen die Dirigenten und Komponisten, die alle geadelt oder für den Adel vorgesehen waren (andere gab es nicht), und ich liebte meine Freunde, deren Freundschaft so beständig war wie Großbritannien selbst. Mir gefiel die Queen's Hall und das Londoner Publikum, und ich las die ›Sunday Times‹. Ich saß gern im Foyer des Hotels und beobachtete die hübschen und sogar die weniger hübschen Debütantinnen, wie sie, anscheinend alle gleichzeitig gereift, zum Ball stolzierten, um dort von ihren vorausgewählten Freiern weggeholt zu werden. Es gelang mir nur selten, »englisches« Englisch zu enträtseln, aber ich war dankbar, daß man es nicht von mir erwartete.

Ein »kontinentaler« Künstler genoß in England wunderbare Vorrechte. Je weniger er einem Briten ähnelte, desto interessanter war er; je überspannter, desto bezaubernder. Er durfte bei einer Tafel sogar den Wein in die falsche Richtung reichen und wurde doch wieder eingeladen.

Einmal unterhielt ich mich mit einer Dame, und da ich nicht wußte, wer sie war, gestand ich ihr, daß ich mich nicht erinnern könne, wann und wo wir einander schon begegnet seien, aber daß mir ihr Gesicht so bekannt vorkomme und ihr Name mir auf der Zunge liege. Sie antwortete schlicht, sie sei die Königin von Spanien. Ich geriet in andere peinliche Situationen, zum Beispiel einmal, als ich einigen Herren beim Gespräch zuhörte, die über die phantastischen technischen Errungenschaften der Zukunft diskutierten, welche die heutige Welt unkennbar machen würden. Plötzlich mischte ich mich ins Gespräch und sagte: »Im Vergleich zu Jules Verne kommt mir Ihre mutmaßliche Zukunft wie eine ziemlich blutarme Phantasie vor.«

»Wie recht Sie haben«, lachten sie. Ein wenig später erfuhr ich, daß sich unter den von mir angesprochenen Herrn Aldous Huxley und H. G. Wells befunden hatten. Es hinderte uns aber nicht daran, Freunde zu werden.

Eine andere Begebenheit, als ich bei einer großen musikalischen Veranstaltung während der sogenannten »*season*« in London mit einer ganzen Reihe von Mitgliedern des Königshauses zusammentraf, war noch gewichtiger. Die Veranstaltung fand nicht auf königliche Anordnung statt, bei welcher der Künstler meistens nicht bezahlt wird, sondern ich war gebeten worden, zusammen mit Grace Moore und Fritz Kreisler an jenem Abend mitzuwirken. Die Gage war sehr hoch, die Verpflichtung dagegen klein, und ich freute mich, Kreisler wiederzusehen, dessen unnachahmliches Künstlertum ich sehr liebte. Sogar sein leichter Tic im Gesicht übte einen besonderen Reiz auf mich aus. An jenem Abend war er schlecht aufgelegt, doch Grace summte zufrieden vor sich hin, während sie im Spiegel ihr Kleid betrachtete, das hauptsächlich aus einem Decolleté bestand. Sie hatte eine riesige Puderquaste bei sich, konnte aber nicht alle Stellen am Rücken erreichen und bat um Hilfe. Ich tat ihr den Gefallen.

Kreisler stimmte seine Geige. »Meine Frau wartet im Hotel auf mich«, sagte er, »haben Sie etwas dagegen, wenn ich das Programm beginne? Es wird sich gut machen. Grace kommt in der Mitte dran und dann Grischa.« Jeder von uns hatte seinen eigenen Begleiter. Kreisler ging mit dem seinen auf ein eigens aufgebautes Podium im Salon. Grace hörte zu summen auf, aber sie betupfte sich, immer noch vor dem Spiegel, mit ihrer Puderquaste.

Es gab kein gedrucktes Programm. Der bekannte Kreisler-Klang umschmeichelte meine Ohren, als der Künstler plötzlich eine Gedächtnislücke hatte. Ich bin sicher, daß sich Kreisler mit Improvisieren besser aus der Affäre gezogen hätte, wenn der Pianist nicht dabei geblieben wäre, ihm beharrlich die Melodie vorzuspielen, aber so wie es war, wurstelten sie sich, einer auf der Suche nach dem andern, weiter durch. Ich konnte das Publikum nicht sehen, aber nach dem Applaus zu schließen, war es außerordentlich klein. Das zweite Stück spielte Kreisler unglaublich schön, und ein drittes gab es nicht. »Harriet wartet«, murmelte er und packte seine Geige ein.

»Wollen Sie nicht noch etwas spielen?« fragte ich.

»Nein, nein, ich muß gehen.«

Ich hörte Grace nicht zu und war noch kaum bereit, selbst aufzutreten, als sie zornig ins Zimmer kam. »Es ist aus«, sagte sie. »Dort auf dem Podium kann ein Eisbär sich zu Tode frieren.«

»Ein verdammt kurzes Programm; jetzt hängt alles von uns

ab«, sagte mein Begleiter durch seinen Verband hindurch. Ein anderer Künstler hatte meinen lieben Ivor Newton auf eine Tournee mitgenommen, und ich mußte in England zum erstenmal ohne ihn spielen. Sein Ersatzmann hatte, seit er zum Konzert erschienen war, von nichts anderem gesprochen als von der unangenehmen Infektion, die er sich beim Barbier zugezogen hatte.

Mit dem Gefühl beträchtlicher Verantwortung für den Erfolg eines Konzerts von so vielen Künstlern, mit so wenig Musik und für so viel Geld war ich entschlossen mein Allerbestes zu geben. Ich verbeugte mich und stellte meinen Stuhl absichtlich so auf, daß das verbundene Gesicht meines Pianisten verdeckt war. Dann geschah etwas Unglaubliches, ich kann es heute noch nicht erklären. Der allererste Ton der gedämpften, zarten Stückes, das ich spielte, kam mit einem so schrillen Pfeifen heraus, wie es kein Cello normalerweise hervorbringen kann. Die Fortsetzung dieses Stücks konnte trotz meiner größten Anstrengung den anfänglichen Eindruck nicht mehr auslöschen. Ich hoffte, es mit meiner folgenden bravourösen Leistung wiedergutzumachen. Es gelang mir auch, gut zu spielen, und obwohl die Reaktion des Publikums Grace's Bemerkung rechtfertigte, kündigte ich das nächste Stück an. Als ich damit fertig und einfach nicht mehr in der Stimmung war weiterzuspielen, trat ich ab.

Mein in Gaze gewickelter Pianist sagte etwas von seinem Jukken im Gesicht, entschuldigte sich und schlenderte hinaus. Ich wäre auch gern gegangen, aber die Gastgeberin bat mich zu bleiben. Sie tat dies mit so eiskalter Höflichkeit, daß es mich bis in die Knochen fror. Ich folgte ihr zu den hohen Gästen. Da ich auf musikalischem Gebiet versagt hatte, konnte ich nichts mehr verlieren.

Im Salon wurde ich einigen regierenden Königlichen Hoheiten und anderen, die sich im Exil befanden, vorgestellt, auch ein russischer Fürst war da, den ich schon von früher kannte. Ein anderer Herr, den ich, wie ich mich erinnerte, in Brüssel kennengelernt hatte, gehörte ebenfalls zur Gesellschaft, und er brachte mir Champagner, den ich durstig hinunterspülte. Nach dem dritten Glas fand ich alle Leute außerordentlich freundlich und bildete mir sogar ein, ein Lob für das Konzert zu hören. Ich begann Geschichten zu erzählen, und bald war ich von allen umringt und spielte Cello. Ich sah die Gastgeberin strahlen.

Während ich mich mit Prinzessin Alice unterhielt, trat ihr Gatte, der Earl of Athlone, den ich zum erstenmal sah, zu uns.

Er stand dabei und hörte unserem Gespräch über gemeinsame Bekannte zu. Plötzlich mischte er sich ein: »Und wie geht es Ihrem lieben, lieben Vater? Habe ihn so lange nicht gesehen, den alten Knaben. Fährt er immer noch auf seiner Yacht herum, und spielt er immer noch Polo?«

Auf meinem Heimweg zum Hotel dachte ich an meinen Vater und seinen unerwarteten Aufstieg in königliche Kreise, an seine Yacht, die nie größer war als ein Ruderboot, und an das Polo, von dem mein Vater soviel wußte wie der Earl of Athlone von meines Onkels Barbierladen in Jekaterinoslav.

Ich möchte nicht die Abende in Stefan Zweigs Wohnung versäumt haben, die ein Treffpunkt von Schriftstellern und Musikern aus aller Welt war. Dort begegnete ich Alexej Tolstoj, dem russischen Schriftsteller. Ich fand ihn ebenso interessant und imponierend wie seinen Roman ›Peter der Große‹. Ich weiß nicht, wie er mit Leo Tolstoj verwandt war, aber als Autor machte er diesem Namen Ehre. Um so verständlicher ist es, daß ich nur wenigen Menschen begegnet bin, denen sein Werk bekannt ist. Die Gesprächsthemen bei Zweigs waren ungeheuer vielfältig; oft erbebte das Zimmer durch das Gelächter über unsere gegenseitigen Neckereien.

Was mir in London auch Freude machte, waren meine Besuche in der Cello-Schule von Professor Wahlen. Er hatte viele Schüler, darunter nur wenige männliche. Diese weibliche Vorherrschaft fand ich ebenso verwunderlich wie die außerordentliche Kraft, mit welcher die Damen im Vergleich zu ihren männlichen Kollegen spielten. Nachdem ich einen Nachmittag bei dem Professor und seinem reizenden Mädchenschwarm verbracht hatte, gingen wir alle zusammen mit unserer schweren Ausrüstung auf die Straße. Aber unser ungewöhnlicher Aufmarsch zog nicht die leiseste Aufmerksamkeit auf sich. Welche Heiterkeit hätte eine solche Cello-Prozession in Jekaterinoslav hervorgerufen! Dort und auch später in den Außenbezirken Moskaus konnte ich selten ein Cello tragen, ohne ausgelacht zu werden. »Bum – bum – bum – bum«, unangenehme Stimmen und pöbelhafte Bemerkungen von jung und alt begleiteten mich durch die Straßen. Seit meiner Kindheit waren derartige Gesten und Worte für mich gleichbedeutend mit Unwissenheit gewesen.

Mit dieser Erinnerung kam ich in die Albert Hall, um unter Sir Malcolm Sargent zu spielen. Nach dem Haydn- und dem Dvořak-Konzert wurde ich in die Königliche Loge gerufen.

Im Augenblick als ich eintrat, kam Queen Mary auf mich zu und bewegte ihre Hände so, als spielte sie Cello. Ihre Begrüßung ließ mich nach Luft schnappen. Ich hörte: »Bum – bum – bum – bum!«

# Von guten, genialischen und närrischen Begleitern

Man sagt, daß viele Berufe dem Charakter des Menschen ein Gepräge geben, ja sogar seiner äußeren Erscheinung. Natürlich spielt dabei die Zeit eine Rolle. Ein Reiter wird nicht über Nacht krummbeinig; allerdings kannte ich einmal einen Berufsgeiger, der Landwirt wurde, und binnen kurzem wie ein solcher auszusehen begann. Sicherlich gibt es Ausnahmen. Ein Komponist kann wie ein Friseur und ein Friseur wie ein Innenarchitekt wirken. Aber in der Regel sieht ein Metzger wie ein Metzger aus, und es gehört viel dazu, ihn für einen Dichter zu halten.

Auch ein Cellist ist ganz unverkennbar. Ein Hauch von Wehmut liegt über ihm, erkennbar wie eine Narbe, die ihm nach langem Kampf – oft einem verlorenen – gegen die Eigenheiten seines Instruments verblieben ist. Seine melancholische Veranlagung zeigt sich besonders deutlich, wenn er etwas Lebhaftes und Fröhliches zu spielen hat, was er oft in Passagen findet, die in so unangenehmen Lagen geschrieben sind, daß sie zum Weinen traurig klingen.

Wenn auch das musikalische Leben eines Cellisten nicht einsam ist, seine Gesellschaft ist nicht immer nach seiner eigenen Wahl. Anders als ein Pianist oder ein Gitarrist kann er nicht für sich allein bestehen, und einen Cellisten wird man selten allein auf dem Podium sehen. Hinter ihm schreitet ein Mann mit Noten im Arm und mit einem Ausdruck auf dem Gesicht, der besagt, »dies ist nicht mein Konzert, tadelt mich nicht«, und seine Miene zeigt die Entschlossenheit, mit dem Virtuosen durch Freud und Leid zu gehen bis zum bitteren Ende. Dieser Mann ist der Begleiter. Er nimmt im Musikleben eine besondere Stellung ein, und wiewohl das Leben eines Solisten ohne ihn undenkbar wäre, erhält seine äußerst wichtige Persönlichkeit selten die verdiente Anerkennung. Gute Programme für Solostreicher bestehen aus Ensemblemusik mit einem Klavierpart von ebenbürtiger Bedeutung wie die des Streichers – einer Ebenbürtigkeit, deren sich der Pianist nicht erfreuen darf. Der Deckel seines Flügels ist geschlossen. Er muß diskret sein. Er benützt Noten und spielt für eine kärgliche Gage weit mehr daraus als der Solist. Auf den Plakaten fällt sein Name nicht auf, und in den Kritiken wird er kaum erwähnt. Man kann annehmen, daß er sich auf oder hinter dem Podium – sehr wahrscheinlich beides – über seinen berühmten Arbeitgeber ärgern wird. Jedenfalls entwikkeln alterprobte Begleiter mit der Zeit eine äußerst geschickte Verteidigungstaktik und erfüllen ihre Verpflichtungen so unbeirrbar wie ein Fakir auf einem Nagelbrett.

Wenn ich einmal beim Thema über meine pianistischen Mitarbeiter bin, fällt es mir schwer, davon loszukommen. Wollte ich von Ralph Berkowitz sprechen, müßte ich über mehr als fünfzehn Jahre meiner künstlerischen Tätigkeit erzählen. Gedanken an Ivor Newton und Pawlowskij bringen mir viele herzerfreuende Episoden in Erinnerung. Auch Bilder von van der Pas, den ich außer auf dem Podium nie ohne Zigarre gesehen habe, von Otto Hertz aus Budapest, der neben seiner Begleitertätigkeit auch als Zauberkünstler wirkte, Arpad Sandor, Emanuel Bey – alle ziehen lebendig an meinem geistigen Auge vorüber.

In Paris spielte mir eines Tages ein junger Mann vor, der als Begleiter engagiert werden wollte. Er war sehr zart und eifrig bemüht. Er spielte schon stundenlang, aber ich war so entzückt, daß ich noch mehr hören wollte. Schließlich fragte er mit ängstlicher Stimme: »Werden Sie mich engagieren?« Meine Antwort lautete »Nein«. Er erbleichte.

»Sie verstehen mich nicht richtig. Sie sind so jung. Sie sind ein Meister. Sie dürfen die wundervolle Karriere, die Ihnen bevorsteht, nicht verderben.« Ich umarmte ihn. Es war Dinu Lipatti, ein Name, der von so schönen Leistungen spricht und an die Tragödie des zu früh verstorbenen Künstlers erinnert.

Einer der Gründe, die mich bewogen, Lipatti diesen Rat zu erteilen, ist das Mal, mit dem das Wort »Begleiter« gebrandmarkt ist, ein Vorurteil, das eine Solistenlaufbahn behindern kann. Diese Meinung wird sogar durch ein Beispiel veranschaulicht; ein weltberühmter Pianist lehnte es ab, mit einem ebenso bekannten Streicher Sonaten auf Schallplatten aufnehmen zu lassen, aus Angst, er könnte als Begleiter bezeichnet werden und auf diese Weise »in den Rinnstein« fallen.

Es gibt weniger gute Begleiter (wie ich dieses Wort hasse!) als Virtuosen, und an jene guten denke ich mit Liebe. Glücklicherweise bin ich mit schlechten Begleitern nur sehr selten in Berührung gekommen und nur in der Not oder durch einen unglücklichen Zufall, wie zum Beispiel in einer Stadt im Mittelwesten, die tausend Meilen entfernt von dem Ort meines letzten und ebensoweit von dem meines folgenden Engagements entfernt lag. Mein Begleiter war erkrankt, und meine Agenten engagierten einen in der Stadt ansässigen Pianisten. Gleich nach meiner Ankunft eilte ich zu einer Probe zu ihm.

Was für ein großartiges Studio! Welch ein wunderbarer Gastgeber! Ein gemütlicher Vierziger, gekleidet in einen Morgenrock aus interessant gemustertem Goldbrokat, hatte Whisky und Soda sowie einen bequemen Lehnstuhl für mich bereit. »Alles für Sie«, sagte er und breitete die Arme aus, als wollte er mich an sich ziehen. »Sie müssen erschöpft sein«, plauderte er leichthin. »Diese ratternden Züge – oh, das Leben des Künstlers, welch ein Preis für den Ruhm! Ich habe all dies aufgegeben.« Er sah bewegt aus. »Ja wirklich. Denn wahre Tiefe, echten Geistesglanz habe ich nur hier gefunden.« Er deutete auf seinen Kopf und sein Herz. Als ich mein Glas ausgetrunken hatte, fand ich ihn ruhig genug, um zum geschäftlichen Teil überzugehen. Ich gab ihm die Noten für unser Konzert am nächsten Abend. »Wunderbar. Wie ein Wiedersehen mit alten Freunden«, sagte er, während er die Noten liebevoll durchblätterte. »Hah, Brahms F-Dur. Ich wette, Sie nehmen den ersten Satz nicht wie die meisten Cellisten zu langsam. *Allegro vivace* – sind sie alle blind oder taub?« fragte er vorwurfsvoll. Seine Stimmung wechselte sehr rasch bei jedem neuen Stück.

»Die kleine Debussy-Sonate, bewundernswert!« Er streichelte das Titelblatt. »Ja, ja, da haben wir auch das Capriccio von Hindemith. Ich habe es schon aus dem Manuskript gespielt. Ganz ›deutsch‹, finden Sie nicht? Aber Bach war auch Deutscher.« Er brach in Lachen aus. »Ich darf nicht vergessen, dies meiner Meisterklasse zu sagen.« Er schenkte mir wieder ein und wurde sehr ernst. »Mein Freund«, sagte er, »hätte man mir aufgetragen, das Programm zusammenzustellen, es wäre dasselbe geworden. Unglaublich! Lauter Werke, die ich kenne und besonders liebe. Ich schlage vor, wir ruhen uns heute aus, und morgen, wann immer es Ihnen paßt, spielen wir das ganze Programm schnell durch, die Hauptwerke, den ›Kleinkram‹, überhaupt alles. Neulich erwähnte ich in der Akademie noch den Kleinkram. Es seien nur Zugaben und unwichtige kurze Stücke.« Ich war entzückt über die Aussicht auf einen freien Nachmittag und Abend und war mit allem einverstanden, was er sagte.

Ein glücklicher Zufall, dachte ich am nächsten Morgen, nachdem ich gut geschlafen hatte, einen so erfahrenen Pianisten in dieser Stadt zu finden. Ich genoß mein Frühstück, machte einen langen Spaziergang, kehrte ich in mein Zimmer zurück und schrieb einige vergnügte Briefe. Nach dem Üben und einem leichten Mittagessen spazierte ich gemütlich zur Probe. Mein neuer Freund begrüßte mich herzlich und bat mich, seinen türkischen Kaffee zu versuchen, den er eigens für mich gebraut hatte. »Nein, danke, arbeiten wir jetzt.«

»Gut, ich bin bereit.« Ich hatte den Eindruck, daß seine Stimme ein wenig zitterte.

»Debussy«, sagte ich. Es dauerte ungewöhnlich lange, bis er die Noten fand und sich in seinem Stuhl zurechtsetzte. »Sitzen Sie wirklich bequem?« fragte er mich und schneuzte sich; endlich begann er zu spielen. Ich hörte zu, meinte aber, er scherze und bat ihn, die wenigen Takte zu wiederholen. Doch jetzt erkannte ich zu meinem Schrecken, dieser Mann konnte zweifellos kaum Klavier spielen. Empört starrte ich in sein blaß gewordenes Gesicht. Er stand auf und sagte: »Was nützt es? Ich muß gestehen, ich kann nicht spielen. Ja, ganz einfach, ich kann nicht. Bitte«, flehte er mich an, verderben Sie nicht meine so sorgfältig aufgebaute Stellung in dieser Stadt.«

Ich wollte das Konzert nicht absagen und kam in den Konzertsaal. Zu meiner Überraschung erwartete mich mein Mitarbeiter in seinem eleganten Frack fröhlich im Künstlerzimmer. »Ich habe eine glänzende Idee«, sagte er und war so heiter wie bei unserem ersten Zusammentreffen. »Ich werde ankündigen, daß Sie Ihre sämtlichen Noten in der Eisenbahn verloren haben und daß Sie deshalb Werke, die für Cello allein geschrieben sind, spielen werden. Oh, es wird eine Freude sein, Ihren Bach zu hören; und als Überraschung spielen wir am Schluß des Konzerts zusammen diese Zugabe. Ich habe das Stück zwei Tage lang geübt.« Er zeigte mir ein kinderleichtes Menuett von Valensin, das er aus meinen Noten herausgefischt haben mußte. Sein Auftreten und seine Ankündigung wurden vom vollen Haus mit Hochrufen empfangen.

Nach einem Programm, bestehend aus zwei Suiten von Bach und einer von Reger sowie meiner eigenen Phantasie für Cello allein, spielte der »Maestro« mit mir das *minuetto*. Ich folgte seiner plumpen Begleitung so vorsichtig, wie ich nur konnte, und er verbeugte sich viele Male mit mir zusammen vor dem dankbaren Publikum.

Ich erlebte noch einen Zwischenfall, diesmal ganz anderer Art und mit einem wirklichen Künstler, Pierre Luboschütz. Die Arbeit mit Pierre in seiner New Yorker Wohnung machte mir, besonders nach seiner Heirat mit der reizenden, begabten Genia, viel Freude. (Später zeichneten sie sich als das Luboschütz-Nemenov Klavier-Duo aus.) Sie half uns mit konstruktiver Kritik und kochte wunderbare Mahlzeiten.

Ich rief Pierre von Boston aus an. »Wie Sie wissen, ist das einzige neue Stück, das wir in Cleveland spielen, die Toccata von Castelnuovo-Tedesco. Sie haben das Manuskript. Wir werden sehr wenig Zeit für Proben haben. Bitte arbeiten Sie daran.«

»Was meinen Sie?« rief Pierre aus. »Ich kenne das Stück – kennen *Sie* es?«

In New York ging ich ohne Verzug zu den Luboschütz'. Wir hatten uns lange Zeit nicht gesehen, und es gab viele Neuigkeiten zu erzählen. Schließlich begannen wir zu proben. Wir machten uns Sorgen darüber, daß wir nicht genug Zeit hätten, an dem neuen Stück zu arbeiten. Aber nachdem wir die Toccata durchgespielt hatten und hoffnungsvoll in der richtigen Arbeitsstimmung waren, verkündete Genia, das Abendessen sei bereit.

Der Anblick auf dem Tisch war atemberaubend. Man müßte ein recht begabter Dichter sein, um beschreiben zu können, was ich sah. Die verführerische Macht der Heringe war beinahe unwiderstehlich. Der russische Stör und der Prager Schinken redeten ihre eigene Sprache und sahen nicht weniger vielversprechend aus als der Wodka, den Pierre bereitgestellt hatte und der von ihm so richtig als die Grundlage aller sich lohnenden Dinge bezeichnet wurde. Die Koteletts waren noch nicht zu sehen, aber nur ein hoffnungsloser Amateur hätte nicht schon aus dem bloßen Geruch geschlossen, daß sie auf der Zunge zerschmelzen und in der Farbe einem schönen Stradivari-Instrument gleichen würden. Alle Gedanken an die Toccata entschwanden. »Unser Zug fährt um zehn Uhr – wir haben Schlafwagen und kommen morgen frühzeitig an. Bis zum Konzert am Abend haben wir nichts zu tun – stimmt's?« Wir tranken auf eine lange Probe in Cleveland und auf eine erfolgreiche Tournee.

Wir hatten untere Betten an den entgegengesetzten Enden des Waggons. Wie ein Akrobat beugte und verrenkte ich mich auf dem Bett, damit ich meine Kleider aus- und meinen Pyjama anziehen konnte. Dann zog ich die Vorhänge zu und schlief ein. Binnen kurzem wurde ich durch Babygeschrei geweckt. Ich steckte den Kopf unter das Kissen, aber das Baby schrie beharrlich und ganz in der Nähe weiter. Als ich die Vorhänge öffnete, sah ich eine Mutter im gegenüberliegenden Bett, die sich bemühte, ihr schreiendes Kind zu beruhigen. Sie erblickte mich und fragte, ob sie mir das Kind für einen Augenblick anvertrauen dürfe. »Natürlich«, sagte ich geschmeichelt. Sie legte mir ihren kleinen Schatz in den Schoß und verschwand rasch in Richtung Damentoilette. Das winzige, wütende Ding brüllte. Sein Gesicht war rot und naß, sein Körper war naß, ebenso in kurzer Zeit mein Pyjama. Alle Leute im Abteil waren wach und schimpften. Ich zog die Vorhänge zu und lag mit dem Baby in meinem Bett. Der Wechsel der Lage oder die vertrauliche Nähe eines Fremden machten das Kind noch zorniger. Ich begann zu singen – aber es war nicht das richtige Wiegenlied – oder nicht das richtige Baby! Meine Leintücher waren naß, und das Kind weinte immer noch. Mir selbst war auch zum Weinen. Ich war verzweifelt – ich dachte, die Mutter würde nie mehr zurückkommen. Endlich öffneten sich die Vorhänge, die Frau sagte »dankeschön« und nahm ihr Baby zu sich. Mit meinem Schlaf war es für diese Nacht vorbei. Das Kind war jetzt ruhig, aber ich hörte das Rattern des Zuges und das Schnarchen der Mitreisenden, bis wir in Cleveland waren.

Pierre war in guter Form und sagte, er habe geschlafen wie ein Baby. »Was für ein Baby?« fragte ich schläfrig. Nach dem Frühstück hängte ich das Schild »Bitte nicht stören« an meine Tür und ging zu Bett. Ich schlief den ganzen Tag. Am späten Nachmittag tranken wir in meinem Zimmer Tee und sahen das Programm durch. Ich summte die Toccata, und Pierre machte sich Zeichen in seiner Stimme.

Der erste Teil des Programms ging sehr gut, und eine außerordentlich freundliche Stimmung erwartete uns zur Erstaufführung der Toccata in den Vereinigten Staaten. Wir begannen mit Kraft, und die ersten fünfzig Takte versprachen eine gute Aufführung, als mich plötzlich mein Gedächtnis im Stich ließ. Ich improvisierte, während ich weiterspielte und mich dabei bemühte, im Stil des Werks zu bleiben. Pierre blätterte in seinen Noten nach vor- und nach rückwärts, aber da er merkte, daß ich nicht spielte, was darin stand, kümmerte er sich schließlich nicht mehr um die Noten, sondern spielte wie ich auswendig. Inzwischen sah ich – ganz von interessanten Einfällen und Harmonien gepackt – eine Möglichkeit für ein *fugato*. Pierres Begabung, oder auch seine Angst, ließ ihn meinen Erfindungen folgen. Das *fugato* führte uns nach und nach zum ersten Thema zurück, aber diesmal spielten wir es anstatt *energico* in lyrischer Stimmung. Wir entwickelten das Thema und benutzten dazu neuen Stoff. Es schien uns sehr gut zu gefallen, denn wir blieben eine Weile daran hängen. Es war ein reizvoller Dialog zwischen den beiden Instrumenten, und wir hatten Mühe, uns davon zu trennen, doch es mußte ja sein. Nach und nach brachten wir es zu einer großen Steigerung, die uns direkt zum Anfang des Werks zurückführte. Oh, welche Freude – nach dem fünfzigsten Takt wußte ich genau die Fortsetzung. Aber jetzt war es Pierre, der sie nicht wußte. Es gab keine Wahl. Wir mußten improvisieren. Schweißtropfen rannen mir übers Gesicht und tropften auf das Griffbrett meines Cellos.

Pierre warf den Kopf hin und her. Sein Haar fiel ihm über Stirn und Augen. Er wiegte sich und stöhnte und spornte mich zu noch größerer Anstrengung an. Jetzt kam es zu einer Art Coda, zu einer großen Überleitung, die zum siegreichen Abschluß führte. Schneller, stärker und noch rascher stürmten wir voran, bis wir atemlos die Kompositionen zu Ende brachten.

Erschöpft dankten wir für den Applaus. Artur Rodzinskij kam nach dem Konzert zu uns. Er und Mr. Eyle, der Konzertmeister des Cleveland-Symphonie-Orchesters, brachten uns zum Bahnhof. Die Toccata, sagten sie, sei höchst eindrucksvoll.

Aus Ehrlichkeit gegenüber meinem lieben Freund Castelnuovo-Tedesco wollte ich ihnen die Wahrheit erzählen. Jetzt habe ich es getan!

Armer, guter Castelnuovo-Tedesco! Aber wenigstens war er bei der Verstümmelung seiner Toccata in Cleveland nicht anwesend. Ich war durch die selbstverschuldete Bestrafung schlechter dran. Jedoch ich zog aus dem Vorfall meine Lehre. Bei der Arbeit an dieser Toccata lernte ich, mich nicht eher auf mich zu verlassen, bis ich ein Werk in Fleisch und Blut hatte.

Der anstrengende Arbeitsplan für die Saison 1934–35 schuf für die Einstudierung eines neuen Werks sogar bei strengster Disziplin kein ideales Klima. Während einer stark besetzten Tournee gab es genug Zerstreuung und Unregelmäßigkeiten, die einem fahrenden Musikanten niederträchtige Streiche spielen konnten. Ich begann mit Konzerten in Bordeaux, Lyon, Luxemburg, Lissabon, Porto, Monte Carlo, Marseille und Paris. Überall, mit wenigen Ausnahmen, gab ich gute Konzerte.

In Bordeaux, der Stadt in der wunderbaren Weingegend, erlaubte ich mir, den Wein im Übermaß zu versuchen, und in Lyon gab das unerwartete Zusammentreffen mit Jacques Thibaud und seinem Begleiter Tasso Janopoulo Anlaß zu fröhlicher Unterhaltung und zu wenig Schlaf nach dem Konzert. In Luxemburg begann der Dirigent mein Schumann-Konzert im Dreivierteltakt, und als ich darauf bestand, im Viervierteltakt, wie es geschrieben ist, zu spielen, nannte er mich eine »Primadonna«. In Lissabon verlor Pawlowskij seinen letzten Pfennig im Casino, und in Porto kam mir die Hälfte meiner Noten abhanden. In Monte Carlo hatten wir eine ungewöhnlich kleine Zuhörerschaft. Als es an mir war, mich nach dem Konzert zu verbeugen, war nur noch ein einziger Mensch im Saal, der so heftig applaudierte, daß ich immer wieder aufs Podium kommen mußte. Ja, ich spielte sogar noch eine Zugabe für ihn.

(Viele Jahre später aß ich zwischen zwei Schallplattenaufnahmen für die Columbia mit deren Direktor, meinem Freund Goddard Lieberson, im Plaza zu Mittag. Dort stellte er mich Somerset Maugham vor, der sagte, er habe mich in Monte Carlo zum erstenmal gehört. Dies brachte mir den einzelnen Konzertbesucher in Erinnerung. »Ich habe mich oft gefragt, wer dieser Mann gewesen sein mochte«, sagte ich. »Das war ich«, antwortete er.)

In Paris passierte es mir, daß ich das Dvořak-Konzert anstatt mit dem üblichen Abstrich mit einem Aufstrich begann, einer

Abweichung, die weder die Aufführung noch die Reaktion des Publikums beeinträchtigte, aber etwa ein Dutzend anwesender Cello-Kollegen in Aufruhr brachte. Doch dies störte meine Freude nicht, denn ich spielte sehr gern in Paris und doppelt so gern, wenn es unter dem hervorragenden Pierre Monteux war. Er sagte, daß wir zusammen gute Musik machten, aber ich wußte, es war ihm kurz und schlicht verhaßt, sich mit mir zusammen zu verbeugen. Er sah wie ein altes Walroß aus. Dreißig Jahre später war er sogar ein noch besserer Dirigent, und er sah immer noch einem Walroß ähnlich, aber nicht mehr einem alten.

Dann folgten Konzerte in Wien, Prag, Bukarest und Belgrad; in Athen unter der Leitung von Mitropoulos; ein Konzert in Antwerpen und zwei in Brüssel unter Erich Kleiber; ich spielte in Bilbao, Valencia, Madrid, und in Barcelona mit Casals; in Genf, Vevey, und in Basel unter Felix Weingartner, der, aus alten Zeiten stammend, wirkte wie ein Überbleibsel aus der Musikgeschichte. Ich fand ihn erstaunlich verjüngt. Er hatte sich gerade mit einer reizenden jungen Dame vermählt, und als ob er überschüssige Kräfte besäße, lief er immer, anstatt zu gehen, wann und wo Raum und Gelegenheit dazu waren. Ich war nicht sicher, ob man diese fabelhafte Gewandtheit seiner Heirat allein zuschreiben sollte oder seinem Beruf als Dirigent, welcher das natürliche Altern eines Mannes aufzuhalten scheint.

Eine internationale »Celebrity Tour« führte ich in England durch, während der ich drei Cello-Abende mit Ivor Newton gab und ein Konzert mit Orchester unter Sir Landon Ronald, und dann fuhr ich nach Budapest zu einem Konzert mit Béla Bartók. Er bat mich, da wir wenig Zeit für Proben hatten, vom Bahnhof direkt zu ihm in die Wohnung zu kommen.

An der Tür empfing mich eine Dame. Sie sprach ungarisch, eine Sprache, von der ich nur zwei Worte wußte: *gorgonka*, das heißt »Cello«, und *kapusta*, das heißt »Kraut«.

»How do you do«, sagte ich.

Sie antwortete etwas Langes, lächelte und bedeutete mir einzutreten.

»Sprechen Sie deutsch?«

Sie sagte eine Reihe ungarischer Worte, aber es kam kein *kapusta* darin vor.

»Oh, français?«

Sie bot mir eine Zigarette an und sprach von Dingen, an denen sie anscheinend äußerst interessiert war, es schien jedenfalls so, besonders als sie sich nach einigen weiteren schwerwiegenden

Sätzen mit einem Taschentuch die Stirne abwischte. Ich hörte ihr zu, bis sie alles, was sie zu sagen hatte, gesagt hatte, und dann sahen wir einander einfach nur an.

Um das Schweigen zu unterbrechen, fragte ich, ob dieses das Haus Béla Bartóks sei. Ihr Gesicht hellte sich beim Klang bekannter Worte auf.

Endlich erschien Bartók. Welche Erleichterung und Freude war es, ihn zu sehen. Er fragte mich nach meiner Reise, nach meiner Tournee und wollte wissen, ob es mir recht sei, zuerst zu proben und später auszuruhen. Er sprach von ungarischer Volksmusik und von einer Komposition, an der er arbeitete, und spielte mir einige Stellen aus dem Manuskript am Klavier vor. Unter seinen weichen Händen wurde die Musik so stark wie sein Gesicht, so durchdringend wie seine Augen und doch so zart wie seine gebrechliche Gestalt. Wir probten, und während des Mittagessens waren wir uns einig, daß wir überhaupt nicht geprobt, sondern bloß gespielt hatten, und wenn wir irgend etwas wiederholten, war es aus purer Freude, es nochmals zu spielen. Am Nachmittag nahmen wir das Programm durch, das aus der e-Moll-Sonate von Brahms, der C-Dur-Sonate von Beethoven, der D-Dur-Suite für Cello von Bach, der Sonate von Debussy und der Rhapsodie von Bartók bestand. Es war wundervoll, mit ihm zu spielen und mit ihm zusammenzusein, und ich bedauerte es außerordentlich, daß ich davonreisen mußte, um in Skandinavien und in Italien andere Verpflichtungen zu erfüllen, die mich in Anspruch nehmen würden, bis ich mich nach den Vereinigten Staaten einzuschiffen hatte.

Ich freute mich auf die Überfahrt, nicht nur, weil ich Erholung nötig hatte, sondern auch weil ich Gelegenheit haben würde zu üben. Aber wie es das Schicksal wollte, hielt mich eine lähmende, fiebrige Erkältung, gekrönt von Seekrankheit, während der ganzen langen Reise fest im Bett, mitsamt dem Manuskript des Castelnuovo-Tedesco-Konzerts.

Im Augenblick, als ich, noch wackelig von meiner Krankheit, mein Hotelzimmer betrat, erhielt ich einen Anruf von Maestro Toscanini. »Wo stecken Sie denn die ganze Zeit?« sagte er ungeduldig. »Ihr Schiff landete schon vor Stunden. Beeilen Sie sich, ich warte auf Sie.« Bald darauf stand ich dem Maestro im Astor Hotel, wo er wohnte, gegenüber. Mit geröteten Wangen drängte er mich, das Cello auszupacken und mit der Probe zu beginnen. Er sprach aufgeregt über die Dummheit der Dirigenten und Solisten und deren Gewohnheit, alles im falschen Tempo zu spielen.

Dies war sein Lieblingsthema, und ich erwartete nicht, daß er es so schnell abbrechen würde. Er kam näher und näher an mich heran, bis sein Gesicht das meine beinahe berührte. Mit seinen fast blinden Augen sah er mich prüfend an, als wäre ich ein schrecklicher Druckfehler in einer Partitur. Er drehte seinen Schnurrbart, schüttelte den Kopf und sagte: »Schlecht, sehr schlecht. Wieder Hämorrhoiden? Haben Sie nicht das Mittel versucht, das ich Ihnen in Milano gegeben habe? Es hat Puccini geholfen. Sie sind ganz grün im Gesicht«, schloß er feierlich.

Maestro saß am Klavier, und wir begannen mit dem Cello-Konzert. Bei einem Blick in seine Noten bemerkte ich, daß sie beinahe vollkommen bedeckt waren mit hineingeschriebenen Fingersätzen und Bogenstrichen. Kein Cellist außer mir hatte die Noten je gesehen. Überrascht fragte ich, wer die Zeichen hineingemacht habe.

»Das war ich«, sagte der Maestro.

»Warum?«

»Haben Sie vergessen, daß ich Cellist war?« sagte er lächelnd. »Man kann die Fingersätze und Bogenstriche hören, und ich wollte wissen, ob Ihre die gleichen seien wie die meinen.«

Maestro schlug dröhnend auf die Tasten in wahrer Kapellmeisterart. Er sprach und sang, und seine Spontaneität und Kraft rissen mich mit. Am Schluß unserer langen und aufheiternden Probe hatte ich wunderbarerweise meine Kräfte wiedergewonnen und kam in überschwenglicher Gemütsverfassung ins Hotel zurück.

Dort fand ich ein Telegramm von Kussewitzki vor: »Es ist eine Frage von Leben und Tod, daß Sie mit mir in Boston die Welturaufführung des ›Concerto Lyrico‹ von Beresowskij spielen. Alle Anordnungen für die Aufführung, die in zwei Wochen stattfinden soll, sind von Ihren Agenten bestätigt.«

Ich kannte Nikolaj Beresowskij aus Moskau, ebenso wie ich Kussewitzki seit meiner Jugend kannte, aber das Cello-Konzert kannte ich nicht. Bevor ich noch Boston anrufen konnte, um das Engagement abzulehnen, läutete das Telephon, und ich hörte Kussewitzkis Stimme.

»Sagen Sie ja – sagen Sie zu – ich liebe Sie – sagen Sie ja.« Ich hörte ihm lange zu. Sein unwiderstehliches Flehen machte mich schwach, und meine Einwendungen, daß ich das Konzert in so kurzer Zeit nicht lernen könne, waren nutzlos. »Das Konzert wird Ihnen gefallen. Es ist kein bißchen schwierig für Sie. Bitte sagen Sie zu.«

»Erinnern Sie sich, was Sie einmal über Versprechungen gesagt haben?«

»Was war das?«

»Sie sagten, Sie seien schwach genug, Versprechungen zu machen, aber stark genug, sie nicht zu halten.«

»Grischa, wir haben keine Zeit für Scherze«, wies er mich zurück. »Sie müssen Beresowskij spielen. Sie werden es auch.« Nach einer tiefen Stille hörte ich mich sagen: »Gut, ich spiele.«

Ich hatte Vertrauen zu Kussewitzkis Urteil, und ich wußte, daß Beresowskij ein guter Musiker war. Und doch hörte ich nicht auf, mich zu ärgern, daß ich zugesagt hatte, ein Werk zu spielen, ohne es je gesehen zu haben.

Ich dachte, daß es solche improvisierten, nicht vorgesehenen Engagements in Tokio oder Südamerika oder sonstwo geben könnte, doch nicht in den Vereinigten Staaten. Aber in einem Land, in dem Kussewitzki seinen Wohnsitz hatte, gab es niemals feste Regeln. Hindernisse, die sich seinen Absichten entgegenstellten, wurden durch seinen überwältigenden Willen, der Musik Denkmäler zu errichten, hinweggefegt, Denkmäler, die schon zu seinen Lebzeiten seine Anstrengungen bewiesen und bezeugten. Seine Begeisterung und seine unfehlbare Intuition bahnten den Weg für die jungen und ermutigten die alten Musiker, die es nötig hatten, und sie entflammten die Massen, ihn zu weiterem Aufbau anzuspornen. Er entdeckte nicht nur die Komponisten; er führte ihre Werke auf und veröffentlichte sie. Er gründete Orchester und Verlagshäuser, Stiftungen, Schulen und Festspiele, und er kämpfte für Amerikaner in Amerika, für Franzosen in Frankreich und für Russen in Rußland. Man sah ihn wütend und sanftmütig, in Begeisterungsausbrüchen, glücklich und in Tränen, aber niemals traf man ihn gleichgültig an. Alles um ihn herum schien erhaben und wichtig, und sein Alltag war ein Festtag. Sein Leben bestand aus einem ewig brennenden Bedürfnis nach Verbindung mit anderen Menschen. Jede Aufführung bedeutete ihm ein einmaliges, äußerst wichtiges Erlebnis, und schon der Gedanke selbst an Musik erzeugte in ihm Erregung und Begierde, die ihm bis zu seinem allerletzten Tag anhafteten. Seine Freunde waren seine erwählten oder adoptierten Söhne und Töchter, und jeder, der sein Haus betrat, kam ins »Gelobte Land«. Alles »Außergewöhnliche« hatte ihn seit seiner Kindheit angezogen, und er wuchs selbst zu etwas Außergewöhnlichem heran. Er verlangte nur das Außerordentliche, und niemand durfte ihm weniger geben. Sein Lob ging ins Unermeßliche, und er erhielt es zweifach zurück. Worte nach einem Konzert wie »eine schöne Aufführung« wären eine Beleidigung, würden sie nicht mit vor Bewegung zitternder Stimme ausgesprochen oder mit einer Spur von Tränen. Es mangelte nicht an jenen Stimmen oder an Tränen und Umarmungen. Natürlich gab es auch Leute, die seine Ansuchen ablehnten oder ihm ihre Hilfe versagten, aber sie taten es durch einen Boten, durch ein Telegramm oder einen Brief, denn niemand konnte widerstehen, wenn er ihn in Fleisch und Blut vor sich sah. Es waren nicht so sehr die Bitten an sich, sondern die Art, wie er sie vorbrachte, die es so unüberwindlich schwierig machten, nicht nachzugeben. Ich konnte es nie und wollte es auch nie wirklich. Ich liebte ihn, so wie er war, und das war nicht wenig. Er besaß eine zauberhafte Gabe, sogar eine Kleinigkeit in ein wichtiges Ereignis zu verwandeln, denn auf dem Gebiet der Kunst gab es für ihn keine Lappalien. Er wurde oft angegriffen und der Unwissenheit und übertriebenen Eitelkeit beschuldigt, aber genau dieselben Kritiker hörte man ihm ins Gesicht Schmeicheleien sagen. Sehr empfänglich für jede Art von Lob, nahm er auch Schmeichelei ohne den geringsten Argwohn entgegen.

Meine Gedanken wurden durch die unerwartete Ankunft Beresowskijs unterbrochen. Blond und jugendlich kam er mit einem Lächeln auf dem Gesicht und einer Partitur in der Hand herein. Er hatte auch einen Koffer.

»Reisen Sie irgendwohin, Nicky?« sagte ich und umarmte ihn.

»Nein, ich kam, um hierzubleiben. Die Zeit ist kurz, und mein Konzert ist lang. Wir dürfen keine Minute verlieren. Ich war so glücklich, von Serge Alexandrowitsch, noch während Sie auf der Überfahrt waren, zu hören, daß Sie das Konzert spielen möchten. Ich mußte noch einige Überarbeitungen daran machen.«

Er richtete sich in meinem Zimmer ein, und ich sah mir die Noten an und spielte sie durch. Spät nachts spielte ich immer noch, und er notierte meine Vorschläge.

Ich lag im Dunkeln und konnte nicht schlafen. Die beiden Konzerte liefen mir im Kopf herum. »Oh, diese Riesenzwillinge, mit denen ich in den Wehen liege«, stöhnte ich zu dem schnarchenden Niky hin. Die düsteren Farben am Beginn des Beresowskij-Konzerts sammelten sich drohend über mir wie eine Masse langsam ziehender Wolken. Die Orchestrierung der Fagotte, der Baßklarinetten und der tiefen Streicher verdunkelten die Atmosphäre, als ich mühsam versuchte, mir die Notenseiten vorzustellen. Aber je weiter ich vordrang, desto klarer und freier schien die Musik zu fließen.

Was für ein seltsames Ungeheuer ist doch das Musikgedächtnis: eine Präzisionsmaschine ohne technische Vorrichtungen. Die Wissenschaft der Musik wimmelt von Methoden, aber beim Auswendiglernen von Musikwerken kann sich niemand darauf verlassen, durch ein Lehrbuch Hilfe zu erhalten.

Die nächsten vier oder fünf Tage verbrachte ich mit Maestro, und wir hatten drei Proben für den Castelnuovo-Tedesco mit dem New Yorker Philharmonischen Orchester in der Carnegie Hall. Die Konzerte selbst kamen mir beinahe so leicht vor wie das Anziehen eines oft anprobierten, gut geschneiderten Anzugs. Maestro war großartig. Wir waren beide über die Aufführungen sehr glücklich, und der einzige Schatten, der darauf fiel, war, daß der Komponist nicht anwesend sein konnte. (Er hörte das Konzert ein Jahr später, als ich es in Florenz spielte.)

Den nächsten Abend verbrachte ich mit Wladimir Horowitz und Jascha Heifetz in Jaschas palastartigem Penthouse über der Park Avenue. Wir feierten eine wahre Kammermusik-Orgie ohne jegliche Zuhörer. Wir spielten bis zum frühen Morgen und machten nur eine einzige Pause – um uns mit delikaten russischen Hühnerkoteletts zu stärken, von denen der dünne und poetische Horowitz sechsundfünfzig Stück verzehrte.

Zu Mittag befand ich mich auf dem Weg zum Grand Central Terminal. Ich gestehe, daß ich froh war, New York zu verlassen und den alten Pullmanwagen zu besteigen. Es tat mir gut, den Castelnuovo abzuladen und das Beresowskij-Konzert noch eine Weile auf dem Boden meines Koffers ruhen zu lassen. Ich hatte noch einige Engagements zu erfüllen, und bis ich in Boston ankam, hatte ich das ›Concerto Lyrico‹ gelernt und freute mich darauf, es mit Orchester zu hören. Ich war glücklich, bei den Kussewitzkis zu sein und in dem Zimmer zu wohnen, das sie in ihrem Haus immer für mich bereit hatten.

Auf unserem Weg zur Symphony Hall sagte Kussewitzki: »Wir beginnen die Probe mit dem Cello-Konzert.«

Ich war neugierig, ob Nicky, wie versprochen, aus New York gekommen war. Ich entdeckte ihn nicht. Statt seiner war seine Frau, Alice, da. Ich erblickte sie im Saal, gerade als ich das Podium betrat.

Was für ein Vormittag! Fehler in den Stimmen und in der Partitur waren nicht auszumerzen. Auch nicht in den Tempi und in der Dynamik. Die musikalische Alice mit ihrer eigenen Partitur war keine allzu hilfreiche Abgesandte. Bei der langen Probe schwamm man wie in schlammigen Gewässern. Schließlich verlor ich mein Taktgefühl und meine Selbstbeherrschung. Es ist mir peinlich, mich an mein Benehmen und meine Wut zu erinnern und daran, wie ich fluchend und alle beleidigend das Podium verließ. Aber am meisten schäme ich mich, Serge Alexandrowitsch gekränkt zu haben. Es war ein schwarzer Tag in meiner Laufbahn, und nur Kussewitzkis Verzeihung und Verständnis ermöglichten es, die Proben fortzusetzen und die Konzerte zu geben.

Nicky wollte es, wie viele andere Komponisten, nie versäumen, bei den Konzerten anwesend zu sein und sich zu verbeugen. Er sagte, er sei mit der Aufführung sehr zufrieden und auch mit der Aufnahme beim Publikum, und was mich betrifft, ist es mir nach einem erfolgreichen Konzertabend unmöglich, noch irgendeinen Groll zu hegen. Aber nach der darauffolgenden Wiederholung dieses Programms in New York habe ich das Beresowskij-Konzert nie wieder gespielt.

Wenn die Premiere eines neuen Werks schon irgendwo stattgefunden hat, kann man andere Städte gewöhnlich nur schwer dazu bringen, es ebenfalls der Öffentlichkeit vorzustellen; es ist beinahe so unmöglich, wie einmal verlorene Jungfernschaft wiederzugewinnen. Von den Agenten hört man: »Das ist schlecht für die Kasse«, oder: »Unser Abonnementspublikum kann zeitgenössische Musik nicht verdauen.« Die Dirigenten sagen, sie hätten Interesse, aber keine Zeit für Extra-Proben, und wenn sie in der Laune sind, mir zu schmeicheln, meinen sie: »Sie müssen jenes Konzert spielen, das wir einmal so großartig miteinander aufgeführt haben.«

Ich fühle mich von zeitgenössischer Musik angezogen und führe sie gern als erster auf, und auch die langsame Förderung zeitgenössischer Kunst macht mir keine Sorgen. Es ist eine alte Geschichte und ein alter Kampf, aber glücklicherweise hält dieser Kampf keinen Komponisten vom Komponieren ab. Beethoven hätte die ›Missa Solemnis‹ geschrieben, auch wenn er gewußt hätte, daß es über ein Jahrhundert dauern würde, bis sie in Philadelphia zur Aufführung käme. Auch Haydn hätte sich nicht davor gescheut, eine Symphonie mit obligater Violine und obligatem Cello zu komponieren, deren Uraufführung erst hundert Jahre nach seinem Tode mit Carl Flesch und mir in Krefeld stattfand. Natürlich wäre es wunderbar, wenn man Mittel und

Wege fände, die Anerkennung großer heutiger Werke zu beschleunigen, und man sollte meinen, dies sei in unserer Zeit der technischen Errungenschaften nicht unmöglich. Andererseits, wenn Reklame machende Industriekapitäne plötzlich darauf kämen, daß man Desodorantien oder Bier mit Hilfe von moderner Kunst als Massenmedium besser verkaufen könnte, wäre es dann nicht erschreckend, die Leute auf der Straße Motive aus Schönberg, Hindemith oder aus den späten Beethovenquartetten pfeifen zu hören?

Im ersten Stadium des Fernsehens stellte ich mich in London freiwillig für eine Aufnahme zur Verfügung. Ich mußte wie die Orchestermitglieder eine helle Jacke tragen, und wir spielten unter so starkem und hellem Licht, daß wir alle beinahe zerschmolzen. Ich versuchte in London jemanden ausfindig zu machen, der die Sendung gesehen hatte, konnte aber niemanden finden. Kein Wunder – es gab keine Fernsehapparate!

Ebensowenig ermutigend war mein Debut auf der Filmleinwand, diesmal in Paris. Jacques Thibaud und der bekannte Kritiker Vuillermoz erzählten mir von einem neuen Unternehmen. Die Künstler, die bei diesen Kurzfilmen mitwirken sollten, waren Cortot, Thibaud, Elisabeth Schumann, Brailowskij und ich mit Benvenuti am Klavier. Zur »goldenen« Morgenstunde um sechs Uhr früh warteten Benvenuti und ich auf die Kameras. Nach einigen Tagen harter Arbeit verließ ich Paris. Während vieler Jahre, wo auch immer ich hinkam, war dieser Film entweder gerade gespielt worden oder sollte erst nach meiner Abreise anlaufen. Ich habe ihn nie gesehen und bis heute keinen Pfennig für meine Bemühungen erhalten. Ich erinnerte mich, einen Vertrag unterzeichnet zu haben, wußte aber nicht mehr genau, mit wem, und auch nicht, wo sich das Dokument befand. Von den Agenten und Kollegen, mit denen ich darüber sprach, schien keiner zu wissen, wer die verantwortlichen Leiter des Unternehmens waren und wie es hieß. Nur Brailowskij sagte grinsend, er habe so etwas geahnt und Vorausbezahlung verlangt.

Meine Abneigung, Verträge durchzulesen, habe ich trotzdem nicht verloren, und bei meiner Mitarbeit an einem Film in New York verhielt ich mich aufs neue fahrlässig.

Der Regisseur Boris Morros, der seit Jahren behauptete, er sei mein erster Cellolehrer gewesen, engagierte mich für den Film ›Carnegie Hall‹. Ich habe das Manuskript nicht gesehen, aber man sagte mir, es sei die authentische Geschichte des berühmten Konzertgebäudes. Die Liste der bei dem Film Mitwirkenden war phänomenal: Lily Pons, Bruno Walter, Jascha Heifetz, Artur Rubinstein, Jan Peerce, Stokowski, Rodzinskij, Fritz Reiner, ein Darsteller von Tschaikowskij, wie er die Carnegie Hall einweiht, und weiß der Himmel wer noch alles. Auf meine zweifelnde Frage, was ich dabei zu tun hätte, erhielt ich zur Antwort: »Was auch immer Sie wollen.« Ich unterzeichnete den Vertrag und fragte nochmals; man erwiderte das gleiche, nur mit einer kleinen Einschränkung: »Was Sie wollen, vorausgesetzt, daß es nicht länger als zwei Minuten dauert.«

Ich spielte »Der Schwan«. Nun, es ist für einen Cellisten nicht ungewöhnlich, sich in Gesellschaft dieses Vogels zu befinden. Es ist nichts Schlechtes dabei: Die Musik ist gut, der Vogel ist edel, ebenso die Legende von seinem Tod. Aber es gibt ja kaum etwas, das nicht mit einiger Mühe in ein Zerrbild verwandelt werden könnte. Für den Film ›Carnegie Hall‹ wurde das Stück mit Harfe aufgenommen. Ich fand den Ton befriedigend und kam am nächsten Tag zur Bildaufnahme. Zu meiner Verblüffung wurde ich nicht mit der einen Harfenistin, mit der ich gespielt hatte, aufgenommen, sondern sah mich von ungefähr einem halben Dutzend Damen mit Harfen umgeben. Sie sahen alle gleich aus, trugen die gleichen Blumen, die gleichen Gewänder und hatten den gleichen Ausdruck.

»Können sie Harfe spielen?« fragte ich Mr. Morros.

Er sagte: »Nein.«

»Was tun sie dann hier?«

»Ich brauche sie als Hintergrund.« Der vielbeschäftigte Regisseur hatte keine Zeit für eine weitere Unterhaltung. Er ordnete die Stellung der Gruppe an, erteilte den Kameraleuten Befehle und jagte mich in den Schminkraum. An Theateraufmachung nicht gewohnt, sah ich ungläubig zu, wie mein Gesicht drastischen Veränderungen unterzogen wurde. Mit »lasterhaften« Linien um die Augen herum und das Gesicht mit einer Art von rosa Stuck bedeckt, kehrte ich zu Mr. Morros zurück. »Sie sehen prächtig aus«, sagte er.

»Einfach prächtig«, wiederholte er, nachdem meine Szene in ›Carnegie Hall‹ abgedreht war.

Ich wohnte der »Premiere« des Films bei und stürzte nach dem »Schwan« aus dem Theater. Der Anblick des Cellisten inmitten eines Straußes von Harfenistinnen war verheerend, aber mein nachträgliches Geschrei verhallte bald, und dieses Filmerlebnis wurde zu einem »Souvenir«, nicht unähnlich den komischen oder traurigen Photographien in einem alten Familienalbum.

Die Menschen reisen gern und beneiden die Musiker darum, daß sie so viel von der Welt sehen. Ich stimme gewöhnlich in die Lobpreisungen unseres Planeten mit ein, aber ich vermeide es, darüber zu reden, was einem das Reisen mit dem Cello aufbürdet.

Ein Piccolo, eine Oboe, eine Klarinette oder eine Geige zu tragen bringt keinerlei Probleme mit sich. Der Transport eines Flügels, einer Harfe, von Pauken, Kontrabässen oder eines Cembalos ist die Arbeit von Transportfirmen und Lastwagen. Jedermann weiß das. Nur beim Cello liegen die Dinge anders. Wegen seiner unbeholfenen Größe und Form ist es nie auf irgendeinem Ding, das sich bewegt, willkommen. Die Cellisten sind eine stolze Sippschaft und finden ihre Instrumente weder zu schwer noch zu umfangreich und tragen sie, wo immer sie gehen, und sie können es nicht verstehen, warum Transportbehörden so unvernünftig sind. Man nehme mein Stradivari: es wird von allen Menschen als unbedingt vollkommen in seinen Ausmaßen und in seiner Form angesehen, ausgenommen von Zugschaffnern (hauptsächlich in England und Italien) und von Fluglinienbeamten, die behaupten, daß es die erlaubte Größe eines Gegenstandes, den sein Besitzer bei sich behalten darf, um einige Zentimeter überschreite. Ich besaß Briefe von Präsidenten der großen Fluglinien, in welchen das Personal angewiesen wurde, uns beide – Stradivari und mich – mit der größten Rücksicht zu behandeln. Aber es ist verständlich, daß die guten Präsidenten, ungewohnt, etwas über den Cremoneser Meister zu schreiben, auf ihre Angestellten nicht den erwarteten Eindruck machten. Einmal sagte eine hübsche Hostess, die ich anflehte, mir das Cello in der Flugkabine zu lassen: »Sie können einen Wal nicht in einem Makrelenkorb unterbringen.«

Für mich ist es ein äußerst kniffliges Glücksspiel, mein Cello in ein Flugzeug hineinzuschmuggeln. Bei der Abflugstation verstecke ich es in einer Telephonkabine, und zum Zeitvertreib überrasche ich verschiedene Leute mit Telephonanrufen. Sobald der Abflug angekündigt ist, gehe ich durch das Tor, den Hals des Cellos lässig unter den Arm geklemmt, als wäre das Ding eine Zeitung. Gewöhnlich gelingt es. Wenn nicht, wirkt es manchmal, Esperanto zu sprechen oder nur zu grinsen, oder irgend etwas Verwirrung Stiftendes zu tun, solange bis die Türen geschlossen werden und ich, auf meinen Sitz gezwängt, das Cello unbequem, aber sicher zwischen meinen Knien halte.

Es gibt jedoch finstere Tage, an denen kein Mensch der Vernunft zugänglich ist, mein Flehen an taube Ohren gelangt und die Leute nur abschätzende Blicke für einen großen Mann und sein Cello haben. Das Cello wird mir von einem Träger entrissen, und ich sehe es auf einem Haufen von Koffern aus dem Gepäckraum hinausrollen. Meine Gefühle bei solch einem Anblick zu beschreiben, würde den Menschen ins Herz schneiden. Das kann ich nicht.

Einmal war ich in Chicago im Begriff, nach Dallas abzufliegen, und bei den Braniff Airways hatte man mir versprochen, daß ich das Cello in die Passagierkabine mitnehmen dürfe. Es sei völlig legal, sagten sie, und sie würden sich freuen, mir Platz zu verschaffen.

Leichten Herzens begab ich mich am Chicagoer Flugplatz an den Schalter. Diesmal brauchte ich nichts zu verstecken. Es war nicht nötig, jemanden zu überreden oder eine Szene zu spielen, oder um Begünstigungen zu bitten. Mein Cello in voller Sicht tragend, war ich ein Herr, ein Mann, der sich seiner Rechte bewußt war. »Sie haben einen Platz für mich belegt«, sagte ich.

»Gewiß, Mr. Piatigorsky«, erwiderte der Mann und sprach meinen Namen so aus, als käme er auch aus Jekaterinoslav. Während er den Flugschein ausstellte und meinen Koffer abwog, blickte ich mit der Miene eines sein Leben genießenden Reisenden um mich. »Hier sind sie«, sagte der Mann und reichte mir zwei Flugkarten. »Diese ist für Mr. Gregor Piatigorsky und diese für Miß Cello Piatigorsky – siebenundvierzig fünfzig, eine jede.« Verblüfft händigte ich ihm das Geld aus.

Das Flugzeug war ganz leer. Mein Cello besetzte den Platz neben mir. Die Stewardess schnallte es an und bat, daß ich mich selbst auch anschnallte. Sie war reizend, und ich war wütend. Ich bestand darauf, daß mir zwei Mahlzeiten serviert wurden, und die Hostess mußte jede meiner Fragen zweimal beantworten und das Cello so behandeln, als wäre es ein Fluggast. Ich hörte sie im Gespräch mit den anderen Hostessen »Sauertopf« sagen. Vielleicht meinte sie jemanden anderen – jedenfalls schieden wir als Freunde, und ich hatte das Vergnügen, sie in meinem Konzert in Dallas zu sehen. »*You are a doll*«, sagte sie zu mir.

In Zentralafrika flog ich in »económico« Maschinen, die im hinteren Teil des Flugzeuges frisches Gemüse transportierten. Ich durfte dort mit meinem Cello sitzen, und nach einigen solchen Reisen war ich sehr zufrieden, mich zwischen Karotten, Kohl und anderen Naturprodukten aufhalten zu dürfen, bis ich mich eines Tages in einer mit Menschen und Tomaten überfüllten Maschine befand. Meine lieben Kollegen, bitte hört diese Warnung: setzt euer Cello nie der Gefahr aus, auf einem Berg überreifer Tomaten zu reisen.

Mein Cello wurde auf Mauleseln, Kamelen, Lastwagen, Ruderbooten, Droschken, Fahrrädern, Gondeln, Jeeps, mit einem Unterseeboot aus Italien heraus, auf Untergrundbahnen, in Tramways, auf Schlitten, Segelbooten – und in Amalfi auf einer Tragbare befördert. Doch das am meisten nervenzerrüttende Erlebnis ist es, wenn ich selbst, im Frack, mit meinen eigenen Händen das Cello über das Podium trage, jedesmal bevor ich zu spielen habe.

Bei den hektisch-verrückten Zeitplänen auf den Tourneen verlor ich oft den Sinn für die Wirklichkeit. So arbeitete ich einmal in Salzburg an einem Cello-Konzert von Elgar und vergaß vollkommen, daß ich mich in der Stadt Mozarts befand, oder ich übte Beethoven in Kalamazoo und wußte überhaupt nicht mehr, wo ich war. Es wäre nutzlos, wenn ich mir den Kopf über genaue Daten und Orte für Zusammenkünfte mit Prokofieff, Strawinsky, Milhaud, Martinu oder Hindemith zerbräche, zu einer Zeit, in der ich Musik anderer Komponisten studiere. Und seit meinen wiederholten Tourneen in Amerika und in andern Ländern wurde mein Gedächtnis, was den Zeitablauf der Ereignisse betrifft, mehr und mehr umwölkt.

Zeitweise bildete ich mir ein, ich hätte den unangenehmen und freimütigen Prokofieff zuerst im Hause von Kussewitzki in Boston getroffen, dann wieder glaubte ich, es sei in Paris nach einem Sonatenabend mit Horowitz, aber am wahrscheinlichsten war es in Berlin, als ich sein frühes Werk ›Ballada‹ mit ihm spielte und ihn dringend bat, ein Cello-Konzert zu komponieren.

»Ich kenne Ihr verrücktes Instrument nicht«, hatte er gesagt.

Ich spielte ihm vor, zeigte ihm alle Möglichkeiten des Cellos und sah ihn von Zeit zu Zeit von seinem Stuhl aufspringen.

»Das ist schneidig! Spielen Sie es noch einmal!« Er machte sich Notizen in das Büchlein, das er immer bei sich trug.

Er bat mich, ihm etwas von der typischen Cello-Literatur zu zeigen, aber als ich seinem Wunsch nachkam, sah er die Noten rasch durch und sagte: »Das sollten Sie nicht im Hause behalten. Es stinkt.«

Beim Bridgespielen war er noch derber. Durch irgendwelche unglückseligen Umstände war ich zufällig einige Male sein Partner. Obwohl ich ein schwacher Spieler bin, war ich nicht ganz unempfindlich gegen seine leise gemurmelten Bemerkungen: »Warum bietet der Idiot Pik?« konnte er sagen, oder: »Sollte ich den lahmen Kerl seine drei ›sans atouts‹ spielen lassen?« Eines Tages kam es zu einem Zusammenstoß, der jedoch mit einer liebevollen Umarmung endete.

Wir korrespondierten über das Cello-Konzert. Prokofieffs Briefe waren befremdend. Man konnte lesen: »l gr« (lieber Grischa), seine Unterschrift lautete: »sr pr« (Sergej Prokofieff). Er war stolz auf sein Konsonanten-Abkürzungs-System und kümmerte sich nicht um die Schwierigkeiten, die er seinem Korrespondenzpartner damit bereitete. (In auffallendem Gegensatz dazu waren Strawinskys Briefe peinlich sorgfältig, in alter russischer Orthographie geschrieben.)

Schließlich beendete Prokofieff den ersten Satz des Cello-Konzerts. Ich erhielt die Noten, und wir begannen bald über die Sätze, die folgen sollten, zu diskutieren. Der Anfang des zweiten Satzes, der binnen kurzem kam, schien ebenso aufregend und vielversprechend zu sein wie der erste Satz.

»Trotz allem«, sagte Prokofieff, »es führt zu nichts. Ich kann außerhalb Rußlands nicht komponieren. Ich fahre nach Hause.« Ich vermutete, daß es ihm nicht leicht gefallen war, diesen Entschluß zu fassen. Bald war er mit seiner Frau und seinen beiden kleinen Kindern zur Abreise bereit.

Als ich das Manuskript des Cello-Konzerts erhielt, war Prokofieff wieder in Rußland, und der Meinungsaustausch über das Werk wurde außerordentlich schwierig. Die Uraufführung fand in Boston unter der Leitung von Serge Kussewitzki statt. Die vielen Probleme, die bei der Komposition für uns auftauchten, wurden kaum durch die Botschaft Prokofieffs gelöst: »Tun Sie alles, was Sie für notwendig halten. Sie haben *carte blanche.*«

Die Aufführung in Boston gelang uns gut, und die Aufnahme beim Publikum war erfreulich. Bei der Wiederholung der Aufführung des Werks in New York, einige Tage später, verwandelte sich die Angelegenheit in einen Alptraum für mich. Durch einen unerklärlichen Irrtum an einer Stelle im zweiten Satz nahm das Orchester das Tempo viermal so schnell als angegeben. Ohne Zeit zu haben nachzudenken, strich ich wie vom Blitz getroffen diese Passagen herunter, die schon im richtigen Tempo außerordentlich rasch zu spielen waren. Ich weiß nicht, ob jemand von der Presse oder der Zuhörerschaft bemerkt hat, was geschah, aber wie ich mit heiler Haut davongekommen bin, bleibt mir bis zum heutigen Tag ein Rätsel.

In meinen Briefen, die durch die Gefälligkeit der russischen Botschaft befördert wurden, bat ich Prokofieff, verschiedene Änderungen vorzunehmen, indem ich auf gewisse Schwächen in seinem Werk hinwies. Er dankte für die Anregungen und schrieb, er würde sie in Erwägung ziehen.

Nestjev, der Sowjet-Biograph Prokofieffs, bezeichnet dieses Cello-Konzert als das letzte Werk der »Auslands«-Periode des Komponisten und als das »am wenigsten schöpferische in seiner Laufbahn, da die bürgerlichen Pariser Einflüsse in ihm noch stark waren«. Aber sehr wahrscheinlich war es das eigene Unbefriedigtsein des Komponisten mit dem Werk, das ihn bewog, beinahe das ganze Cello-Konzert neu zu schreiben.

Obwohl er das meiste des alten Materials beibehielt, hat sich das Werk zu einer neuen Komposition entwickelt, ›Sinfonia Concertante‹, Opus 125. Ich hörte sie, meisterhaft gespielt vom sowjetischen Cellisten Rostropowitsch, und ich bin dankbar, daß es nun zwei bedeutende Werke für Cello von diesem großen Komponisten und unvergeßlichen Menschen gibt.

Jemand fragte mich einmal, mit wie vielen Geigern oder Pianisten ich schon auf dem Konzertpodium erschienen sei. Die Antwort war leicht zu geben, denn es waren nicht viele, und ich konnte jeden einzelnen nennen. Wie schwierig wäre es aber, die gleiche Frage zu beantworten, wenn sie die Dirigenten beträfe! Ich habe einmal versucht, sie zu zählen, aber als ich bei dreihundert angelangt war, gab ich es auf.

Ich spielte unter allen Arten von Dirigenten – unter jungen und alten, berühmten und unbekannten, unter brummenden und stampfenden, unter Meistern und unter kleinen Geistern. Aber ob sie gesund oder krank waren, es gab keinen, der an einem Minderwertigkeitskomplex litt.

Wir leben in einem Zeitalter der Dirigenten. Im großen und ganzen ist der Dirigent eine verhältnismäßig neuzeitliche Erfindung – nicht so neu wie das Jet-Flugzeug oder das Fernsehen, aber neu genug, wenn man die Dirigenten mit den jahrhundertalten Fiedeln vergleicht, die heute noch im Gebrauch sind.

Die heutigen Symphonie-Orchester sind zu phantastischen Klangkörpern herangewachsen, eines das andere an Größe und Glanz übertreffend, und alle die Generalmusikdirektoren, Maestri, Sirs und, wie sie in Amerika genannt werden, Doctores haben es auch ihrer eigenen Rolle gestattet, riesenhafte Ausmaße anzunehmen. Das volkstümliche Interesse an symphonischer Musik könnte allein nicht die großen Geldsummen aufbringen, welche die Orchester am Leben erhalten. Die Konzerte mußten mit irgendeinem neuen Zauber ausgestattet und festlich beleuchtet werden, mit etwas Göttlichem – mit einem Übermenschen als Leiter. Wie kein anderer Musiker ist der Dirigent diesem Ruf gefolgt. Der Brennpunkt der Aufmerksamkeit hat sich von der Primadonna, der Primaballerina und dem Virtuosen auf den Dirigenten verlegt, der als Darsteller alle drei in sich vereinigt. Wenn man ihm überhaupt etwas vorwerfen kann, so ist es nicht deshalb, weil er diese Rolle übernommen hat, sondern weil er seine Krone als so selbstverständlich fordert und trägt.

Dirigenten glauben, daß sie das größte aller Instrumente spielen, nämlich das Orchester, und die Aufgabe, hundert einzelne Spieler zusammen in ein Ding wie eine Tuba oder eine Flöte umzuwandeln, hat für sie großen Reiz. Es ist wahr, daß diese Gruppe von Künstlern imstande ist, wie ein einziges Instrument zu spielen, und daß sie bei gewissen Gelegenheiten auf gleiche Art handeln und empfinden kann. Aber ihre Gefühle stimmen nicht immer mit denen ihres Meisters überein. Zum Beispiel ist ihnen jede Probe unweigerlich zu lang und zu langweilig. Für einen Dirigenten ist sie nie zu lang, und ein müder oder gelangweilter Dirigent ist so gut wie unbekannt.

Ein Dirigent unterscheidet sich von seinen Musikern tatsächlich in allem und jedem. Er wohnt oben auf dem Gipfel über der Menge, und niemand hat je davon gehört, daß sich ein Dirigent zum Fagottisten hinaufgearbeitet hätte. Es ist der Mann im Orchester, der danach strebt, manchmal mit Erfolg, Dirigent zu werden. Einmal beklagte sich Kussewitzkij: »Sie wollen mir nicht Folge leisten, und wissen Sie, warum? Ich habe zwei Dutzend fähige Dirigenten in meinem Orchester.«

In den meisten Fällen, in denen ein unglücklicher Cellist oder Trompeter den »Leiden seines Instruments« den Rücken kehrt, um Dirigent zu werden, ist der Übergang unvermittelt und klar ersichtlich. Das Wunder der Verwandlung ist immer vollständig. Sobald er sich einmal seines Instruments entledigt hat, erreichen seine Fähigkeiten als Dirigent unerträumte Höhen. Sein in der Vergangenheit schwaches Musikgedächtnis wird sich erstaunlich entwickeln; und anstatt nüchtern nach seiner zweiten Geigenstimme zu spähen, wird er jetzt mit Leichtigkeit die ganze Partitur auswendig dirigieren. Sogar seine Gesundheit wird sich, nicht wiedererkennbar, verbessern, und das Ende seines Lebens und seiner Karriere ist nicht mehr abzusehen. Es gibt wenige achtzigjährige Virtuosen; und wenn es sie gibt, sind es launenhafte Charaktere, und im Orchester wird man ein solches Monument nicht sitzen sehen.

Der Dirigent bemerkt in seiner Verzückung selten die berufliche Gleichgültigkeit seines Orchesters. Er zittert am ganzen Körper, schwitzt übermäßig und wechselt nach der Pause und nach dem Konzert das Hemd, während seine Musiker in derselben Unterwäsche, in der sie spielen, nach Hause gehen. Der Dirigent ist hypersensibel, und eine einzige falsche Note eines Musikers kann ihn zur Verzweiflung bringen. In solchen Momenten könnte er einen Mord begehen, er tut es aber nie, und bald nachdem er seine Jacke zerrissen und seinen Stab zerbrochen hat, wird er wieder normal und ruhig. Beim Konzert jedoch zerreißt oder zerbricht er nie das geringste. Hier wirft er den Musikern nur einen Blick zu, bekannt als »niederträchtiger« Blick. Gelegentlich ist solch ein Blick eine längere Angelegenheit. Er kostet Zeit, denn der Dirigent hat Schwierigkeiten, die Musiker dazu zu bringen, ihn mehr als nur flüchtig anzusehen. »Beobachten Sie mich, schauen Sie mich an«, lautet sein ständiges Flehen.

Außerhalb des Podiums liebt er es, sich zu beklagen, daß die Dirigenten die einzigen Leute in der ganzen Musik seien, die nie Gelegenheit hätten, auf ihrem Instrument zu üben. Schon bei der Probe muß er sich musikalisch so überlegen zeigen, daß er imstande ist, sobald er einer Gruppe von Musikern gegenübertritt, seine Meisterschaft zu ihrem Vorteil auszuüben.

Aber natürlich rührt das Gejammer eines Dirigenten seine Leute selten zu Tränen. Ein erfahrener Dirigent weiß das und spart sich seine Beschwerden für eine Zuhörerschaft auf, die mehr Mitgefühl hat als das Orchester. Einmal beklagte sich ein beunruhigter Dirigent bei seinem Agenten darüber, daß er gehört habe, wie die Musiker ihn einen »Hundesohn« nannten. »Wundervoll«, beglückwünschte ihn der Agent, »endlich fangen sie an, Sie zu respektieren!«

Es gibt drei Gründe, weshalb ein Gastdirigent vor dem ständigen Dirigenten im Vorteil ist: er kennt genau das eine Programm, das er aufführt; das Orchester kennt ihn nicht genau; und jeder weiß, daß er wieder geht.

So mancher Dirigent scheint in die Musik sterblich verliebt zu sein, entgegen der Tatsache, daß er durchaus nicht so begeistert von Musik war, als er selbst noch im Orchester saß. Auch haben die Dirigenten einen sehr ausgeprägten Sinn für das Eigentumsrecht. »Ist *mein* Orchester nicht wundervoll? Kennen Sie *meinen* Ravel? *Meinen* Tschaikowskij, *meinen* Brahms?« Sie verfügen über eine eigene »Marke« für ihre Technik. Offensichtlich gibt es etwas wie Technik, aber wenn dies der Fall ist, woher kommt es dann, daß ein Mann, der noch nie dirigiert oder sich mit dem Studium des Dirigierens beschäftigt hat, fähig ist, ohne Vorbildung und nur der Eingebung des Augenblicks folgend, eine anständige Aufführung zustande zu bringen? Von einem Instrument kann niemand eine vergleichbare Tat erwarten.

Der Dirigent wendet gern den Spruch an: »Ich bin bloß ein Diener der Kunst, der sich bemüht, zu befolgen, was in der Partitur geschrieben steht.« Schwarz ist schwarz, und weiß ist weiß. Erst wenn man zu fragen wagt: »Wie weiß?« oder »wie schwarz?« gerät der Dirigent in Verlegenheit. Maestro war für die Tradition strengster Werktreue bekannt, doch hätte er niemals einen musikalischen Gedanken verraten wegen des »Austüftelns« einer

Note. Ich fragte ihn einmal, ob er je einen Komponisten mißverstanden habe. »Gestern, heute, jeden Tag«, schrie er. »Jedesmal, wenn ich dasselbe Stück nochmals dirigiere, denke ich, wie dumm ich war, als ich es das letztemal aufführte.«

(Nebenbei, ich war sehr begierig, den Maestro einmal Cello spielen zu hören. Auf einer unserer gemeinsamen Überfahrten gelang es mir endlich, ihn in meine Kabine zu locken. Mein Cello wartete mit ausgezogenem Stachel auf ihn. Er setzte sich auf einen Stuhl, aber als ich ihm das Cello reichte, sagte er: »Nein – nein – keinen Stachel, das ist eine moderne Erfindung«, und er stieß ihn wieder hinein. Ich gab ihm den Bogen, und er begann zu stimmen. »Das *a* ist zu hoch; das *g* ist zu tief«, brummte er. Fünfzehn Minuten waren vergangen und er stimmte immer noch. Ich hoffe, er würde zu spielen beginnen. *Oh bestia stupida*, jetzt ist das *d* zu hoch! Er stimmte weiter, bis es Zeit war, zum Mittagessen zu gehen. Ich habe ihn nie Cello spielen hören. Ich frage mich, wer ihn je hörte.)

Es ist klar, daß es gute und schlechte Dirigenten gibt, aber dem Publikum fällt es nicht immer leicht, sie voneinander zu unterscheiden. Der Dirigent ist großenteils vom Wohlwollen der Gesellschaft, des Publikums und der Presse abhängig. Man erwartet von ihm Leistungen, die vom Gebiet der Musik selbst weit entfernt liegen. Er muß ein Charmeur, ein Redner, ein Organisator und ein Bridgespieler sein. Sein eigenes Familienleben muß untadelig sein, und ein einziger Fehler, wie schlecht versteckte pornographische Schriften im Reisegepäck oder das Vorstellen einer Dame als seine Gattin, die es nicht war, haben einmal einen namhaften Dirigenten seine Stellung gekostet.

Gewisse Leute finden aber doch keinen Geschmack am Dirigieren. Ich selbst wurde durch meine eigene Erfahrung als Dirigent, trotz oder wegen des Erfolgs, meinem alten schwierigen Cello nur um so treuer. In Denver, wo ich Cello-Abende gab, hatte man mich gebeten, das dortige Orchester zu dirigieren. Man sagte mir, es würde die Sammelaktion für den Unterhalt des Orchesters unterstützen. Ich erklärte, es gebe keinen Mangel an Dirigenten, und lehnte die Einladung ab. Ich wurde wiederholt angerufen und gebeten, es mir nochmals zu überlegen, und mein Agent Arthur Judson riet mir dringend zu dirigieren. Immer noch fest entschlossen, aber durch die beharrlichen Bitten der Leute bedrängt, bat ich eines Tages meinen Arzt, der Amateurmusiker war, um Rat. Er zögerte mit seiner

Meinung, aber schließlich sagte er: »Sie sollten auf jeden Fall annehmen. Sie machen gar keine körperlichen Übungen. Es wird gesund für Sie sein.« Ich nahm an.

Eugen Ormandy half mir, das Programm zusammenzustellen, und unterwies mich freundlicherweise ein wenig in seiner Technik.

Vier Proben und einige Ansprachen, die Sammelaktion betreffend, waren für mich anberaumt. Bei den Proben versuchte ich dem Beispiel von Arthur Nikisch zu folgen, der die menschlichen Schwächen kannte und als Gastdirigent niemals einem Orchester gegenübertrat, ohne wenigstens einige Namen von Musikern zu kennen. Einfache Worte, wie »Herr Oberstreicher« oder »Herr Schmidt«, konnten Wunder wirken.

Schließlich kam der Konzertabend. Halbtot vom Proben und Redenhalten, kam ich im Frack in den Konzertsaal. Gewöhnlich bin ich vor einem Konzert sehr nervös, doch diesmal war ich erstaunlich ruhig. Ich stand gut mit dem Orchester und wußte, sie würden ihr Bestes tun. Ich gab sogar sorgfältig auf meine Manschetten acht, die meiner Meinung nach sichtbar sein mußten, und schritt aufs Podium. Bereit, mit der ›Euryanthe‹-Ouvertüre zu beginnen, hörte ich den Konzertmeister flüstern: »The Star-Spangled Banner«. Dies hatte ich nicht geprobt, gab etwas bestürzt dem Trommler ein Zeichen und ließ ihn unverhältnismäßig lange Zeit trommeln. Majestätisch hob ich meine Hand zu einem Crescendo, und erst als dieses auf dem Höhepunkt war, kam mir die Nationalhymne wieder in Erinnerung. Der volle Saal sang mit und das Orchester klang gewaltig. Die folgende ›Euryanthe‹-Ouvertüre rief begeisterten Applaus hervor.

Das nächste Stück im Programm war das Haydn-Konzert für Cello. Ich blickte mein Instrument im Künstlerzimmer beinahe verwirrt an, als wäre es ein Möbelstück, das ich vorher noch nie gesehen hatte. Aufgeregt strich ich wie rasend alle die Passagen herunter, die ich schon mein ganzes Leben lang gespielt hatte. Obwohl mir das Cello-Konzert gut gelang, schien es nur matten Erfolg zu haben im Verhältnis zu dem Beifall, der mir für mein Dirigieren während des ganzen Programms zuteil wurde.

Der kleine Stab trug einen so leichten Sieg über mein Stradivari davon. Aber meine Gefühle waren eher bitter als süß, und als mir aus dem ganzen Land Anträge gemacht wurden zu dirigieren, schwor ich, nie wieder einen Dirigentenstab anzurühren. Ich habe meinen Schwur gehalten, und so kommt dem Konzert in Denver die Bedeutung zu, mein erstes und letztes gewesen zu sein, in dem ich als Dirigent wirkte.

Die offiziellen Feierlichkeiten – das Händereichen bei Empfängen, die Audienzen bei königlichen Hoheiten oder Staatsoberhäuptern – stellen nicht das Alltagsleben eines Künstlers dar. Im Jahre 1930 wurde ich eingeladen, im Weißen Haus vor Präsident Hoover zu spielen. Der Pianist Emanuel Bey und ich kamen nach Washington. Am Tag des Konzerts erhielt ich den Besuch eines Herrn aus dem Weißen Haus, der mich über den genauen Ablauf des Konzerts sowie des nachfolgenden Abendessens informieren wollte. Da mein Englisch schwach war, schickte ich ihn zu Mr. Bey und ging darauf zu diesem ins Zimmer, neugierig zu erfahren, was der Herr gewollt hatte. Ich traf Bey beim Rasieren. »Haben Sie den Herrn gesprochen?«

»Ja«, antwortete Bey phlegmatisch.

»Was wollte er?«

Bey streckte seine Lippe voll Seifenschaum vor und sagte: »Nichts Besonderes.«

»Es muß doch etwas sein. Ich verstand, daß es dringend war.«

»Lächerlich. Er wollte sich versichern, daß wir wüßten, wie wir uns zu benehmen hätten.«

»Was haben Sie gesagt?«

»Ich sagte, wir seien aus guten Familien und wüßten uns zu benehmen. Wissen Sie was? Ich wäre nicht überrascht, wenn man uns Musiker irgendwo in der Nähe der Küche hinsetzte, wie in der guten alten Zeit.«

Pünktlich brachte uns ein Wagen zum Weißen Haus. Man führte uns durch viele Gänge und Hallen in einen Korridor. Bey blieb stehen, schnupperte und sagte: »Riechen Sie, was ich rieche?« Wir nahmen in einem kleinen Zimmer, das man uns angewiesen hatte, Platz und hörten melancholisch auf das Geklapper von Geschirr aus dem nahe gelegenen Anrichteraum. Die Zeit verging langsam, und wir beschlossen, anstatt zu warten, bis uns jemand aufs Podium führte, auf eigene Faust auf Erkundigung auszugehen. Nachdem wir uns in einem Labyrinth von Gängen und Vorzimmern verirrt hatten, tauchten wir schließlich in einem weiten Foyer auf, in dem ein kleines Orchester uniformierter Musiker saß und das Menuett von Boccherini spielte. Die Klänge waren so hübsch und einladend, daß ich nicht widerstehen konnte, der Musik mit meinem Cello im Arm in langsamen, zierlichen Menuettschritten zu folgen. Bey gesellte sich mit gleicher Eleganz dazu. Erst als ich Beys Stimme hörte, wurde ich aufmerksam. »Um Himmels willen, hören Sie auf zu tanzen. Schauen Sie sich um.« Ich sah den Präsidenten, Mrs. Hoover und alle Würdenträger und Gäste uns in einer Prozession folgen. Wir konnten nicht umkehren. Es gab keine Ausgänge und wir mußten in den Saal eintreten. Wir standen jetzt nahe beim Podium, das uns aber zu hoch zum Hinaufklettern war, und außerstande, die aufgeregten Zeichen eines Mannes, den ich als meinen Besucher im Hotel wiedererkannte, zu befolgen oder zu verstehen, mußten wir warten, bis alle im Saal waren, bevor man uns hinter die Bühne führen konnte.

Nach dem Konzert fand mit dem Präsidenten und mit Gästen ein zwangloses Abendessen statt. Es begann ziemlich steif, aber einige meiner Fehler im Englischen lockerten die gespannte Atmosphäre auf. Vielleicht dachte ich an Deutschland, wo jede Ehefrau den Titel ihres Mannes trägt, wie »Frau Doktor« oder »Frau Konzertmeister«, als ich meine kleine Ansprache in Erwiderung auf den Willkommensgruß des Präsidenten mit »Mrs. President and Mr. Hoover« begann. Mehr brauchte ich nicht zu sagen, und sogar der Herr, dessen Instruktionen ich nicht befolgt hatte, lachte ebenso herzlich wie alle andern. Einige Tage später erhielt ich ein großes Lichtbild des Präsidenten, legte es in meinen Koffer und fuhr ab nach Kanada.

Meine Vorstellung von »Prohibition« war nur unbestimmt, aber ich hatte einigen Freunden versprochen, ihnen Whisky mitzubringen. Bei meiner Rückkehr wurde ich an der amerikanischen Grenze aufgefordert, meinen Koffer zu öffnen. Obenauf, zugedeckt mit Mr. Hoover, lagen drei Flaschen Whisky. Die Zollbeamten sahen ungläubig auf die Flaschen und auf mich, lasen die Inschrift auf dem Bild und meinen Namen im Paß und wiesen mich an, den Koffer wieder zu schließen. Das Bild des Präsidenten habe ich aufbewahrt, aber ich habe es nicht mehr zum Schmuggeln benützt.

Mein nächster Besuch im Weißen Haus, wieder mit Mr. Bey, fand einige Jahre später statt, als ich für Präsident Roosevelt spielte. Diesesmal konnte ich mit meinem viel besser gewordenen Englisch die Unterhaltung mit dem Präsidenten und Mrs. Roosevelt voll genießen. Die Gastgeberin war außerordentlich liebenswürdig, und das Konzert fand sehr herzliche Aufnahme.

Während der Pause sagte ich zu Mr. Bey, wie sehr ich mich

auf das Essen mit dem Präsidenten nach dem Konzert freue. Seine Antwort überraschte mich.

»Ich werde in ein Drugstore essen gehen«, sagte er. »Bei Mrs. Roosevelt gibt es Makkaroni und lauwarmen Kaffee. Ich weiß es aus verläßlicher Quelle. Bitte sagen Sie dem Präsidenten, daß meine Frau gerade ein Kind bekommt oder daß ich mir die Mandeln schneiden lassen muß, oder sonst etwas.«

Ich erlebte eine reizende Stunde mit Mr. und Mrs. Roosevelt und ihren wenigen Gästen, aber während ich die Makkaroni aß und den Kaffee trank, dachte ich an Mr. Bey's Drugstore und daran, wie richtig seine Information gewesen war.

Das nächstemal mußte ich meinen Pianisten in Surabaja entschuldigen. Aber damals war es nicht Mr. Bey, sondern mein Freund Pawlowskij und anstatt bei Präsident Roosevelt bei dem Gouverneur von Holländisch-Ostindien. Wir waren auf dem Weg nach Japan, und nach unserem letzten Konzert gab der Gouverneur für uns einen Empfang.

Pawlowskij, der immer nach einer hübschen Umblätterin Ausschau hielt, hatte es abgelehnt zu spielen, bevor nicht eine solche gefunden wurde. Sie war jung und schön, aber die Art und Weise, wie Pawlowskij ihr die Kunst des Umblätterns beibrachte, fand ich recht ungewöhnlich. Sie saßen im dunkelsten Winkel hinter der Bühne, hielten sich die Noten vors Gesicht, während er ihr Anweisungen zuflüsterte und ihre Hände küßte.

Den Beginn des Konzerts faßte er als grobe Störung auf. Er schien über die Fortschritte der jungen Dame entzückt zu sein und gab ihr in der Pause noch ausführlichere Instruktionen. Nach Schluß des Konzerts erklärte er, sich nicht wohl zu fühlen und am Empfang nicht teilnehmen zu können. Er bat mich, seine Entschuldigungen zu überbringen.

Als ich von der Gesellschaft ins Hotel zurückkehrte, fand ich ihn nicht in seinem Bungalow. Am nächsten Morgen war er eine halbe Stunde vor unserer Abreise noch immer nicht in seinem Zimmer. Ein Wagen wartete, um uns zur Bahn zu bringen. Verzweifelt packte ich seinen Koffer. Plötzlich sah ich ihn von weitem auf einem Fahrrad, wie besessen auf die Pedale tretend, daherkommen, und ich fuhr ihm entgegen. Er warf das Fahrrad auf die Seite der Straße, sprang in den Wagen, und wir erreichten gerade noch den Zug.

Völlig erschöpft saß er im Abteil. Er fragte, ob ich sehr böse sei. Ich sagte: »Ja.« Dies machte ihn sichtlich traurig. »Was kann ich tun, damit sie mir verzeihen?« fragte er.

»Erzählen Sie mir nur ehrlich, was geschehen ist«, sagte ich, »aber ohne das geringste Detail auszulassen.« Glücklich stimmte er zu, und je mehr er erzählte, desto kleiner wurde mein Ärger. Die Enthüllungen über seine Heldentaten hielten mich während der ganzen Reise nach Japan gefangen, und es tut mir nur leid, daß dieses Epos zu den anderen seiner Abenteuer gehört, von denen ich versprochen habe, sie nicht weiterzuerzählen.

Das ist schade, aber noch bedauerlicher finde ich, daß ich mich unfähig fühle, das faszinierende Holländisch-Ostindien zu beschreiben, die unglaubliche Schönheit dieses Erdteils, seine Kunst und die Anmut seines Volkes. Die besten Bücher über Java mit den schönsten Photographien können einem die Wunder dieses Landes nicht wirklich nahebringen. Ich hätte dort Jahre bleiben wollen anstatt bloß einige Wochen, und wäre es nur zum Studium der einheimischen Instrumente und der Musik des Landes gewesen, deren Rhythmus mir verfeinerter schien als der unserer zeitgenössischen Werke.

Es hätte mich interessiert, was für einen Eindruck meine Programme auf die einheimischen Musiker machen würden, aber die Zuhörerschaft bei den Konzerten bestand dort vornehmlich aus Europäern. Die holländische Musikgesellschaft, der Kunstkring, war sehr anspruchsvoll in der Wahl von Künstlern und Programmen. Die Leute waren konservativ und nahmen Musik sehr ernst. Die Kritiker paßten sich dem an und schrieben außerordentlich gewissenhafte und kenntnisreiche Rezensionen. Einmal war ich sehr erstaunt zu lesen, daß ich die »Lautenversion« von Bachs c-Moll-Suite gespielt hatte. Es war richtig, genauso wie ich in der Rachmaninov-Sonate etwas gestrichen hatte, was ebenfalls entdeckt wurde. Wirklich erstaunlich, daß sich dies so nahe dem tiefsten Urwald ereignete.

Als unser elender Frachter, der während seiner langen Reise nach Japan mit einem Taifun kämpfte, in Kobe ins Dock gebracht wurde, waren Pawlowskij und ich froh über die Aussicht, endlich aus diesem Schiff befreit zu werden. Wir waren die ersten, die den Beamten ihre Papiere vorwiesen, aber lange nachdem die anderen Passagiere schon ausgeschifft waren, hatten wir noch Fragen zu beantworten. Ich wußte aus meinen früheren Erfahrungen, welchen Eindruck mein mysteriöser Paß hervorrufen konnte, aber an eine ähnliche Verwirrung wie diese kann ich mich nicht erinnern. Ich besaß immer noch den gleichen ehrlichen Nansenpaß, hatte alle notwendigen Visa, und ich kam wie gewöhnlich in offizieller Mission: zu konzertieren. Was war wohl die Ursache dieses nervenaufreibenden Kreuzverhörs? Ich fand keine Erklärung dafür. Man fuhr fort, meine Papiere zu prüfen, und einer der Zollbeamten, der russisch sprach, wollte alles über meine Vergangenheit, meine Vorfahren und über meine Zukunftspläne wissen. Hatte er wirklich so großes Interesse an mir, oder wollte er nur sein eingerostetes Russisch anbringen? Ich weiß es nicht.

Mittlerweile waren Pawlowskijs Persönlichkeit und seine Ausweise anerkannt worden, sogar so weit, daß er sich der Beamtengruppe als vertrauenswürdiger Berater anschließen durfte. »*We friends*«, sagte er auf englisch. »*He fine*, *I guarantee.*«

Mir war aber gerade jetzt die Geduld gerissen, und ich erklärte, ich würde auf dem Schiff bleiben, es sei nicht *mein* Einfall gewesen, nach Japan zu kommen, sondern man habe mich dazu eingeladen. Damit nahm ich mein Cello, ging zurück in die Kabine und legte mich ins Bett.

Dieses unerwartete Vorgehen erwies sich als wirkungsvoll genug, mir eine Erlaubnis zu verschaffen, das Land zu betreten. Beinahe augenblicklich erklärten die Beamten, daß es sich um irgendeine, ihnen peinliche, falsche Auskunft gehandelt habe, und sie bäten um Entschuldigung. Wir gingen alle zusammen die Laufplanke hinunter wie alte Busenfreunde. Als wir einander die Hände schüttelten, bevor wir uns trennten, war ich von einer großen Menschenmenge umgeben, die Fahnen schwenkten. Es waren die Vertreter der verschiedenen Musik- und Erziehungsorganisationen, die zu unserer Begrüßung gekommen waren.

Meine Konzerte fanden so kurz nacheinander statt, daß mir kaum Zeit blieb, das Land selbst kennenzulernen. Ich traf viele alte Freunde aus Rußland, Deutschland, Amerika und Frankreich, deren einige sich in Japan niedergelassen und Japanerinnen geheiratet hatten. Ich fand die zarte und bescheidene Weiblichkeit der japanischen Frauen sehr fesselnd.

Das Publikum in Japan war erstaunlich aufmerksam, und ich habe selten für eine aufnahmefähigere Zuhörerschaft gespielt. Es bot sich mir keine Gelegenheit, mit japanischen Musikern in Kontakt zu kommen, nur ein blinder Komponist, dessen Namen ich zu meiner Schande vergessen habe, machte mir großen Eindruck, wie meisterhaft er das Koto spielte. Ich führte eine kleine Komposition von ihm mit Orchester unter Joseph Rosenstock auf.

Kurze Zeit bevor ich Japan verließ, trat ein Schallplattenklub mit dem Anerbieten an mich heran, von mir eine Platte aufzunehmen. Da fiel mir ein, daß mir Feodor Schaljapin einige Zeilen in Japan hinterlassen hatte, in denen es hieß: »Meine Tournee soeben beendet. Tut mir leid, Sie verfehlt zu haben. Sollten Sie aufgefordert werden, auf eine Schallplatte zu spielen, tun Sie es, ohne Fragen zu stellen.« Im gleichen Brief gab er mir die Adresse eines japanischen Schneiders, bei dem ich mir einen Anzug machen lassen sollte.

Ich erklärte mich mit der Aufnahme der Schallplatte einverstanden und benutzte die erste freie Zeit, die ich hatte, zum Schneider zu gehen. Als der winzig kleine Mann mich seinen Laden betreten sah, rief er aus: »O nein! Schon wieder ein Riese!« Er sagte, er hätte nicht genügend Material, um Anzüge für Leute wie jenen russischen Bären und mich zu machen. Ich beruhigte ihn, und wir einigten uns über den Preis und über die Zeit, wann der Anzug fertig sein sollte. Mit Hilfe einer Leiter gelang es ihm, mir Maß zu nehmen. Den Anzug besitze ich immer noch. Er ist nicht besonders schön, aber entschieden unverwüstlich.

Der Schallplattenklub wollte von mir zwei bisher noch nicht aufgenommene Stücke, jedes einige Minuten lang, aufnehmen. Die Wahl überließ man mir. Ich entschied mich für ›Nocturne‹ von Lily Boulanger und ›Vivace‹ von Tessarini, beides Stücke, die ich kaum kannte. Das Studio hatte eine gute Akustik, das Klavier war gut, und nach einer lächerlich kurzen Aufnahme sagte der Tonmeister, daß sie gut sei. Ich nahm ein Kuvert in Empfang, und einige Stunden später war ich in Yokohama und schiffte mich auf der S. S. Asama Maru nach Honolulu und San Francisco ein. Ich ließ meinen Koffer in der Kabine, bat den Steward, ihn auszupacken, und begab mich zu einem Spaziergang auf das Deck. Dort öffnete ich das Kuvert und zeigte, meinen Augen nicht trauend, Pawlowskij den Inhalt. Wir brauchten einige Zeit, bis wir es glaubten, daß die Zahl auf dem Scheck richtig war. (Später in Paris erklärte mir Schaljapin, daß dieses enorme Honorar die Tantiemen für die Schallplatten enthalte, die an die phantastisch große Zahl der Klubmitglieder im voraus verkauft worden waren. Ich dankte Schaljapin für seinen guten Rat, und wir tranken zusammen Wodka auf die wunderbaren Musikliebhaber in Japan.)

Die Ironie dieses Ereignisses besteht darin, daß mich fünfundzwanzig Jahre später ein Cellist namens Gregory Bemko anrief und mich fragte, wo er die Noten für das ›Vivace‹ von Tessarini finden könne. Ich sagte, ein solches Stück sei mir nicht bekannt. Er erwiderte, dies sei unmöglich und er könne es beweisen. Er brachte mir die japanische Schallplatte, die ich nun zum allerersten Mal hörte.

»Was ist das? *Un menage à trois?* Ein Harem?« lachte mein Freund, ein Photo von mir betrachtend, auf dem ich zärtlich zwei Celli umarmte. Er wußte, daß ein Cello auf russisch eine »Sie« ist. Aber dort, wo es ein Cello betrifft, haben sprachliche Eigenheiten wenig Bedeutung. Obwohl zum Beispiel im Englischen das Cello ein »it« ist, rief die englische Cellistin Beatrice Harrison, als sie von ihrem Instrument sprach, aus: »*I love him.*«

Für viele Menschen bedeutet das Cello alle möglichen Dinge. J. B. Priestley beschrieb das Spiel eines Cellisten, indem er sagte: »Nicht oft verwechselt die Welt das Cello mit einer Kathedrale. Aber ich tat es.« Das Cello kann auch den Atem des Todes aushauchen wie in den Schlußtönen des ›Don Quixote‹ von Richard Strauss. Von den Variationen Hindemiths über ›A Frog He Went A-courting‹ schrieb ein Kritiker, das Cello habe gar keine Mühe gehabt, sich in einen Ochsenfrosch zu verwandeln. Von Napoleon erzählt man, er habe zu dem berühmten Cellisten Duport, nachdem er ihn spielen hörte, gesagt: »Sie ließen einen Ochsen wie eine Nachtigall erklingen.« Ich selbst betrachte das Cello als einen Teil aller Dinge und als den Mittelpunkt des Weltalls.

Obschon der Zweck eines jeden Musikinstruments darin besteht, Töne zu erzeugen, ist es begreiflich, daß sogar gehörlose Menschen das Cello bewundern, als wäre es eine Skulptur. Die großen Geigenbauer hielten die Verzierungen – wie die Schnekke, die Einlage und die F-Löcher – ästhetisch für genügend wertvoll, um ihnen viel von ihren schöpferischen Kräften zu widmen, obwohl diese Ornamente auf den Klang des Instruments wenig oder gar keine Wirkung ausüben. In der Tat, wenn nur der Ton wichtig wäre, hätte ich mich nicht allein in die Schnecke eines Cellos so heiß verlieben können, daß ich es kaufte, bevor ich noch seinen Ton gehört hatte. Diese Schnecke gehörte dem »Aylesford« Stradivari, gebaut 1696. Es war zwar ein sehr eindrucksvolles Instrument, doch die Schnecke in ihrer Schönheit, Kraft und Anmut war es, der ich nicht widerstehen konnte. Erst als das »Aylesford« repariert war, spielte ich endlich darauf. Aber obwohl ich den Ton bewundernswert fand, die außerordentliche Größe (charakteristisch für alle vor 1700 gebauten Stradivari-Celli) strengte meine Finger zu sehr an, und ich war gezwungen, mich nach ungefähr einem Jahr, sehr ungern, von diesem Instrument zu trennen. Ich weiß nicht, wer zur Zeit dessen Besitzer ist, doch ich denke immer noch an meine kurze »Romanze« mit ihm und manchmal träume ich von der herrlichen Schnecke.

Einmal, etliche Jahre vor meiner »Affaire« mit dem »Aylesford«, traf ich in London, wo ich zu spielen hatte, meinen Freund Ernest B. Dane, einen Bankier, den ich aus Boston kannte.

»Sie sehen bekümmert aus. Fühlen Sie sich nicht wohl?« fragte er. »Mir geht es gut«, sagte ich. »Aber mein Cello. Es hat Krebs.« Ich erzählte von dem Stimmstocksprung auf der Rückseite und von den vielen Stunden, die ich bei Hills, den hervorragenden Geigenexperten in London, zugebracht hatte. »Aber nicht einmal sie können das geringste gegen den Sprung tun. Niemand kann helfen.«

Mr. Dane wollte schon lange einmal das berühmte Geigengeschäft besuchen. Am nächsten Morgen stellte ich ihn Alfred Hill vor.

»Hier ist etwas für Sie zum Probieren – ein prächtiges Montagnana-Cello, auf dem seit beinahe einem Jahrhundert nicht mehr gespielt wurde.« Man übergab mir das Cello, und Mr. Hill führte inzwischen Mr. Dane in seinem Geschäft herum. Das Instrument war üppig und reich mit gold-orange-farbenem Lack überzogen und in auffallend gut erhaltenem Zustand. Es war schwer zu glauben, daß es im Jahre 1739 gebaut worden war. So schön wie es war, es hatte fast überhaupt keinen Ton. Kein Wunder! So lange hatte es geschwiegen, die Fähigkeit zu sprechen war ihm verlorengegangen. Erregt und voll Eifer bemühte ich mich, wieder Leben hineinzubringen. Ich weiß nicht, wie lange ich es versuchte oder wie lange Mr. Dane und Mr. Hill dastanden und zuhörten.

»Wie gefällt es ihnen?« wurde ich plötzlich unterbrochen.

»Faszinierend«, sagte ich und hörte nicht auf zu spielen, und spielte weiter, als sie den Raum verließen. Ich schaute es mir wieder und wieder an und spielte wie besessen, bis Alfred Hill, diesmal allein, zurückkam.

»Mr. Dane wollte Sie nicht unterbrechen«, sagte er. »Er mußte sein Schiff nach Amerika erreichen. Dieses Montagnana macht er Ihnen zum Geschenk.«

Überwältigt von dieser Mitteilung, trug ich das Cello in mein Hotel. Immer noch wie betäubt, schloß ich mich in mein Zimmer ein und verbrachte den Rest des Tages und den größeren Teil der Nacht – einen Dämpfer auf dem Cello – damit, zu spielen und meinen neuen Gefährten zu studieren. Den nächsten Tag und noch die folgenden Monate bemühte ich mich verzweifelt, mein »Dornröschen« zu erwecken, und als ich begann, Erfolge zu sehen, empfand ich eine Freude, die jener des Prinzen im Märchen gleichkam.

Wir blieben viele Jahre lang unzertrennlich, wir reisten zusammen und spielten unzählige Konzerte – vielleicht mehr, als wir beide ertragen konnten. Aber das brave Montagnana, obwohl es dringend Erholung nötig hatte, überanstrengt und jedem Klima und jeder Akustik ausgesetzt, stand mir zur Seite und tat sein Bestes. Ich selbst, der zwar physisch auf der Höhe war, versuchte meine Forderungen an das Cello zu vermindern, indem ich weniger Engagements annahm und sogar einige zeitgenössische Werke in meinen Programmen vermied, weil ich sie zu brutal und die dafür verlangte Technik zu schlagzeugartig fand, als daß mein Montagnana sie aushalten konnte.

Obwohl ich wußte, daß ich zwei Celli haben sollte, war es für mich undenkbar, ein anderes auch nur anzusehen, noch weniger konnte ich hoffen, ein zweites Instrument zu finden, um das Montagnana gelegentlich zu entlasten. Ich sprach mit Alfred Hill, dessen Ansichten über gute Instrumente ich sehr schätzte, über mein Problem. Ich erhielt einen Schock. »Früher oder später«, sagte er, »werden Sie sich von dem Montagnana trennen, mag es ein noch so wunderbares Exemplar eines großen Meisters sein. Nur ein Stradivari ist das *non plus ultra*.« Er hatte ein bestimmtes Instrument für mich im Auge, und dazu noch eine genaue Kopie davon, gebaut von Vuillaume.

Ungefähr zwei Jahre später rief mich mein Freund Rembert Wurlitzer, der angesehene New Yorker Geigenhändler, in Philadelphia an. Er war kurz: »Es ist hier. Soeben aus London angekommen. Beeilen Sie sich.« Ich fühlte, was mich erwartete, und begab mich auf dem schnellsten Weg nach New York. Als ich dort das »Baudiot« Stradivari sah, ließ ich wieder einmal meinen Impulsen der Begeisterung freien Lauf und kaufte das Cello vom Fleck weg, nachdem ich nur ein paar Töne darauf gestrichen hatte. So wie man bei einer ersten Begegnung mit manchen Menschen eine unmittelbare Beziehung spürt, so ging es mir mit dem »Baudiot«. Es war nicht nötig, einander besser kennenzulernen – keine Arbeit, kein Studium erforderlich –, ich spielte darauf vom ersten Tag an mit Freude und absolutem Vertrauen.

Im Jahre 1725 baute Stradivari nur zwei Celli, aber welch ein Unterschied zwischen den beiden! Eines, im Besitz meines alten

Freundes Gerald Warburg, bekannt als »La belle Blonde«, ist leicht und elegant; das »Baudiot« im Gegensatz dazu ist rot, dunkel und rauh maskulin. Sein Kopf (die Schnecke) ist klassisch und stolz. Seine F-Löcher sind scharf, und die Einlage ist uneben, wie ungeduldig, aber bestimmt geschnitten von dem damals einundachtzigjährigen Meister. Wenn man nach dem Aussehen des Instruments, seiner außergewöhnlichen Qualität und seiner Tonfülle urteilte, würde man auf eine dramatische Geschichte und auf heldenhafte Erzählungen aus seiner Vergangenheit schließen. Aber ich fand nichts Interessantes, außer einem merkwürdigen Bericht, den ich in Frankreich gelesen habe.

Die seltsame Geschichte von Charles Baudiot, einem Konzert-Cellisten und Professor am Pariser Conservatoire, erzählt von seinem Auftreten als Solist in einem Konzert, das mit einer Symphonie von Haydn begann. Baudiot, als nächster im Programm vorgesehen, wußte nicht, womit das Orchester das Konzert eröffnete, und spielte sich inzwischen auf seinem Stradivari ein. Als er aufs Podium gerufen wurde, setzte er das Programm ausgerechnet mit einem eigenen Arrangement einer Haydn-Symphonie für Cello und Klavier fort. Nach den ersten paar Takten begann das Publikum zu seiner Bestürzung zu lachen. Es war ihm völlig unerklärlich, was diese Heiterkeit hervorrief, und er bemühte sich mit allen Kräften, aber ohne Erfolg, das Gelächter zum Schweigen zu bringen. Als er fertiggespielt hatte, fragte er, weinend über die Demütigung: »Warum? Warum?« Die Antwort war einfach. Die Symphonie, welche das Publikum gerade vorher vom Orchester gehört hatte, war zufällig dieselbe, die Baudiot als alberne Miniatur auf seinem Cello nachspielte.

Die Besitzer großer Kunstwerke, seien es Künstler oder Sammler, tragen die Verantwortung einer Treuhänderschaft. Wenn dies manches Mal auch eine Last bedeutet, so entschädigt die Freude und die Ehre, mit diesen Werken verbunden zu sein, überreichlich für die Anstrengung, sie für künftige Generationen aufzubewahren.

Horace Havemeyer war einer der bewundernswertesten Kunstsammler, den zu kennen ich die Auszeichnung genoß. Seine reizende Gattin und er, mit einem scharfen Sinn für Qualität ausgestattet, umgaben sich in ihrem Apartment in der Park Avenue in New York nur mit den auserlesensten Exemplaren – ob Vermeer, Stradivari oder Manet. Selbst Amateur-Cellist, besaß Mr. Havemeyer die beiden ersten Celli von Stradivari, das »Batta«- und das »Duport«-Cello.

Bei meinem ersten Besuch sah ich sie Seite an Seite stehen wie zwei Könige, ruhend in ihren fürstlichen Schreinen. (Auch mein »Baudiot« steht, wenn ich zu Hause bin, in einem ähnlichen Holzkasten, der eigens von Hill & Sons angefertigt wurde.)

»Wollen Sie sie sehen?« fragte Mr. Havemeyer. So viel hatte ich von diesen sagenhaften Intrumenten schon gehört und davon geträumt, sie eines Tages »leibhaftig« zu sehen, daß mir jetzt zumute war, als wäre ich ins Paradies eingeladen. Ich wartete und sah zu, wie Mr. Havemeyer sie aus ihren Behältern herausnahm und vorsichtig vor mich hinstellte. Wie geblendet von einem geheimnisvollen Licht, das von den Instrumenten ausging, mußte ich für einen Moment die Augen schließen. Als ich sie wieder öffnete, bot sich mir ein Anblick für Götter! Eine Glut von Farben in allen Schattierungen, von milden bis zu leuchtenden, führte mich in ein Land des Entzückens.

(Als ich diese Worte meiner Sekretärin diktierte, unterbrach sie mich. »Ist das wirklich Ihr Ernst?« fragte sie. »Sie scheinen bei der bloßen Erinnerung schon außer sich zu geraten. Können Musikinstrumente eine solche Wirkung hervorrufen, Sie in einen solchen Taumel versetzen?« Damals störte mich ihre Frage, aber später fand ich, es war schon richtig, daß sie fragte. Schließlich kann man diesen Meisterstücken nicht gerecht werden, indem man sie mit Worten beschreibt. Und wenn ich es versuche, erreiche ich damit höchstens, daß man mich für überspannt hält.)

Nach meinem ersten Besuch ließ ich nie eine Gelegenheit vorbeigehen, das »Batta« und das »Duport« aufzusuchen, wann immer ich in New York war. Aber wie oft man mich auch fragte, welches der beiden Celli mir besser gefiele, es war mir nicht möglich, mich zu entscheiden. Erst als mir Mr. Havemeyer das »Duport« lieh und ich über ein Jahr mit dem Instrument verbrachte, wußte ich, daß ich das »Batta« bevorzugte. Ich glaube, Mr. Havemeyer wußte es schon lange, denn er reichte mir zum Spielen immer zuerst das »Batta«, und er sagte, es sei jedesmal das »Batta«, das ich zuletzt spielte, bevor ich abreiste. Er gestand mir auch eines Tages den Grund, warum er mir das »Batta« nicht leihen konnte; es war das Eigentum seines Schwiegersohns, Dr. Daniel Catlin. Später muß es dann mein lieber Freund Havemeyer gewesen sein, der für mich vermittelte und seinen Schwiegersohn dazu überredete, mir sein »Batta« zu verkaufen. Ich kaufte es und werde nie aufhören, beiden dafür dankbar zu sein.

Banale Phrasen wie »nicht von dieser Welt« oder »zu schön, um wahr zu sein« erhalten wirkliche Bedeutung, wenn man sie auf das »Batta« anwendet, das Instrument, das ganz sicher den Ruhm beanspruchen darf, eines der besten Kunstwerke zu sein, das menschliche Hände je geschaffen haben. Ich besitze einen Brief von Alfred Hill, in dem er mir die ganze rührende Geschichte dieses herrlichen Instruments erzählt.

Das »Batta« wurde in Cremona im Jahre 1714 geboren, aber über sein Leben während seiner ersten hundertzweiundzwanzig Jahre ist geheimnisvollerweise nichts bekannt. Die Geschichte dieses Cellos beginnt für uns erst im Jahre 1836, als es nach Paris kam, dort gesehen und von dem berühmten Servais und dann von seinem Kollegen Alexandre Batta gespielt wurde. Beide, Servais und Batta, behaupteten, noch nie in ihrem Leben einen so herrlichen Klang gehört zu haben.

Batta verliebte sich leidenschaftlich in das Instrument. Da er aber kein Geld hatte, um es zu erwerben, wandte er sich an einen Freund, der, seinem inständigen Flehen nachgebend, ihm das Cello zum Geschenk machte. Batta besaß das Instrument während siebenundfünfzig Jahren. Er pflegte es wie einen lebenslangen Freund und lehnte viele Anträge, es zu verkaufen, ab; einer davon kam von einem russischen Aristokraten, der Batta einen Blankoscheck anbot, den er nach Gutdünken ausfüllen sollte. Obwohl Batta im hohen Alter zurückgezogen lebte und nur wenig spielte, war ihm der Gedanke, sich von seinem Schatz zu trennen, schrecklich. Der einzige Grund, der ihn schließlich veranlaßte, dieses Opfer zu bringen, war sein Wunsch, für eine alte, treue Haushälterin zu sorgen. Nachdem das Geschäft abgeschlossen war, sah er sein geliebtes Cello zum letztenmal, als man es in eine Kutsche legte, um es wegzuführen. Er beugte sich vor, Tränen rannen ihm übers Gesicht, und er küßte den Cellokasten.

Ich spielte das »Batta« lange Zeit, bevor ich damit im Konzert auftrat. In der Einsamkeit, wie sie sich für »Flitterwöchner« geziemt, mieden wir bis dahin störende Gesellschaft. Vom Tage an, da ich das »Batta« stolz über das Podium trug, daß alle Welt es grüßen konnte, erhielt mein Leben neuen Aufschwung. Alle andern Instrumente, die ich vor dem »Batta« gespielt hatte, unterschieden sich voneinander im Charakter und im Rang; ich kannte ihre Qualitäten, ihre Mängel oder Launen hinreichend und konnte ihre guten Eigenschaften voll ausnutzen. Nicht so bei dem »Batta«, dessen außergewöhnliche Fähigkeiten unbegrenzt waren. Mit seinen beinahe unergründlichen Möglichkeiten spornte es mich an, in seine Tiefen zu dringen, und ich habe nie schwerer gearbeitet und nie etwas heißer ersehnt, als aus diesem überragenden Instrument alles herauszuholen, was es zu geben vermag. Erst wenn mir dies gelingt, werde ich würdig sein, mich mit ihm auf dieselbe Stufe zu stellen.

Ich bin immer noch damit beschäftigt und werde es vielleicht ewig sein. Es erhält mein Bestreben wach. Und wann immer ich mich niedergeschlagen fühle, habe ich noch mein wundervolles »Baudiot«, das zu mir steht, immer bereit, zu dienen und zu gehorchen, und wäre es bloß, sich zusammen mit seinem Meister und dessen anspruchsvoller Konkubine photographieren zu lassen.

# Personenregister

Abramowa 38
Afanassiev 27f.
Albi, Ochi 55ff.
Alice, Prinzessin 177
Antik, Lyda 102
Arens 38
Athlone, Earl of 177
Auer, Leopold 11

Baloschowa 38
Barbirolli, John 174
Bartók, Béla 141, 188f.
Batta, Alexandre 220
Baudiot, Charles 218
Becker, Hugo 54–57, 62, 99
Beckmann-Schtscherbina 36
Beecham, Sir Thomas 137, 149f.
Béla, Dajos 97
Bemko, Gregory 214
Bensinov 109–113
Benvenuti 195
Beresowskij, Alice 193f.
Beresowskij, Nikolaj 190ff.
Berg, Maurice van den 93
Berkowitz, Ralph 181
Bey, Emanuel 181, 208ff.
Birnbaum 51f.
Blanke 133
Blinder, Naum 46
Bose, Paul 80, 83f., 86
Brailowskij, Alexander 195
Bran, Mary 123ff.
Brandukow, Anatol 45
Brenner 94
Bruchenweiser 65
Bülow, Hans von 88
Busch, Adolf 147
Busoni, Ferrucio 82

Camus, Clara 173
Casals, Pablo 103, 106, 188
Cassadó, Gaspar 110, 138
Castelnuovo-Tedesco 186f.
Catlin, Dr. Daniel 219
Chagall, Marc 105
Clark 161
Cooper, Ada 151
Cores, Alexander 65
Cortot, Alfred 110, 195
Cottle, Dr. Maurice 163
Crawford, Joan 161

D'Albert, Eugen 51
Dane, Ernest B. 216
Davidov 94
Davidovska 66, 69
Discher and Discher 123ff.
Djubansky 17
Dobrowen 39
Domoschewitsch 37f.

Einstein, Albert 105
Eisenberg 138
Erb, Karl 131
Eyle 186

Feuermann, Emanuel 69, 138, 148
Fischberg, s. Mischakov, Mischa
Fischer, Edwin 132
Fitelberg, Gregor 40f., 50
Flesch, Carl 99ff., 139, 194
Földesy, Arnold 87, 93, 138f.
Fournier, Pierre 102
Frank, Bruno 100
Furtwängler, Wilhelm 86, 88–93, 103ff., 123, 126, 133ff., 139, 168

Gable, Clark 161
Gabrilowitsch, Ossip 101f., 104, 165
Garbusowa, Raya 138
Gatz, Felix Maria 87
Geißmar 134f.
Gelzer, Jekaterina 38
Gérardy, Jean 99
Giskin 41
Glasunov, Alexander 165
Glehn, Alfred von 15, 24, 31, 45, 94
Gluckmann 104
Gödike 132
Godowskij, Leopold 166f.
Goldenweiser 39
Goossens, Leon 174f.
Gradowa, Gita 163
Graudan 93
Gubariov 10
Gutheil-Schoder, Marie 85

Hagel, Richard 87
Hagemann, Richard 147f.
Harrison, Beatrice 215
Hariton 78
Hartung 57, 61f.
Havemeyer, Horace 218f.
Heifetz, Jascha 131, 163, 193, 196
Held, Adolph 50, 54f., 62f.
Held, Mrs. Adolph 50
Hertz, Otto 181
Hill, Alfred 216f., 220
Hindemith, Paul 99, 120
Holst, Henry, 93, 139
Holt, Harold 144f.
Holt, Hilda 144

Holt, Marie 144
Hoover, Herbert 209
Hoppe 70
Horowitz, Regina 136
Horowitz, Wladimir 34, 108, 135ff., 140, 142ff., 163, 166, 168, 193, 199
Hubermann, Bronislaw 51, 120, 139
Huxley, Aldous 100, 175

Igumnov 39
Ippolitov-Iwanov 15, 29
Iturbi, José 114
Ivogün, Maria 131

Jampolskij, A. 9, 44
Janopoulo, Tasso 187
Jarmel, Dorle 163
Jawlensky, Alexei von 103
Jessenin, Sergej 39
Joyce, James 100
Judson, Arthur 151, 159

Kandinsky, Wassily 104
Karpilowskij 108
Katschalov 39
Katschuk 31–34
Keneman 31ff.
Kengurowa 38
Kinkulkin 10
Kirchner, Ernst 103
Klee, Paul 104
Kleiber, Erich 188
Klemperer, Otto 90, 94
Klengel, Julius 10, 54, 57, 59, 61ff.
Kochanski, Eli 50ff.
Krauss, Clemens 118
Kreisler, Fritz 96, 105, 114, 176
Křenek 99
Kresz, Géza de 69f.
Kreutzer, Leonid 96
Krisch, Ferdinand 36, 44
Kroyt, Boris 80, 84f.
Kubatzki, Viktor 41
Kulenkampff, Georg 139
Kurtz, Efrem 102
Kussewitzkij, Sergej 34, 40, 154, 190ff., 199
Kutzen, Boris 66, 69, 154

Landowska, Wanda 132
Lange, Hans 160
Lenin, Wladimir Iljitsch 42, 44f.
Lieberson, Goddard 187
Lipatti, Dinu 181
Luboschütz, Pierre 183–186
Lumme 49
Lunatscharskij, Anatolij Wassiljewitsch 44f.

Mainardi, Enrico 138
Majakowskij, Wladimir 39
Malkin, Joseph 93
Marc, Franz 104
Mark Twain 101
Maréchal, Maurice 138
Markewitsch, Igor 140
Maugham, W. Somerset 187
Medtner, Nikolas 146
Mendelssohn, Francesco von 106
Mengelberg, Willem 159f.
Menuhin, Hephzibah 144
Menuhin, Yaltah 144
Menuhin, Yehudi 144
Merowitsch, Alexander 135ff., 141f., 146f., 151, 166, 168, 170
Michaelis, Professor 68, 77
Milstein, Nathan 108, 135ff., 142ff., 147, 166, 168f., 172
Mischakov, Mischa 39, 45–50, 52, 54, 164
Mittman, Leopold 69
Mlynarski, Emil 50
Monteux, Pierre 116, 188
Moore, Grace 176f.
Morini, Erika 139
Morros, Boris 195f.
Moskwin 39
Mostras, Konstantin 36, 44
Mussorgskij, Modeste 130
Muck, Karl 98f.
Müller, Otto 86, 88

Nabokov, Nikolas 140
Nemenov, Genia 183f.
Nemirowitsch-Dantschenko 39
Nestjev 201
Newton, Ivor 145, 177, 181, 188
Nikisch, Arthur 88, 206
Noailles, Gräfin 140
Nolde, Emil 103

O'Neill, Ruth 151
Orlov, Nikolaj 39
Ormandy, Eugen 206

Paderewski 110
Painlevé 104
Pas, van der 148, 181
Pawlowa, Anna 149
Pawlowskij, Valentin 152f., 155, 157f., 162, 169, 181, 187, 210–213
Piastro, Michael 159
Piatigorsky, Vater 9ff., 13, 15f., 18, 20–23, 42
Piatigorsky, Großvater 11, 15
Piatigorsky, Leonid 15, 18, 20, 24
Piatigorsky, Nadja 12, 20ff., 24, 42, 73
Podgorny, Wassilij 36
Polignac, Prinzessin 140
Poulenc, Francis 140
Pozniak, Bronislav von 69, 72, 76f.
Priestley, J. B. 215
Prokofieff, Sergej 140, 163, 199ff.
Pulver, L. 44

Rachmaninov, Sergej 125 ff., 166
Ravel, Maurice 104
Rodzinskij, Artur 161, 186, 196
Romanowskij 40
Ronald, Sir Landon 188
Roosevelt, Franklin D. 209 f.
Roosevelt, Mrs. Franklin D. 209
Rosenstock, Joseph 213
Rostal, Max 69
Rostropowitsch, Mstislav 201
Rubinstein, Artur 131, 163, 165, 196
Rubinstein, Nela 165

Sadomov 45 f.
Saerchinger, César 86
Said, Boris 152
Said, Sonja 152
Sakom, Jacob 119
Sandor, Arpad 181
Saperton, David 167
Sargent, Sir Malcolm 178
Schaljapin, Fedor 31–34, 43, 90, 114, 213
Schnabel, Arthur 80 f., 83–86, 99 ff., 110, 120, 142, 172 f.
Schnabel, Therese 83
Schönberg, Arnold 172 f.
Schulhof, Otto 147
Schumann, Elisabeth 195
Schumann, Professor 87
Schuster, Josef 69, 93
Schutkin 21 f., 25 f., 30
Sébastian, Georges 140
Segovia, Andrés 146
Serkin, Rudolf 106
Servais, Adrien-François 25, 220
Sewitzkij, Fabian 154
Skript 66 f., 69, 77
Slewak 52 f.
Soutine, Chaim 103, 105
Spiro 104
Spiwakowskij, Tossy 93
Stanislawskij 39
Stegmann, Evel 80
Stiedry, Fritz 80, 83 f.
Stock, Fredrick 162
Stokowski, Leopold 154 f., 196
Stolpikov 14
Strauss, Richard 121 f.
Strawinsky, Igor 119 f., 200
Suk, Wjatscheslav 37 f.
Susov 16 f.
Szigéti, Joseph 51, 130, 139
Szreter, Karl 126

Tadeusz 52
Thibaud, Jacques 99, 131 f., 139, 187, 195
Tjomkin, Dmitrij 78
Tols 67 f., 77 ff., 127 f.
Tolstoj, Alexej 105, 178
Toscanini, Arturo 90, 114 f., 163, 189 f., 193, 204 f.
Toscanini, Wanda 144
Trotzkij, L. D. 45
Tschaikowskij, Peter 105

Vitali, Vincento 173
Vuillermoz 195

Wagner, Siegfried 93
Wahlen, Professor 179
Wallenstein, Alfred 159
Walter, Bruno 90, 117 f., 196
Warburg, Gerald 218
Weingartner, Felix 188
Wells, H. G. 175
Wessilowskij 45, 47
Wilde, Oscar 107
Wolff, Luise 96, 126
Wolfsthal, Josef 96
Wurlitzer, Rembert 217

Ysaye, Eugène 93

Zacharin 96
Zakin, Alexander 54, 65
Zeitlin, Lev 36, 39, 44
Žukov 38
Zweig, Stefan 103, 178

# Künstler-memoiren

dtv

**Lale Andersen:**
**Der Himmel hat viele Farben**
Leben mit einem Lied
1003

**Karl Böhm:**
**Ich erinnere mich ganz genau**
916

**Charles Aznavour über Aznavour**
952

**Hubert von Meyerinck:**
**Meine berühmten Freundinnen**
611

**Gregor Piatigorsky:**
**Mein Cello und ich und unsere Begegnungen**
1080

**Leo Slezak:**
**Mein Lebensmärchen**
283

**Walter Slezak:**
**Wann geht der nächste Schwan?**
670

**Ernst Josef Aufricht:**
**Erzähle, damit du dein Recht erweist**
Aufzeichnungen eines Berliner Theaterdirektors
601

**Rudolf Fernau:**
**Als Lied begann's**
Lebenstagebuch eines Schauspielers
1092

**Fritz Kortner:**
**Aller Tage abend**
556

**Werner Finck:**
**Alter Narr – was nun?**
Die Geschichte meiner Zeit
1044

**Gerald Moore:**
**Bin ich zu laut?**
Erinnerungen eines Begleiters
1217

## Das Buch

Zuweilen ist nicht einmal mehr ein Cello seine einzige Habe, und nachdem ihm des öfteren die Bänke im Tiergarten als Schlafstätte dienten, verbringt er eine der komfortabelsten Nächte seiner Berliner Zeit in der Philharmonie: Unbemerkt macht er es sich auf der Couch in einer Loge bequem und wird am nächsten Morgen sanft vom Philharmonischen Orchester geweckt, das unter Furtwängler eine Schumann-Symphonie probt. Doch schließlich hat die materielle Not ein Ende für den temperamentvollen Cellisten, der bereits im zarten Alter von acht Jahren einmal einen Stuhl auf dem Kopf eines Dirigenten zertrümmerte: Er spielt Furtwängler vor und wird auf der Stelle als erster Cellist der Philharmoniker unter Vertrag genommen. Fortan gab es kaum einen großen Musiker seiner Zeit, keinen Dirigenten von Rang, kein Spitzenorchester, neben dem er nicht gesessen hätte. Viele der Zeitgenossen, die seinen Weg kreuzten, charakterisiert er ausführlich; manchen bedenkt er nur mit einem lustigen Schnörkel. Joachim Kaiser sprach in der ›Süddeutschen Zeitung‹ von »dem originellsten und witzigsten Musikerbuch, seit langer Zeit. Was dieser Piatigorsky über Rachmaninow, Richard Strauss, Schnabel, über seine Jugend in Rußland, über Furtwängler und viele, viele andere zu berichten hat, ist so hinreißend originell und neu, daß man seitenlang zitieren könnte; ganze Abende ließen sich mit dem Nacherzählen von Cellisten-Anekdoten bestreiten ... Seit langem gab es nichts zu lesen, was auch nur annähernd so vergnüglich wäre.«

## Der Autor

Gregor Piatigorsky wurde 1903 in Jekaterinoslaw geboren. Studium bei A. v. Glehn und J. Klengel. 1925–29 Solocellist der Berliner Philharmoniker, dann verlegte er seinen Wohnsitz in die USA. In den folgenden Jahren gab er Konzerte in Europa, Amerika und Asien, auch im Trio mit Horowitz und Milstein oder Rubinstein und Heifetz. 1941–49 Professor am Curtis Institute of Music in Philadelphia. Leiter der Kammermusikabteilung am Berkshire Festival Music Center. 1957 übernahm er eine Meisterklasse an der Universität von Boston; seit Beginn der sechziger Jahre unterrichtete er an der University of Southern California in Los Angeles. Er starb 1976.